谨以此书献给中国的德育工作者们!

ZHONGGUODEYU
JIBENLILUNTIXIYANJIU

中国德育
基本理论体系研究

冉亚辉 著

江西人民出版社
Jiangxi People's Publishing House
全国百佳出版社

图书在版编目（CIP）数据

中国德育基本理论体系研究 / 冉亚辉著 . -- 南昌 : 江西人民出版社 , 2019.4（2020.8 重印）
ISBN 978-7-210-11233-4

Ⅰ . ①中… Ⅱ . ①冉… Ⅲ . ①德育—研究—中国
Ⅳ . ① G41

中国版本图书馆 CIP 数据核字 (2019) 第 054448 号

书名：中国德育基本理论体系研究
冉亚辉 著

责任编辑：曾 杨 李月华
书籍设计：邓珊珊
出 版：江西人民出版社
发 行：各地新华书店
地 址：江西省南昌市三经路 47 号附 1 号
编辑部电话：0791-86898283
发行部电话：0791-86898815
邮 编：330006
网 址：www.jxpph.com
E-mail：jxpph@tom.com web@jxpph.com
2019 年 4 月第 1 版 2020 年 8 月第 3 次印刷
开 本：185 毫米 × 260 毫米 1/16
印 张：17.75 字 数：350 千字
ISBN 978-7-210-11233-4
定价：48.00 元
承印厂：北京虎彩文化传播有限公司
赣版权登字—01—2019—102

目录

中国德育是否是一种独立的德育范式，是否具有自己的德育理论体系，是否具有自己的核心德育假设，中国德育实践中有哪些实践理性和德育智慧？这些问题一直都是中国教育与中国社会亟待回答的重要问题，也是德育领域中的重要研究课题。

在科学研究中，关键的一步就是把一个想法概念化，并进一步形成一个有研究价值的问题，而最终判断一个科学假设和猜想是否成立，要看它是否有足够的实证依据。[①] 基于中国德育的中国特色，并依据中国德育的实践范式和中国德育的伦理基础，本书提出了一个重要的理论假设：中国德育是一种独立的德育范式，具有自己的理论体系和实践体系。

这个理论假设当然会面临巨大的争议，分析并建构中国德育理论体系和实践体系，这是一项既有挑战性也有争议性的学术研究。挑战性是因为中国德育理论体系的建构本身是一项难度很大的理论探索，争议性是因为在西方社会哲学和德育范式的强势影响下，中国学界部分学者甚至不认为中国德育具有自己的理论，更谈不上理论体系。但客观地看，在人类学术研究发展的历史上已经屡屡证明，即使可能存在争议的探索，甚至可能存在偏差的探索，也可能比不探索好。简而言之，提出中国德育的理论体系的命题总比无视中国德育的理论体系好。一定程度上说，即便是有所偏差的命题也比没有命题要好，因为有所偏差的命题，一方面证明此路不通，另一方面也至少能唤起中国德育理论界对该命题的深入思考。只有中国德育理论界共同努力，才能实质性推进中国德育基本理论建设，从而使中国德育基本理论从

①［美］理查德·沙沃森等著，曹晓南等译．教育的科学研究［M］北京：教育科学出版社，2006.3.

想象走向现实，从零散走向体系。

现代中国教育虽然很大程度上是学习他国教育的结果，学习的对象既包括西方国家的教育，也包括苏联的教育等。特别是美国教育和苏联教育，都对现代中国教育发展具有重要影响，这导致了中国教育中有很浓重的外来的痕迹。但我们可以发现，现代中国教育仍然具有自己的独特性。

与此相对应的，中国德育在现代发展中也走出了一条自己的道路。中国德育并未完全相同于任何一个西方国家德育，与苏联的德育也有着明显的差异。中国德育的发展不只是体现在德育的实践上，还体现在中国的德育理论体系中。虽然中国德育理论的自觉研究仍然相对不足，但我们可以清楚地看出，中国德育有着明显的中国德育特色：如中国强调核心价值观体系的学习，德育体系中道德与政治紧密结合，学校教育中强调以德育为核心，在学校的社会评价中德育是学校形象的重要构成部分等。这些德育特色一方面决定了中国德育的地位和发展不同于其他国家；另一方面也印证了本书的基本判断，中国德育是一种独立的德育范式，在基本理论假设和实践范式上均有别于他国。

本书基于以上认识，并对中国社会文化传统和道德价值观体系深入思考，进而希望理解和澄清中国德育的基本范式、基本假设和基本价值观体系，在此基础上建构中国德育的基本理论体系。虽然这一任务极为艰巨，也将面临极大的理论挑战和理论争议。但本书认为，提出问题，即使是提出一个有争议的问题，也仍然有其必要性。无论是从中国德育实践发展的维度，还是从中国德育理论建设的维度，这都是一个有益且重要的理论探索，有助于我们理解中国德育的深层构成要素，并在此基础上提供给中国社会和中国教育一个基本的中国德育理论体系。

第一节 德育的中国范式

人类社会从柏拉图开始，就设想创造出或者研究出人类社会完美的道德价值观体系，然后将这种如同几何图形一般完美的道德价值观体系教育给人类，就可以实现人类社会的和谐与和平。但几千年过去，人类都还在路上，也许人类将永远都在路上。人类社会有记载的数千年历史，大多都是冲突的历史，而这些冲突，除了利益冲突和财富掠夺，很重要的构成就是不同社会文明之间的冲突。

文明冲突的背后是宗教的冲突和价值观的冲突。“哲学假定、基本价值、社会关系、习俗以及全面的生活观在各文明之间有重大差异。”[①] 为了这个美丽的也算是孤独的星球的和平，我们能否设想人类实现哲学假定、基本价值、社会关系和习俗以及全面的生活观的基本统一的局面？

基于这个设想，或者说是幻想，部分人提出了所谓的普世价值观。但不能不说的是，即使是提出普世价值观，也存在普世价值观之间重要性的排序问题，还存在普世价值观之间的矛盾冲突的问题。如自由与平等两者之间的矛盾，就是一个永恒并无法根除的矛盾。完全尊重个体的自由，很难保障平等，而如果力求平等，则必然会牺牲部分自由。但吊诡的是，自由和平等都是人类极端珍视的价值观。

一、人类社会中的反转

人类社会发展中有很多著名的反转，你以为是正确的，或许历史证明是错误的。一个貌似强大的帝国，也许一场战争就会令其陷入衰败。如中国唐代，在唐玄宗时期，前期一片繁荣，但安史之乱改变了唐朝的发展轨迹。奥斯曼帝国，在前期貌似非常强大，但后期同样变得极为衰弱。苏联也同样如此，七十年代国力强盛，貌似极为强大，四处扩张，但之后则陷入严重衰退而最终解体。一个同样的问题就是：当前极为强势的西方社会范式和西方价值观体系，是否也同样如此，当前貌似是真理，或许也可能被历史反转为谬误。

美国著名政治哲学家福山在冷战结束，苏联解体，美国为代表的西方世界一片繁荣之际，提出了自由世界终结的结论。他认为人类社会最终都会终结在西方自由主义社会的范式中，并认为从人类社会的结构和哲学角度上看，人类社会已经终结了。[②]

当然这种观点受到了西方自由主义的欢呼，但也暴露出了西方自由主义的极端自负。经过西方自由主义二十多年的黄金时期（20 世纪最后十年和 21 世纪的最初十余年），西方社会却重新发现了其社会正在衰退：恐怖主义，经济危机，以及难以承担的高社会福利，还有更为严重的人口危机。因为按照当前的人口发展趋势，不管是欧洲，还是美国，当前的主体族群最终可能都会被其他族群如穆斯林、拉丁美洲人所取代，西方社会在反思中感觉出了丝丝凉意。[③] 或许他

---

① [美] 塞缪尔·亨廷顿著，周琪等译．文明的冲突与世界秩序的重建 [M] 北京：新华出版社，2002.8.

② [美] 弗朗西斯·福山著，黄胜强等译．历史的终结及最后之人 [M]．北京：中国社会科学出版社，2003.2-9.

③ [美] 塞缪尔·亨廷顿著，程克雄译．谁是美国人：美国国民特性面临的挑战 [M]．北京：新华出版社，2010.14-16.

们会重新思考中国孟子的古老训言“不孝有三,无后为大”[①]的历史智慧和哲理。

正如著名的中国太极图中呈现的一样,阳至极,则可能反转为阴。而阴至极,也可能反转为阳。这种反转实质上仍然是内在问题的逐渐发展，最终爆发，只不过之前问题被掩盖而已。西方文明及其社会范式本身并不是先验真理，在近代以来的霸权地位主要是建立于强大的军事力量和经济发展的基础之上，而不是价值观的正确和社会范式的科学。这一点，恰恰是西方社会所忽视的。

二、中国德育的力量

2015 年，习近平总书记在纽约联合国总部发表重要讲话，指出:“当今世界，各国相互依存，休戚与共。我们要继承和弘扬联合国宪章的宗旨和原则，构建以合作共赢为核心的新型国际关系，打造人类命运共同体”。[②]“和为贵”，这个中国社会的著名古训开始重新萦绕这颗蓝色星球。人类社会如何能实现和谐与和平？曾经被视为陈腐学说的东方儒家文化，重新被人类社会所审视和尊重。而近代以来马克思主义所掀起的人类社会主义运动，在苏联遭遇到了挫折，但却在现代中国实现了繁荣发展。马克思主义从未远去，今天中国的强势复兴，已经足以说明，社会主义核心价值观本身就具备真理的内涵。

那么中国社会复兴的力量来自于哪里，除了中国特色社会主义道路的正确之外，我们不能忽视中国德育的力量。中国德育给中国社会带来了稳定、和谐、进取和秩序，确保了中国社会内部的和谐，社会勤奋向上的动力，以及社会个体必要的道德素养。中国德育正如其基本伦理来源一样，主要建构于以马克思主义为基础的解放伦理，以及以中国传统文化为基础的儒家伦理，两者在哲学基础上还有着极为重要的相似之处:都是社群主义倾向的道德哲学。

在政治的中国模式，经济的中国模式，文化的中国模式后面，是否存在德育的中国模式？尤其是在德育内容、德育路径、德育价值观等领域，中国德育明显有别于他国，与西方自由主义德育更有着明显的差异。

中国德育具有明显的中国特色，其特色不只体现在中国德育的现实实践中，还表现在中国社会对德育的定位、德育的基本人性假设、德育的内容体系、德育的个体发展路径等维度。在研究中国德育的基本理论体系时，既需要理解和分析中国德育的特殊构成，同时还决定了不可通过复制西方德育理论体系框架，来建构中国德育基本理论体系。中国德育基本理论体系的建构，必须具有中国

①《孟子·离娄上》.

② 习近平 . 习近平谈治国理政（第二卷）[M] . 北京：外文出版社，2017.522.

文化视野，理解中国社会逻辑，并承接中国德育传统。

第二节 一个问题：中国德育是否具有自己的基本理论体系

中国社会伦理具有自己的历史智慧，并具有自己的独特特征，这一点几乎没有争议。但是，一直以来，中国德育在国际学术界都面临几个理论上的重大挑战：

中国德育是否具备自己的理论体系？

中国德育是否是一种独立的（不依附西方德育理论）德育范式？

中国德育与西方德育存在哪些理论上的重要分歧？

德育是人类的一种社会活动，在德育活动中，社会的价值观、伦理规范、道德思维、社会基本行为范式等得以延续和发展，并成为下一代社会性的基本构成。德育活动作为人类社会的一种重要活动，客观上存在其内在的规律。

中国德育有没有自己的理论，或者说有没有自己的规律和基本假设？这两个问题也几乎是一个问题，因为德育规律和德育基本假设本身就是德育理论的主要构成要素。要否认以上两者的存在是非常困难的，因为中国德育具有明显的中国特色，既不同于西方德育，也不同于其他文明的德育。另外中国与西方在政治哲学、社会结构、传统文化等领域，都存在显而易见的差异。这些差异的存在，导致中国德育范式与西方德育范式一系列的理论分歧的存在。

一、德育范式

德育理论体系有没有自己的范式,这是一个必须回答的基本问题。托马斯·库恩在 1962 年出版的《科学革命的结构》一书中，首先提出“范式”这一概念，主要指的是一种特定的科学共同体从事某一类科学活动所必须遵循的公认的模型。也即科学共同体在从事科学活动中的共同立场、共同使用的认识工具和手段。[①] 简而言之，范式既包括抽象的观念领域，也包括具体的实践领域。范式最终被广泛运用到社会科学和哲学研究领域，与自然科学领域有所差异的是，在社会科学领域中，范式主要是观察和研究社会领域中的一种理论视野和理论框架，主要由概念体系、假设体系构成的理论体系和具体的社会相关实践体系共同构成。在德育领域，有学者认为德育范式是反映一个时代的德育的普遍共性、

① [美] 托马斯·库恩著，金吾伦等译 . 科学革命的结构 [M]. 北京：北京大学出版社，2003.40–45.

基本特征和根本精神的德育范畴，同时也是反映该时代的德育与其他时代德育的基本区别的范畴。所有德育实践，都难以离开德育范式的影响。简而言之，德育范式在很大程度上引导和规范着德育的目标体系、内容体系、方法体系和基本走向。①

在本书中，德育范式是指围绕和建构中国德育而产生的概念体系、假设体系等构成的理论体系，以及与理论体系保持密切关系的中国德育实践体系。两者都是德育范式的一体两面，理论体系是抽象的观念领域，德育实践体系是具体的实践领域，两者共同构成中国德育范式。

当然，我们还必须认识到，德育理论的研究不能仅仅局限在德育自身的范围之内，还必须延伸到社会文化、思维、价值观、社会结构等层面，对于德育范式的自觉思考本身也是德育理论建构的一个基本前提。德育范式的存在，本身并不是完全源于德育自身的规律，一定程度上说，德育范式是源于社会的存在及其规律。因为任何一种德育都不是独立的存在，必然是依存于社会的多种因素而存在的。如社会结构、政治哲学、文化传统等，这些都是德育必要的支撑因素。

德育与社会紧密相关，而社会则存在明显的范式。雅斯贝尔斯将人类社会的哲学范式分为四种：以孔子为代表的儒学范式，苏格拉底奠定的西方哲学范式，基督耶稣奠定的基督教哲学范式，以及以印度佛陀为代表的佛学哲学范式。②四种哲学范式不只是呈现在思维与学术领域，实际上影响到社会的所有层面，最终形成不同的社会范式。基于德育本身社会传承重要载体的定位，不同的社会范式也产生了不同的德育范式。当前世界范围内的德育，在这四种哲学范式的影响之下，呈现出非常明显的德育范式的整体特征。同一种哲学范式影响下的社会之间的德育同质性强，不同哲学范式影响下的社会之间的德育差异性较大。

二、中国德育及其内涵

德育与道德紧密相关，而道德本身在人类社会中却存在一定的差异，这种差异以及其背后的道德哲学的差异，导致德育概念本身在不同社会中也是有差异的。如在古希腊，一个男人缺乏锻炼，身体不够强健，在古希腊社会中，这也被视为不道德。但在中国社会中，身体强健与否与道德不道德几乎是风马牛

---

① 陈志兴．西方个人主体性德育范式的困境及其转向[J]．南昌大学学报(人文社会科学版)，2010(3)：23-27.

②［德］卡尔·雅斯贝尔斯著，李雪涛等译．大哲学家［M］．北京：社会科学文献出版社，2010.64．

不相及的两件事。同时，德育的概念还与自身的文化环境紧密相关。在西方国家，近代以来其德育概念普遍是指道德教育，而在中国的社会文化传统中，道德与政治紧密相连，所以历史以来中国德育既包括道德教育，还涵盖政治教育等内容。在中国社会语境中，德育并不一定是道德教育的简称。所以在研究中，中国德育概念需要明确界定。

当前中国德育界对于德育自身的认识分为三种派别，也形成了三种不同的话语体系。这三种体系主要是：以道德教育为代表的第一种学术理论圈，认为德育单指道德教育，德育理论就是道德教育理论。第二种德育学术理论圈是中国当前的大德育理论，认为德育包括道德教育、公民教育、思想教育、政治教育、心理健康教育等。第三种德育理论圈则是以思想政治教育为代表的德育理论，主要限于高校德育理论界。

德育研究中的核心概念的德育、道德教育、思想政治教育这三个层面的含混有着背后的语义问题，其含混的原因之一实质是汉语中部分词语存在语义含混模糊的问题。“德育”中的“德”，在汉语中既可以专指“道德”，也可以指广义上的“德”。“我国古代就以‘道德’囊括各种社会意识，近代社会意识虽在分化中，传统影响甚大，以致至今仍能以‘德育’包容其他社会意识形态方面的教育。”[①] 即在汉语中，政治、思想、道德等都可以笼统称之为“德”。这一含混的语义，就是当今中国德育的核心词汇——“德育”含义和使用上的含混的根本原因。

当然概念含混的背后还有着文化差异的原因。因为在中国的文化语境中，德指人的社会性的一切方面，一般都不仅指道德。德能兼备中的德一直都涵盖道德、政治、思想等多维度。在中国，道德与政治向来都是紧密相关的，这也是中国社会文化传统的一个基本特点。

在汉语中，因为“德”的一词本身的语义含混，并且有着极大的包容性。在中国教育的语境中，“德育”一词一般都指学生个体身上的社会性的相关系列教育，包括道德教育、思想教育、政治教育、法治教育、心理健康教育、公民教育等，这一系列的教育在汉语语境中都归属于德育。所以德育在学校教育实践中，常与智育并列，两者构成了学校教育的主体。

三种派别的德育概念中，除开第三种高校德育的派别，则形成了中国德育理论界著名的大德育和小德育两种概念。大德育认为德育应该包括道德教育、

① 陈桂生．广义“德育”与狭义“德育”的由来［J］．上海教育科研，2003（2）：17-20.

思想教育、政治教育、法治教育、心理健康教育、公民教育等。[1]小德育则专指道德教育。

本书中的德育概念趋向于大德育。因为德育不仅仅是德育学术界的事情，在汉语语境中德育指宽泛意义上的德育，在教育实践界（中小学、大学、教育行政部门、国家政策等）中德育都不限定于道德教育。习近平总书记要求，“要坚持把立德树人作为中心环节，把思想政治工作贯穿教育教学全过程，实现全程育人、全方位育人。”[2]宽泛意义上的德育在中国是一种现实存在，这是中国社会长期形成的一种社会传统。

在这种社会背景中，本书认为，将德育限定为道德教育是不合适的，在实践中也是很难得到社会认同的。基于中国社会文化中对“德”的宽泛的认同，本书中的中国德育是一种中国德育实践现实意义上的概念，涵盖中国学校教育实践中的道德教育、思想教育、政治教育、公民教育等构成维度。因为道德本身对于思想、政治等的基础性，在研究中仍然注意以道德教育作为德育的基础性内容，同时也注重其他德育构成的现实存在意义。

第三节 研究的方法论与相关已有研究

基本理论是教育研究者对教育现实的抽象表述和对教育世界的理论表征。中国德育基本理论主要指中国德育范式中起着基础性、全局性和理念性的教育观念、教育假设和教育思想，其构成要素大都对该德育范式起着潜在、全面和持久的影响。中国的德育理论研究不能仅仅满足于对中国古代传统德育理论的研究，也不能局限在对西方德育理论的复制学习上。我们需要主动研究当代中国德育实践体系，同时积极研究中国德育理论体系中的基本构成，即使这种构成仍然具有中国传统德育和西方德育的理论成分，但我们认为这种构成部分已经成为了当代中国德育理论体系的有机构成部分，而不是简单的延续继承和复制的结果。中国德育研究应突破单一的西方化思维模式，以此彰显中国传统德育思想的独特性与中国德育研究的自主性。[3]这种研究方法论的自觉，才能促使我们摆脱德育的机械论，不片面以为当代中国德育仅仅只是西方德育与传统中国德育拼凑的结果。

---

① 张忠华等 . 析德育概念在中国的嬗变——兼论大德育现象［J］. 教育导刊 2008(7 上):4-8.

② 习近平 . 把思想政治工作贯穿教育教学全过程［N］. 新华社 ,2016-12-8.

③ 易连云 . 传统道德教育研究的范式转换［J］. 教育研究，2010（4）: 30-33.

一、研究范式与基本观点

本书力图从中国德育理论与德育现实实践的角度分析和建构中国德育基本理论体系，这是从德育理论维度对中国德育范式的实践理性的系统研究和现实把握。同时结合比较研究、文化分析和文献研究，整体上看，这是一种综合性研究范式。

本书的一个基本假设是：德育基本理论源于现实德育，是研究者对德育现实实践的抽象表述和建构。从这一学术思想出发，认为中国德育实践背后必然有自己的基本理论体系和逻辑体系。在研究路径上，本书摒弃了从已有理论范式出发去规整现实德育实践的传统路径，而致力于从现实德育实践出发去建构德育基本理论体系。

在研究的理论价值上，中国德育基本理论研究是建构中国特色、中国风格、中国气派的中国教育理论体系的重要组成部分，也是分析中国德育现状、问题的理论基础。同时，中国德育基本理论体系研究是认识中国德育智慧、理解中国德育思维、探索中国德育实践理性的重要基础。

本书的核心学术思想是，德育基本理论源于现实德育。从这一学术思想出发，认为中国德育范式是一种不同于西方德育范式的德育，其德育实践背后必然有自己的基本理论体系和逻辑体系。本书并非从已有理论范式去改造现实德育实践，而是注重从中国德育实践出发，建构中国德育范式基本理论体系。

在学术观点上，本书在基本理论假设上不承认西方德育范式的先验真理，摒弃了德育研究中常见的西方德育理论框架、概念体系和理论标准，提出中国德育范式存在基本理论和逻辑体系的学术观点。这是德育理论研究中自觉的去西方中心论，同时也是德育理论研究领域中积极的中国探索。本书的基本学术观点如下：

1. 中国社会在历史、文化、哲学、道德等领域与西方社会存在明显的差异，中国德育必须要适应社会本位的伦理背景。如果直接采用西方个体本位的德育范式，那么必然导致中国社会中个体本位德育与社会本位的文化、哲学、道德等领域发生冲突。

2. 中国德育范式区别于西方德育范式，在个体假设、德育路径、德育方法论、价值观体系等领域均存在明显差异，不能简单地用西方德育理论来改造和建构中国德育理论体系。

3. 西方德育范式不具有先验真理，在德育范式上，不只是理论理性重要，实践理性同样重要。中国德育研究需要深入学校德育实践中，分析和研究中国德育智慧与实践理性。

二、相关已有研究及其评析

西方对中国德育研究较少，但对相关的中国社会和伦理研究较多。雅斯贝尔斯将孔子哲学范式划为人类四大哲学范式之一，认为西方苏格拉底哲学范式与孔子伦理哲学同样伟大但存在重要差异；余英时论证了中国道德伦理思想的现代转化，提出中国是内在超越的伦理范式；汤因比通过历史比较，认为注重秩序和和谐的中国社会范式对人类发展具有重大意义；郝大维、史华兹、安乐哲等美国学者通过分析中西伦理差异，认为中国不同于西方自由主义传统，是典型社群主义范式。

德育研究上，西方学者重点关注到的有中国德育中的道德价值观（T.C.Kao，2005），中国德育在文化传承和社会伦理领域中的侧重点（Gregory P Fairbrother，2004），[①] 还关注到中国德育经常与政治教育、意识形态教育密切相关，道德和思想权威与政治联系紧密（费正清，1992；Wing On Lee，2005）。[②]

国内学界在德育研究领域成果丰富，理论建构出色。如鲁洁建构了生活德育理论体系，朱小蔓建构了情感德育基本理论，檀传宝在公民道德教育领域做出了重要贡献，易连云、杜时忠等人对中国传统德育的研究非常深入。近年来，在中国德育范式相关研究领域，主要动态如下：

众多学者倡导中国德育理论自觉。孟万金（1996）研究了中国德育在道德价值观、心理要素观等维度的特殊性。[③] 戚万学（1997）提出要实现中国传统道德教育的返本开新，重新确立学校道德教育的基本原则和方法体系。鲁洁提出了中国德育转型问题。[④] 易连云（2010）分析指出应该突破单一西方化的思维模式，彰显中国传统道德教育思想独特性与研究自主性。[⑤]

中国德育理论相关研究成果丰富。檀传宝（1994）分析了中国德育传统的多元性，[⑥] 詹万生（2001）提出了马克思主义整体德性论基础，[⑦] 肖巍（2002）分

①Gregory P Fairbrother.Citizenship Education in a Divided China, 1949-1995［J］.Asia Pacific Journal of Education, 2004（1）: 29-42.

② Wing On Lee.Ideopolitical shifts and changes in moral education policy in China［J］. Journal of moral education，2005（4）: 413-431.

③ 孟万金．继承与超越：中国德育传统的现代化［J］. 高等教育研究，1996（3）: 37-40.

④ 鲁洁．当代德育基本理论探讨［M］. 南京：江苏教育出版社，2010：2-6.

⑤ 易连云．传统道德教育研究的范式转换［J］. 教育研究，2010（4）: 30-33.

⑥ 檀传宝．论儒家德育思想的三大特色与优势［J］. 教育研究，2002（8）: 28-31.

⑦ 詹万生．整体建构德育体系总论［M］. 北京：教育科学出版社，2001.2-5.

析了传统道德教育理论中的德智关系，王泽应（2006）分析了传统德育思想资源开发与创造，[①]杜时忠(1998)剖析了传统德育中的道德理想主义，刘铁芳(2003)论证了传统道德教化过程的现代性转向，赵志毅（1996）论证了传统德育方法论的现代转换，张书丰（2006）提出了传统德育的理论体系，叶澜（2001）对当代中国道德教育内容基本构成进行了科学分析和再建构。[②]

中国德育范式理论探索深入。陈泽河等（1995）分析了中国道德教育的历史命运及现代转换，刘国强（2004）指出中国传统德育在全球化时代具有独特价值，张忠华（2006）对中国德育内容体系构建进行了探索，刘惊铎（1999）提出中国学校德育改革的部分思路，戚万学（2009）深入分析了中国德育的文化困惑与文化选择。[③]在德育比较上，有学者提出中美两国德育因为历史发展形成了各具特色的德育理论流派和实践模式（朱银端，2008）；有较多学者关注中西德育范式背后的哲学、文化、价值观差异（檀传宝，2002；袁新秀，2008；罗越媚，2002）。

整体来看，中国德育理论界在这些方面基本形成共识：一是已经认同中国德育范式有别于西方德育，不能简单把西方德育理论直接套用到中国学校德育中；二是认同中国传统德育具有自身优势和特色，当代中国德育需要扬弃传承；三是对中国德育范式基本理论进行了重要的探索，虽然存在争议，但对建构中国德育范式理论的重要性和迫切性达成共识。

不足之处则有：一是中国德育范式基础理论研究薄弱，对德育范式基本理论构成的实质性探索极少；二是部分德育研究倾向于从西方德育理论审视中国德育实践，学术术语和思维西方化明显；三是中国德育范式逻辑体系被有意无意地忽视，对中国德育智慧和实践理性的相关研究严重不足。

三、中国德育基本理论研究的方法论

中国德育基本理论研究的基本前提在于，首先必须承认中国德育理论的存在，这可以从中国德育实践的特殊范式得到反证。如果不存在这种理论，或者说当代中国德育理论本身不成立，那么为什么这种特殊范式的中国德育实践还能存在？能够存在并与其他国家德育有重要分歧和特色，这本身就说明了中国德育具有自己的理论逻辑和实践逻辑。

---

① 王泽应．论中国传统德育思想的基本特征［J］．湖南师范大学社会科学学报，2005（5）：18-22.

② 叶澜．试论中国当代道德教育内容的基础性构成［J］．教育研究，2001（9）：3-7.

③ 戚万学．关于建构中国现代道德教育理论的几点设想［J］．教育研究，1997（12）：27-31.

其次，中国德育基本理论研究还必须理解：德育基本理论研究具有什么样的基础，能否研究，这个研究问题是否过大，难以把握。事实上中国德育经过近百年来的不懈努力研究，已经有了相当的理论积淀和基础，同时本书也仅仅只是研究当代中国德育这个剖面的基础构成，并强调主要是对德育的基本假设、基本路径、基本价值观和基本实践范式等为核心的基本理论体系的研究，所以这种研究仍然是可以掌控的。

全书研究的基本方法论主要是三个维度：

其一是哲学范式的角度，研究当代中国德育的基本范式，主要基于实践哲学的分析视角，而不是迷恋于纯粹的形而上的理论哲学。注重实践哲学，这是本文的哲学分析方法论。

其二是从伦理基础的角度，主要研究当代中国德育的伦理体系的基本构成。伦理基础其一是作为中国传统文化精髓的儒家伦理，其二是马克思主义的解放伦理。虽然传统伦理里面还有重要的道家伦理和佛教伦理，但对中国德育影响最为深刻的传统伦理仍然是儒家伦理。儒家伦理和马克思主义的解放伦理这两个伦理基础将是中国德育基本理论的伦理学分析方法论。

其三是从实践理性的角度，理解当代中国德育的基本实践范式。本文其基本理性逻辑是实践理性，而不是局限于理论理性。在本书中，实践理性注重分析和研究现实中国德育实践背后的德育智慧和德育逻辑。虽然理论理性在理论体系建构中具有重要地位和作用，但本书在理论自觉上强调不局限于单纯的理论理性分析。

全文贯彻始终的有两个核心学术思想：其一是，中国德育范式是实践理性的德育典范，不以单纯的理论理性为真理标准；其二是，中国德育范式的伦理基础是儒家伦理和解放伦理，而不是自由主义伦理。这两个核心学术思想既是全书的支撑，同时也是全书的价值所在。摒弃以西方自由主义为代表的自由主义伦理为德育中的先验真理，而更为重视中国社会在现实实践中的德育智慧，是本书贯穿始终的一个逻辑基础。

四、德育本身的复杂性与自组织特点

德育是社会中的存在体，德育研究需要关注其背后的社会、文化与政治。研究中国德育理论体系，我们首先需要建立一种德育研究的社会性背景基础，以此试图建构一种研究中的社会背景意识。

社会、文化、政治与德育的联系非常紧密，特别是文化传统与政治背景。任何道德规范的产生，都不会是简单的仅基于单个人的个人意志和主观意愿，

其背后必然有着深刻广泛的社会、文化和政治基础和背景，其发展和演变也必须遵循其发展的内在逻辑。[①] 因为在中国的传统德育中，道德本来就与文化和政治紧密相连。德育中的内容不只是有简单的道德规范，也有道德思想、道德哲学、道德文化等。在具体的德育中，不只是需要直接的道德知识讲解，还需要润物细无声的德育环境构建。德育不只是满足学生社会生活的需要，还需要满足学生精神领域的需要。

本书需要强调的一个研究意识是：中国德育不仅仅是当代中国教育的构成部分，也是纵向上的中国德育传统的延续，是中国德育传统与今日中国社会环境的结合体。换言之，德育不是独立的存在体，德育是多元组合的并不断发展变化的体系。德育不只是现存的政治、文化、社会的影响结果，其中还有着德育自身的自组织能力而带来的扩张、变化、扬弃和发展。

德育多元组合结合体的构成决定了德育理论研究中需要一种开放式的、多元学科的研究范式和研究视野，不能简单地建立在纯伦理学或者教育学的角度，而这是德育研究中可能容易出现的问题。德育的人性假设不能仅仅建立在伦理学基础上，德育的过程必须关注学生的个体发展规律，而这是教育学的维度。德育也不能仅站在教育学的维度，还必须关注德育中的道德与政治，以及文化传统与思维习惯，而这是伦理学和哲学的维度。同样，德育研究也不能简单地仅仅建立在发展心理学的基础上，如果仅仅关注个体发展规律，我们可能就会忽视和忘记德育强大的社会支撑因素。

当前一个德育研究的理论误区可能是，德育过多地局限于教育学的学科基础上。事实上，如果德育研究单纯建立在教育学的学科基础上，会忽视个体在发展中的社会性的潜意识、社会意识形态和文化背景，同时也会忽视个体的德育目标，而这大多是由社会政治所决定的。这可能导致德育研究过于简单和过于理想化，最终形成与社会现实差异很大的理想化的德育范式。这种过于理想化的德育理论对现实德育可能造成更多的德育问题，并会让德育实践界不知所措。

德育内容不能仅仅建立在个体发展的基础上，因为德育本身还是一种社会性的发展，仅仅关注个体发展的德育内容，会导致德育实践的无所适从。因为任何社会的德育目标最终仍然是指向社会发展的。过度关注个体发展，非常容易走向道德上的相对主义和情感主义，这是对社会道德的消解而不是建构。

德育的过程不能简单建立在发展心理学的基础上，是因为个体在发展中并不是个体独自的发展，在发展中个体会受到其他个体和社会整体文化传统、政治、

① 易连云．传统道德教育研究的范式转换［J］．教育研究，2010（4）：30-33.

艺术、文学等多维度的影响。这些影响本身也是广泛意义上的德育构成，但这些并不是发展心理学所能够囊括的对象。将个体作为发展心理学线性发展的对象的研究范式，会导致德育研究过于简单化，并可能导致在德育中将个体物化，而忽视了个体发展的多元性和复杂性。德育改革或者德育的现代化并不是要与自身文化传统隔绝，它应该是自身文化的历史延续和扬弃，并在发展的过程中自我改造和自我发展。

德育是具有多维影响下的自组织发展能力的复杂系统。“自组织是复杂系统的一种能力，它使得系统可以自发的、适应性的发展或改变其内部结构，以更好地应付和处理它们的环境。”① 自组织是复杂系统的基本构成特征，基于德育本身构成的多元性，以及其内部构成之间的相互影响。可以肯定的是，德育本身并不是复合系统，而是具有自组织特征的复杂系统。

自组织具有的基本特征主要有：自组织是系统与外部环境相互作用的结果；系统内部能够适应环境的变化；自组织对外部的刺激或作用具有非线性的反应或应战能力；自组织本身能够实现发展，其复杂性能够增长等。②

整体上看，德育本身不是可以随意改革的复合系统，而是具有自组织的复杂系统，具有自己的发展能力和改造能力。主要原因如下：

首先，德育不是完全的独立存在，本身是道德、社会、政治、文化、习俗等在教育中的一种投射。德育的内在构成是多元的，有着道德、政治、文化、习俗等多个维度，并且这些内在构成还有着相互影响的一面。如德育中存在的政治并不一定是德育选择的结果，而是社会中政治的投射，德育中的价值观体系也主要是来自社会中的伦理体系。

其次，德育具有一定的自组织特征。德育在发展中，仍然拥有自己特有的范式，并有着自己的理论体系、方法体系和过程哲学，所以简单地把德育视为社会因素在教育中的投射是不科学的。德育并不是单纯的、消极的存在，还有着自主发展的、积极的一面。在德育发展中，德育会基于德育理论体系而重新设置政治、文化、价值观、习俗等在德育内容体系中的具体构成。

最后，德育本身的发展是复杂的发展，不是简单的混合，也不是完全的线性发展路径，而是一种复杂式的、有着自组织特征的发展。在不同时期，德育有着不同的侧重点，并且会基于社会的变化而不断自我调整。战争时期和和平

① [南非] 保罗·西利亚斯著，曾国屏译. 复杂性与后现代主义：理解复杂系统 [M]. 上海：上海科技教育出版社，2006.125.

② [南非] 保罗·西利亚斯著，曾国屏译. 复杂性与后现代主义：理解复杂系统 [M]. 上海：上海科技教育出版社，2006.125.

时期，德育倾向有着明显的差异。而在一个国家的内地区域和边疆区域，德育内容也会呈现明显的差异，并会随着时局的发展而变化。

第四节 中国德育理论研究的迫切性与德育的实践需求

中国德育理论体系研究有着时代的迫切性需要。中国德育理论体系研究不只是单纯的学术研究，对中国德育的改革与发展来说，还有着应对文化挑战的背景。建构文化自信，这是中国德育范式建构的一个重要前提和目标指向。如果文化不能做到准确定位，那么在具体的德育中，就会面临文化选择、文化取向、文化学习等诸多领域的问题。今天西方社会文化在全球仍然占据优势性地位，甚至在某些领域成为一种政治正确般的存在。在这种背景下，中国德育必然面临一定的文化焦虑和道德困惑。[①] 如何建构中国德育范式的基本理论体系，进而厘清中国德育的基本逻辑，这是当代中国德育研究的基本命题。如果不能直面这个问题，很难建立中国德育的理论自信，更难以承担起自己的历史和文化使命。每一代人都有一代人的责任与使命，中国德育的理论研究，必须直面自己的基本理论体系。这既是理论使命，也是当代中国德育研究者的历史责任。

一、中国德育地位与社会结构

德育本身是社会对下一代的社会化。中国德育在中国社会具有重要地位，以德为先、德育是学校的中心是中国学校教育中的基本共识。《中华人民共和国义务教育法》第三十六条明确规定："学校应当把德育放在首位，寓德育于教育教学之中，开展与学生年龄相适应的社会实践活动，形成学校、家庭、社会相互配合的思想道德教育体系，促进学生养成良好的思想品德和行为习惯。"[②] 中国共产党第十九次全国代表大会报告指出："要全面贯彻党的教育方针，落实立德树人根本任务，发展素质教育，推进教育公平，培养德智体美全面发展的社会主义建设者和接班人"。[③] 在 2018 年全国教育大会上，习近平总书记将培养目标重新表述为"培养德智体美劳全面发展的社会主义建设者和接班人。"[④]

---

① 戚万学．当前中国道德教育的文化困惑与文化选择［J］．教育研究，2009（10）：23-29.

② 中华人民共和国义务教育法［EB/OL］.（2006-06-15）［2016-04-08］.http://www.moe.edu.cn/publicfiles/business/htmlfiles/moe/moe_619/200606/15687.html.

③ 习近平．决胜全面建成小康社会，夺取新时代中国特色社会主义伟大胜利——在中国共产党第十九次全国代表大会上的报告［M］．北京：人民出版社，2017.45.

④ 习近平．坚持中国特色社会主义教育发展道路 培养德智体美劳全面发展的社会主义建设者和接班人［N］．新华社，2018-9-10.

社会结构与德育联系紧密。“道德概念不仅体现于社会生活方式中，而且部分构成社会生活方式。”[①] 不同的道德价值观深刻影响社会结构，社群主义和自由主义的核心差异就是价值观的分歧，这种分歧最终会直接反映到社会结构上。社会结构本身有其历史的因素，社会并非如同单纯的物体一样，能够在短时间内实现重新的排列组合。

我们在面对社会结构的时候，更多的还需要一种尊重的视野，因为社会结构中往往有着该种社会自然、文化、历史、经济等多方面的因素。即使是价值观，也需要相互协调，不能简单地假设哪一种道德价值观凌驾于其他价值观之上。在非洲大草原上，简单地向动物鼓吹和平的价值是完全没有意义的，即使能够鼓吹的话。正如以赛亚·伯林所说：狗鱼的自由就是鲤鱼的死亡。[②]

社会的结构决定了价值观本身也是社会的产物，而不是相反。价值观在发展中可能能够引起社会的变革和发展，但这是建立在社会结构本身有着变革的潜能的基础之上的。在不同的社会，不能迷信于一种德育范式，更不能简单地将某种价值观结构体系作为放之四海而皆准的真理，因为人类历史上，还没有这种价值观结构体系的存在。

但必须看出，人类珍视的价值观仍然有存在共识的可能，今天世界上仍然有着人类普遍认同的价值观。对这一点的认同，并不与中国德育理论体系相矛盾。事实上，不同社会的价值观体系在实质构成内容上差异并不是很大，其核心分歧主要在于首要价值观的差异。我们不能因为价值观体系内容上的基本相同，就忽视了首要价值观的差异，因为首要价值观很可能决定了社会不同的行为取向和非常重要的价值观排序。

二、中国德育的实践需求

研究中国德育基本理论，必须清楚中国需要什么样的德育。如果不分析中国德育的目标，那么中国德育研究就将是无的放矢，同时也失去了德育研究必要的现实感。没有现实感的德育研究终将成为纯粹的形而上学，对于纯理论建构可能有利，但对现实德育发展则不利。“科学意味着抽象，而抽象总是使实在变得贫乏。”[③]

具体而言，在德育的实践维度，中国社会对德育具有自己的需要。这种需

① [美] 阿拉斯代尔·麦金太尔著，龚群译．伦理学简史 [M]．北京：商务印书馆，2003. 23.
② [英] 以赛亚·伯林著，潘荣荣、林茂译．现实感 [M]．南京：译林出版社，2004. 307.
③ [德] 恩斯坦·卡西尔著，甘阳译．人论 [M]．上海：上海译文出版社，2004.200.

要是一种现实实践维度的需要。

首先，中国社会需要具有核心价值观的德育。每个国家都有着自身的核心价值观体系。社会中核心价值观的共识，既是社会发展的基础，也是社会和谐的前提。核心价值观不只是体现在道德层面，更是关系到每一个人的社会生活。中国德育必须坚持社会主义核心价值观，自觉接受中国特色社会主义理论的指导，传承中国传统优秀道德价值观，在发展上坚决反对复制西方自由主义德育。近代以来，随着西方国家的物质财富的发达，西方国家潜意识中将经济优势误认为是文化价值观优势的结果，在军事帝国主义、经济殖民主义之后继续其文化殖民主义。其实西方的文化从没有显示出其优越性，美国著名政治学家亨廷顿指出，“西方赢得世界不是通过思想、价值或者宗教的优越（其他文明中几乎没有多少人皈依它们），而是通过它运用有组织的暴力方面的优势。西方人常常忘记了这一事实，非西方人却从未忘记。”[①] 西方国家将自由作为先验的首要价值，在其他文化中从来没有如此重视自由价值观。自由主义并非我国必然的选择项，德育需要坚持社会主义核心价值观，推进社会和谐发展，在价值观方面需要坚定的文化自觉。对于当前中国社会来说，特别需要坚决反对道德相对主义，这是西方文化价值观的病毒，正如西方当代著名哲学家哈贝马斯所说：“如果道德仅是相对的，那么食人也只是口味问题。”[②] 中国德育要坚持社会主义核心价值观，要建立稳固的、明确的价值观体系，而不是迷恋于西方漫无边际的自由主义。

其次，中国社会需要促进社会和谐发展的德育，反对极端个人主义的德育。中国是一个崇尚社会和谐的国家，极端个人主义是中国文化一直反对的。在今天的学校德育中，要坚定不移地反对极端个人主义。个人主义的盛行必然导致社会原子化，这种西方后现代主义的社会病症，并不是中国社会未来发展的理性选择方向。当然需要明确的是，反对极端个人主义指的是反对西方式的个人利己主义，而不是反对强调个人发展的德育。个人主义在现代有着强大的影响力，这种追求自我的价值观一定程度上是现代社会的产物，但它在追求个体创造性的同时，变成为一种对社会道德的巨大冲击。对于个性的过度追求，对于个体自身好恶的过分强调，往往导致社会分裂和个人的原子化。德育需要致力于推进社会和谐发展，而不是为了强调利己主义而推行极端的个人主义。

---

①［美］塞缪尔·亨廷顿著，周琪等译，文明的冲突与世界秩序的重建［M］. 北京：新华出版社，2002.37.

② 刘瑜 . 民主的细节［M］. 上海：三联书店，2009.289.

再次，中国社会需要人文精神的德育，反对形式主义和教条主义的德育。德育发展应该是充满人文精神和人文关怀的德育，现代社会的发展，需要人文的浇灌。人文既指艺术、哲学等人文精神的经典，也指对个体生活、生存方式的关怀。德育需要关注学生个体的生活世界，学生生活世界的丰富和发展很大程度影响着德育的质量。同时需要增加德育的内容空间和精神深度，还需要在德育中推进生活德育、环保德育、可持续发展德育等时代内容。人文精神的德育是一种有着自身生命力的艺术性德育，不是形式主义和教条主义的脱离学生生活世界的德育，这种对于人文精神的熏陶，是现代德育的基本特征。德育要关注个体的个人世界，也要关注个人与社会、人与自然的和谐和融合。这是一种真正意义上的人文主义德育，不仅仅站在个人的角度，德育视野更为广阔，德育目光更为远大，德育过程更为人性。

最后，中国社会需要追求高尚的德育，反对低俗化的德育。德育是为了追求高尚，追求美德，坚决反对在德育中打着生活的旗帜，而走低俗化的道路。美国著名汉学家郝大维在对比了中美价值观之后指出，“自由是否比经济福利或文化自我发展更具重要性，这并非简单的一个偏爱问题。自由的权利与文化自我发展的权利有重叠之处，这一点只要看下下述问题便不言而喻：自由的权利是否包括了精神空虚和无知的权利？事实上似乎是，只有这样的权利才被以权利为基础的自由主义设定”[①]。德育是将人类道德思想中美好的、高尚的、正义的部分传承和感染下一代，是希望用高质量的教育推动社会道德进步的伟大历程，是人类自身美好精神和美好品质的延续和发展。低俗化的德育违背了德育自身的使命，是必须坚决摒弃的。

高尚的德育需要高尚的德育内容和学校德育环境，需要社会环境的支撑，是超出学校德育范围而需要社会整体参与和支持的德育。追求高尚的德育，是德育自身的发展要求，也是当前社会发展的必要。高尚的德育是构建美好心灵、反对现代经济社会中腐朽思想的利器，也是构建和谐、健康、高尚的社会生活的必要前提和必然途径。德育是展示对于美好生活的向往和美好幸福人生的追求，德育不是培养低俗化的追求物质的奴隶。德育如果不能激发学生个体追求高尚、追求美德的动力，那么这种德育存在就失去了真正的意义。德育的核心不是单纯的规范和限制，而是引导学生建构一种向上的、积极的价值观，过一种有追求的生活。这种向善的德育，才是我们需要的德育。

---

①［美］郝大维等著，何刚强译．先贤的民主——杜威、孔子与中国民主之希望［M］．南京：江苏人民出版社，2004. 50—51．

三、德育理论范式的实践性与真理性

德育研究中必须明晰的一个问题，就是德育本身有两种形式的存在：其一是理想的德育，其二是现实的德育。理想的德育主要存在于伦理学家和德育学者的研究中，并通过书籍和论文让社会大众认知。现实的德育则是社会中现实存在的正在实践中的具体的德育。两者之间存在诸多差异和分歧。本文是研究现实的中国德育，而不是建构理想的中国德育，这是本文的一个重要研究前提。

德育可以追求理想，但不可以过于理想化，可以异想天开的创新，但只可慎重实践。“哲学是探究理性东西的，正因为如此，它是了解现在的东西和现实的东西的，而不是提供某种彼岸的东西，神才知道彼岸的东西在哪里，或者也可以说，这种彼岸的东西就是在片面的空虚的推论那种错误里面。”①因为在德育实践中，必须能说服学生，说服家长，说服学校，还需要社会和政府的支撑。保持学生个体的健康发展，确保学校的安全与社区的安宁，还有社会的稳定，这其中的任何一样都是现实社会层面的必要要求。

当然，德育实践范式本身就存在着其合理性，用黑格尔的话说：“凡是合乎理性的东西都是现实的；凡是现实的东西都是合乎理性的。”②因为如果不合乎理性，现实中的德育实践的具体不合理的存在就会在发展中被逐步扬弃，所以这种存在的现实性一定程度上确实存在合理性。“哲学的任务在于理解存在的东西，因为存在的东西就是理性。”③在德育研究中也是如此，我们需要这种现实的实践理性的研究视角。德育本身是历史以来人类道德伦理领域的实践智慧的传承，是无数天才经过无数调试和革新的结果。“‘从来如此’未必是正确的，但‘从来如此’至少是久经考验的。”④以一个人的思想和智慧去盲目推翻这种历史智慧的结晶，是极不理智的，既无视历史智慧，也无视德育的现实理性。“智力是历史中的一种重要力量，但是也可以成为分裂与破坏的力量。每100种新的思路，其中至少有99种，可能连它们试图去取代的那些旧传统都不如。一个人，无论他是如何光彩夺目或者见识广博，在他的有生之年，也不可能无所不知，总是能对他所在社会的习惯和礼俗做出明智的判断和取舍。因为这些习惯和礼俗，是无数代人在许多个世纪的历史长河中形成的智慧与经验的结晶。”⑤所以在德育

---

① [德] 黑格尔著，范扬、张企泰译. 法哲学原理 [M]. 北京：商务印书馆，1961.10.

② [德] 黑格尔著，范扬、张企泰译. 法哲学原理 [M]. 北京：商务印书馆，1961.11.

③ [德] 黑格尔著，范扬、张企泰译. 法哲学原理 [M]. 北京：商务印书馆，1961.12.

④ 冯庆. 当代青年与古典 [J]. 读书，2015 (10)：36-44.

⑤ [美] 威尔·杜兰特、阿里尔·杜兰特著，倪玉平、张闶译. 历史的教训 [M]. 北京：中国方正出版社，2015.50.

研究中，对于德育传统和德育现实实践，需要德育研究者带有一种深刻的、尊重的态度去面对，要去理解其内在的实践理性和实践智慧。

同时，我们需要认识到：德育发展需要符合社会稳定和发展两个维度的需要。德育在一定程度上，是道德与价值观层面的社会复制。自由主义的德育也是复制的自由主义的价值观。德育自身的发展，无论是改革还是发展，都必须符合社会稳定与发展两个维度的需要。稳定是基本前提，发展是社会前进的必须。德育既不能过度保守导致社会发展停滞，也不能过度混乱而导致社会稳定的严重危机。优秀的德育改革需要稳定，还需要自觉的创新发展，以推进社会的进步。

在德育研究上，需要一种古典的研究视角，不能以现代学科门类蒙蔽研究的视野，将德育限定于伦理学、教育学、心理学或者社会学等的单一学科界限内。德育需要跨越现代学科门类，以一种历史的和社会的大视野，跨越文化偏见，厘清价值分歧，最终实现对德育实践的一种再认识，在此基础上实现对德育基本理论的再建构。

第一章 德育基本理论体系的主要构成

德育作为学校教育体系中的重要构成部分，对社会和个体发展影响重大，几乎每一个国家都高度重视德育以及德育理论研究。没有一个社会会忽视对下一代的德育，因为德育在某种程度上讲也许是教育体系中最为重要的构成部分。相对于智育来说，德育在对社会的物质财富增加、科学技术发展和经济总量增长上可能落于下风，但对于任何一个社会个体来说，其幸福度不仅仅在于物质财富的增长，还在于其内在的安全感、归属感、尊重和自我实现等精神领域的需要。如果人类仅仅满足于物质，那就同普通动物一个水准了。

对精神世界的追求和道德水准的重视，是人类社会建构的重要特征。德育的目标正是塑造和谐发展的个体和和谐发展的社会，致力于个体心灵的纯净和道德水平的提升。一个缺乏道德水准的社会不会是一个健康的社会，从这一点上讲，德育对于人类社会的重要性不言而喻。智育的低质量可能会导致人类社会的发展缓慢，但道德沦丧则可能导致人类社会的自我毁灭。

德育研究的目标当然不仅仅是德育自身理论体系的建构，还要研究现实社会中的德育实践，这包括对现实学校德育的考察，对国家德育政策的分析，以及对社会文化传统和社会结构与德育实践契合度的研究等。但我们不能否认，德育理论研究可能是德育研究中最为重要的构成部分。我们不能仅仅满足于头痛医头脚痛医脚的完全意义上的实用主义，还需要追寻德育自身的逻辑生长点和德育本身的发展路径。在这种德育自身发展路径的解读上，我们可能能够发现德育更多的自主性和内在逻辑，而不是将德育仅仅视为一种简单的社会工具。简言之，德育应该是自组织，是具有自身生长、发展和超越的独立逻辑存在体，而不仅仅是迎合社会的一种墙头草。德育有其现实的工具理性，但在任何时期，德育都不可工具化。如果道德只是一种完全意义上的工具理性的产物，那么人类的情感和精神世界必将陷入低俗化。在任何时代，德育所承担的道德教化，都应当指向人类社会中的终极价值体系真、善、美中的善。

第一节　社会科学理论的特殊性

近代以来，人文社会科学深受自然科学研究范式的影响，德育也不例外。但我们必须要首先明确，德育不是自然科学，德育理论也不能效仿自然科学的理论体系与逻辑范式。

一、社会科学研究的特殊性

如果社会科学研究完全仿照自然科学的研究范式，将会存在相当大的理论问题和实践问题。社会科学的研究对象所指向的是人类社会，人类社会的主要构成部分则是社会个体，社会个体是具有主观性和能动性的人，而不仅仅是物质构成而不具有生命力的自然科学指向的物体。这决定了社会科学不可能具有自然科学一样的公式化、格式化的规律，而更多的是一种探寻、理解和诠释。

如果在社会科学中追寻一种自然科学式的规律，那么这首先在基本假设上就将社会中的人等同于自然中无生命力的物了。这种研究结果不只是简单的科学研究上的谬误，更可怕的是这种范式产生的理论如果应用于现实社会中，将可能导致对社会个体的个性和差异的无视和压制，最终可能产生一种恐怖的缺乏人性的社会。即使这种社会在工具理性上是安全、和谐和平等的，也不是人类所向往的，因为这是违背人性的。

社会科学研究的意义在于认识社会、认识人性和张扬个性，提高对社会整体和内部规律的认识，但这种认识永远都可能只是一种有限的认识。因为社会科学所研究的都只是社会的片段，科学的社会科学研究也只能研究出当时社会剖面的规律，这种规律可能只是这一剖面的规律，并不一定能将其简单放大推定到整个社会。从这个角度上说，我们的社会科学研究永远都处于对人类发展规律的追寻，但这种追寻可能永远都在路上。当然，如果人类社会的规律完全被研究出来，那可能人类社会也太简单无趣了。

二、社会科学理论的理论特点

社会科学研究需要谨记马克思的经典论断：“哲学家们只是用不同的方式解

释世界，问题在于改变世界。”[①] 社会科学理论作为人类对于社会发展的一种诠释与假设，有着自身的适用范围、适用时间以及适用度的局限。一般而言，社会科学理论都有着一定的历史周期，也有着自身的局限性。克龙巴赫提出过一个著名的论断，他认为事实会发生衰变，而社会科学中的事实的半衰期比自然科学中的短得多。[②] 认识社会科学理论的局限性与生命周期性，对于社会科学理论自身的发展与创新是重要基础和前提。

社会科学作为人类对自身的一种认识，基于人类每一代人的时代特点，其对于社会的认识与理解都有着视野与经验上的相对局限性。在此基础上所产生的社会科学理论对于社会的适用性，也可能将随着这个时代的过去而消失。适用的将可能变得不适用，科学的将可能变得不科学，昨天的真理可能会变成明日的谬误。并且，这种历史周期还因为对社会科学理论的使用而变得更短。社会科学理论的实践往往加速了社会的发展，这促使社会科学理论适用的社会环境的变化速度增加，从而缩短了社会科学理论自身的生命周期。从这个角度上看，社会科学理论有其自身的半衰期。

基于此，社会科学理论有着与自然科学理论不同的理论轨迹。自然科学理论主要是指向物，是无生命力与自主性的物，这决定了自然科学的真理的固定性与客观性。但社会科学则是指向人类自身，每一个社会成员都是一个鲜活的生命体，都有着自己的思考能力与思维范式，有着自身的主观能动性。这就决定了社会科学中不可能存在自然科学一样恒定不变的固定性真理，而需要在时代发展中不断自我修正、自我调整、自我发展、与时俱进，否则将会失去自身鲜活的生命力而退出历史舞台。

社会科学理论的发展，总是一种波浪式的前进。波浪不是平缓地推进，而是通过理论创新产生一圈圈的涟漪，一层层地推进，一层层的较低的波涛升入高空，又被后面的波涛压在下面。这种总体上的前进，但却是一次次以新的面貌而出现，以将前面陈旧的理论批判推翻而实现理论上的运动和前进。这种前进道路也正是人类社会自身发展的轨迹，即否定之否定的螺旋上升的发展轨迹。人类社会科学理论的前进，也是人类社会自身发展的映射，社会科学理论推动社会发展，社会发展也推动社会科学理论前进。两者在社会整体发展中往往很难看出具体谁是主因，谁为结果，从而呈现出一种社会科学理论和社会实践交

---

①［德］马克思．关于费尔巴哈的提纲［A］．恩格斯．路德维希·费尔巴哈和德国古典哲学的终结［M］．北京：人民出版社，1971. 53.

②［美］理查德·沙沃森等著，曹晓南等译．教育的科学研究［M］．北京：教育科学出版社，2006. 中文版序，3.

替与共同前进的混合体的模式。

社会科学理论自身的生命力，取决于理论自身的调适能力，也取决于该理论自身的调试勇气。社会科学理论需要具备一定的反思批判能力，只有允许对理论自身进行必要的革新和调适，才能使理论延长其生命周期和提升其生命力。只有不断在社会科学领域进行必要的批判创新，按照社会发展的实际情况，实事求是反思已有理论自身的问题和缺陷，理论研究才能取得真正意义上的进步与发展。

第二节　德育本身的理论气质

德育至少可以分为两种存在形式：一种是理论上的德育，另外一种是现实中的德育。虽然在一定程度上说，两者存在明显的一体两面的逻辑结构。即理论上的德育是现实中的德育的抽象和概括，现实中的德育是理论上的德育的实践形式。但这一体两面仍然只是近似的，而不是相同的。换言之，德育理论与德育实践在现实存在意义上永远存在着差异。德育研究本身必须面对这种差异，理解德育理论与德育实践不同的逻辑。本书作为一项注重现实德育实践的研究，虽然是基本理论研究，但必须具有区别于纯理论建构的研究理路。

一、德育与个体的存在意义

德育的存在，首先在于社会的存在，社会不存在，德育本身也失去了自己的存在意义。在一片原始生物的荒芜中，也许并不需要区别高尚与低俗。在柏拉图看来，人类有着好奇的天性，对未知理念世界的好奇和探索是人类的一种高贵的本能。我们来自哪里？我们存在的意义是什么？我们将走向何方？这些都是人类永恒追问的问题。一定程度上说，追问个体自身的存在意义，也是德育面临的基本问题之一。德育本身也是在不断地依据时代的发展建构个体存在的意义世界。在这个意义世界中，高尚、正义、善等正是德育指向的领域和力图建构的体系。

归属感是个体存在意义的重要建构维度。个体自身的归属感，决定了个体选择或者被选择的社会属性与存在依据。从被选择到主动选择，从习惯性选择到理性选择，不同的选择方式一方面构成了社会习俗的重要部分，同时也赋予了个体理解社会的能力。人都会在不同的境遇中寻找自己的存在依据和归属群体，而赋予这种归属感的最主要途径，就是德育。爱国主义、民族主义、地域主义、社会主义、基督教义等等，都是人类社会中众多的身份标签和归属感的选择依据，这些都是德育的结果或者德育目标的重要构成部分。

除了归属感，德育对于社会发展非常重要的另外一个维度，就是建构话语权力。话语权力在社会生活中，一方面是社会意识形态的直接体现，同时也服务于这种意识形态的再建构。话语权力一定程度上决定了社会的主流价值观，也体现和执行了社会的政治意识形态。如中国强调社会主义核心价值观，美国强调人权和自由。这些主流价值观既是社会主流话语体系的核心构成部分，同时也形成一种强势的话语权力，最终在伦理世界和政治维度构成了社会的主流理解和强势诠释。一千个观众，就有一千个哈姆雷特。对德育来说，主流的话语权力诠释了最为权威的哈姆雷特的版本，并通过德育进一步扩大其影响力。

同时，德育还通过建构个体的历史感、现实感和社会感，来达到建构个体的社会理解能力的目的。历史感是个体追溯来自何方的追问的需要。同时，对个体历史感的建构，也基本奠定了个体对社会和世界的理解框架。现实感则是个体对想象世界与现实世界进行区分的重要能力，是个体在追求个体价值的同时，如何结合时代的使命去进行人生的选择。这种选择既可能是重大选择，也可能是一些常规性选择，但这种选择本身，就逐渐构成了社会行为规范。“禁忌体系尽管有其一切明显的缺点，但却是人类迄今所发现的唯一的社会约束和义务的体系。它是整个社会秩序的基石。”①这个规范体系，就是德育赋予个体理解社会并融入社会的重要规则和内容。

人都是生活在社会中的，谁都不是一座孤岛。所以个体首先是社会个体，具有社会感，而社会感正是建构个体社会属性的重要构成。理解社会逻辑，掌握社会规范，内化社会主流价值观体系，这些看起来可能很虚空的事情，最终却构成了个体最重要的存在感、价值感和幸福感的源泉。离开了这些德育建构的社会伦理体系，个体将会变得空洞。

因为德育本身是指向个体存在意义的建构，并同时建构社会主流话语权力，服务于个体的历史感、现实感和社会感的形成，这决定了德育在具体的理论研究中，必须具有现实主义的理论视角，否则就可能偏离德育的存在依据。这种现实主义的理论气质，也赋予了德育理论本身的生命力，因为德育需要理解社会的鲜活的发展逻辑。

二、德育在个人主义与国家主义之间的张力与空间

德育不管是在理论上，还是在实践中，都受到两种社会意识形态的强大影响和制约。一种是个人主义，具体在伦理上体现为自由主义；另外一种是国家主

---

①［德］恩斯坦·卡西尔著，甘阳译．人论［M］．上海：上海译文出版社，2004.150.

义，具体在伦理上体现为社群主义。

个人主义本身既决定了德育的发展空间，同时也在相当程度上决定了德育的存在价值。任何社会都是由个体构成的，没有个体谈不上有社会。个人主义本质上是对个体存在价值的一种彰显和重视，即使是社会的整体结构，也需要建构于个体的自由和幸福之上。离开了个体的自由和幸福，社会本身就谈不上还存在多大伦理价值。因为个体追求自由和幸福，德育所建构的社会体系，不管是规范体系，还是道德体系，其目的都是指向和确保个体的自由和幸福。所以从这个角度上看，个人主义本身在一定程度上就是德育中个体层面的基本存在价值的体现。从尼采的道德体系来看，个人主义将是社会发展的生命意志。个人主义在自身发展中，既奠定了自由、平等、民主、公正等德育中重要的价值观基础，同时也不断加强德育对个体存在状态的高度关注。

而国家主义，则是人类社会另外一种对德育的强力影响和制约力量。国家主义主要是以社群主义的方式呈现于德育之中，具体表现为指向国家和社群的道德体系。如中国传统社会中的忠、孝价值观，忠指向对皇帝的政治价值观，孝指向对父母的道德价值观，两者本身都不是个人主义的，而是国家主义或社群主义。这种国家主义的价值观，一方面构成了今天人类社会中普遍存在的爱国主义，但也构成了对个体自由空间一定的压制，同时还可能因为不当的政治行为，导致对个体甚至社群发展的压制。这一点，表现得最为明显的就是中国的明朝时期。为了政治驯服，明朝对民众采取的是听话哲学和过度的忠孝价值观，并将一切可能危及统治的思想都加以删除，如发布删节版的《孟子》，并通过海禁、厂卫等特务组织压制社会，最终形成了一个道德矮化的时代，对中华民族的历史发展产生了巨大的负面影响。国家主义一方面构成了个体对社会和世界的理解，但同时也可能制约了个体的自由空间和道德自由选择倾向。所以，国家主义和社群主义在德育中，一个必需的理论品质就是：必须时刻追问是否形成了对个体的不当压制。

现代社会是一个国际化和全球化的时代，兼容并包是这个时代的德育必须具备的基本品质。一方面德育需要寻求个体和社会的基本意义世界，另一方面，还必须注重培养个体具有国际视野和国际眼光。在德育领域，既需要建构必要的国际理解，同时还需要通过他山之石来改造本国的德育体系。全球化的时代，个体仍然需要强化国家认同意识的建构，国家认同在相当程度上决定了国家层面的内部和谐，同时也是个体建构自己的意义世界的重要维度。

因为德育受制于个人主义的冲动和国家主义的强制，德育本身就将一直处于这种矛盾之中。这既是德育的宿命，也是德育的有效张力空间。而在发展中，德育需要体现自身的张力，在个人主义和国家主义之间建构自己的伦理体系和德育艺术。

三、德育中道德理想主义的陷阱

德育本身一方面源于人类的经验世界，另外一方面源于人类的理论世界。但不管源于经验世界还是理论世界，德育中留存下来的都是人类社会中的精英选择或者获得的经验或理论。一方面，这是人类精英的智慧的结晶，另外一方面，我们还必须理解这种精英建构的德育还有着自己的特殊的偏向：力求建构一个完美的道德世界。表面上看，建构一个完美的道德世界正是德育的目标，但事实上，在具体的德育实践中，这种完美的德育目标却很容易成为完美主义的德育理论发展嗜好。所力求建构的不是一个底线型的德育范式，而是一种理想主义的完美型的德育范式。简而言之，在德育中不是通过普通人的合格标准定义德育目标，而采取理想主义的德育标准来定义普通人的德育目标，最终反而导致社会个体不堪重负，形成中国历史上出现过的"以理杀人"。所以，"教人以善，毋过高，要使其可从。"[①]

德育范式追求底线型还是完美型，这不只是一个理论问题，更是一个实践问题。理论上德育能够追求完美主义，但在实践中，德育永远不可追求完美主义。即便是德育艺术，也永远不可能达到完美。但德育理论有着完美主义的冲动，在德育理论看来，底线型的德育范式有着道德层次低、德育目标不够高尚、德育内容不够全面等内在缺陷。但在具体的德育实践中，一定要理解德育实践永远都是不完美的，即使是德育内容，也永远不可能做到完美，就更不用提德育过程、德育方法、德育艺术等了。这种过度追求完美，实际上就是德育理论建构中的道德理想主义的陷阱，看上去很美，但实际上对德育实践伤害很大。因为德育实践注定是不完美的，这导致了德育实践将持续处于受批判的地位。这种局面还导致的一个结果就是，德育理论必然招致德育实践界的反击，甚至故意无视。

因为德育理论建构将一直存在道德理想主义的陷阱，所以德育理论研究不能仅仅站在理论建构的基础上，必须时刻保持自己的现实感。[②]现实感指的是理论研究者必须具备相关的实践经验和实践认同，才能够充分理解实践中的具体资源、可能和逻辑。"现实感是一种对社会生活所具有的特殊理解力，是一种知道什么行、什么不行的感觉，是一种综合的而不是分析的能力，是获得某类理

---

①《菜根谭·上二十三章》.

②［德］以赛亚·伯林著，潘荣荣、林茂译．现实感［M］．南京：译林出版社，2004.52.

解的能力，就好像驯兽员对动物、父母对孩子、乐队指挥对乐队的那种理解。”[①]

最终这种现实感能够有效地消除理论建构中不现实的部分。正如德育研究者必须清晰地理解学校德育中的德育管理者、德育教师、班主任、学生和家长等人对德育的看法、期待、目标和认同逻辑，并理解在具体的德育过程中的资源和困难，最终才能建构具有现实性的、具有实践理性的德育理论体系。

第三节 德育基本理论研究中的浪漫化与妖魔化

德育理论研究中需要关注两种倾向：其一是对他种文化的浪漫化，导致对他种德育范式的浪漫主义偏爱；其二是对本国文化的妖魔化，与此相联系的是对本国德育范式的妖魔化倾向。

正如西方一位学者批评西方社会对中国社会的态度：“我们要么妖魔化中国，要么浪漫化中国。”[②] 人类对于综合国力强于本国的他国文化大多抱有一种浪漫化的视角倾向，如欧洲中世纪对中国文化的浪漫化，近代以来中国对于西方文化的浪漫化，就是典型。对他种文化的浪漫化是人类的一种潜意识，也许是源于人类对新奇事物的好感，和对未知世界的向往。“物以稀为贵”“外来的和尚能念经”等，这些都是人类社会中普遍存在的现象。

当然，研究者也应该看到，在德育理论研究中，对于他国德育的必要的浪漫化，一定程度上也是有利于德育学习和借鉴的。因为适度的浪漫化能够减轻对本国德育理论和德育范式的保守主义倾向，也能够降低德育改革中的阻力。“将别国文化浪漫化的倾向在知识阶层中是不可避免的事，自己文化之外的另类文化会因此而备受珍视，既使其成为思维的兴奋点，也使自己把狭隘情感向外普及的意念顺理成章的受到阻止。”[③] 但我们还必须看出，如果在德育理论研究中对他国文化的过度浪漫化，则有着明显的问题：其一是可能无视本国德育范式的优点，无视本国德育范式的文化背景和社会基础；其二是对于他国德育范式极容易采取全盘复制的倾向。这种无视他国德育范式的社会文化背景的复制照搬倾向，将可能给德育改革与发展带来极大的负面效应。

德育的妖魔化倾向也有着明显的问题。对本国德育范式的妖魔化的根源，

---

①［英］以赛亚·伯林著，潘荣荣、林茂译．现实感［M］．南京：译林出版社，2004.52.

②［美］郝大维、安乐哲著，何刚强译．先贤的民主——杜威、孔子与中国民主之希望［M］．南京：江苏人民出版社，2004.2.

③［美］郝大维、安乐哲著，何刚强译．先贤的民主——杜威、孔子与中国民主之希望［M］．南京：江苏人民出版社，2004. 3.

在于对本国文化、本国社会、本国德育范式的不信任，将本国德育范式简单地标上错误、低能的标签。这样确实有利于推倒重建新的德育范式，降低德育改革中的社会阻力，但问题在于，德育范式并不是单纯的其他物体，本质上是不可能推倒重建的。德育范式的存在本身就是社会持续发展的结果，在发展中总是在持续地进步和变革，其中必然有着合理的成分。如果简单地把德育范式推倒重建，那么也就把优点缺点全部抛弃了。同时，任何一个国家，文化上的自信是社会发展的重要原动力，如果将自身的德育范式一并推翻，那么这种文化的自信几乎难以建构，国家很容易成为文化上无所适从的失败国家。

第四节　德育基本理论研究的必需与自觉

德育的重要性既体现在德育实践上，也体现在德育理论中。德育实践的重要性不需赘述，德育理论研究的重要性却是可能被社会忽视的。特别对于德育实践界来说，很容易误以为德育从来都是如此，并没有什么德育理论的指导。事实上，即使是中国传统德育，也主要是建立在孔子的儒学伦理基础上的。完全没有受到任何德育理论影响或者支撑的德育实践，事实上并不存在。

一、德育学术研究的重要性

德育学术研究的目的在于认识德育规律、提升德育科学、赋予德育艺术，最终推进德育实践的发展。德育学术研究本身是人类的学术构成部分之一。学术研究是人类认识世界的最主要的途径，也是人类智慧的集中体现。正是人类伟大的学术研究，苏格拉底、柏拉图、亚里士多德、孔子、老子、康德、牛顿、爱因斯坦等伟大学者群体推动了人类对物质世界和精神世界的理解，并建构了人类自身的认识能力和理解能力。作为德育领域的学术研究，同样加深了人类对德育的理解，并建构着人类的德育实践范式。在哲学社会科学眼中，人类社会每一种社会行为范式的背后都有其缘由，对这种缘由的好奇就是人类社会科学和哲学研究的重要兴趣和基本指向。

德育研究的目的主要在于两方面：其一是发现和总结德育的基本规律，推进德育理论本身的科学化；其二是建构德育实践的科学，提升德育实践的质量和实效性。两者都非常重要，共同服务于人类德育的科学发展。当然，需要注意的是，不能奢望德育研究完全知晓和揭示一切德育规律，因为人类社会本身在发展中就在不断变化，不管是德育内容、德育方法，人类社会的演变都促使其处于持续变化之中。

所以从这个角度上看，德育如同其他社会科学一样，总在不断建构并追赶着社会的演变。同时，也不能过度要求德育研究建构一个完美无缺的德育范式，这种要求是武断并且不切实际的。正如不能要求化学研究必须拿出点石成金的办法，不能要求物理学研究出永动机一样，同理，也不能要求德育研究必须提供终极完美德育范式。德育研究正如军事学一样，军事学也不可能保证一定能打胜仗，但学习军事学是军队指挥者的必需，因为军事学能够科学指导和增进军队指挥者对战争智慧的认识。德育研究也如此，既是德育从业者理解德育的必需，也是德育科学发展的必需。

二、德育学科基本理论的重要性

任何一门学科的基本理论都是非常重要的，一定程度上，基本理论体系的建构表现了该门学科的成熟程度。德育学科的来源有伦理学、教育学、心理学、社会学等学科，但德育肯定不是伦理学、教育学、心理学和社会学的简单综合，而是需要自己的理论体系的支撑。中国德育学术界近年来在诸多领域取得了重要成果：如生活德育、公民道德教育、关怀德育、情感德育、制度德育、生命教育等，同时还对中国传统德育进行了深入地再发掘。

对中国德育基本理论来说，批判重要，但建构更为重要。当然，中国德育范式自身的基本理论研究在今天这个时代更为重要。因为近代以来中国国力的衰弱，可能出于国人对中华文化的不自信，导致对中国社会范式更多局限于批判。一定的批判是必须的，这有利于深入认识中国自身的问题，但批判同样必须建立于科学研究的基础上，否则就可能流于负面情绪的过度宣泄，而对正面理论建构并无多大积极意义。另外，过多的批判本质上也是一种妖魔化中国德育的倾向的现实表现。

中国德育基本理论研究的目标是指向深入认识中国德育的自身逻辑，不再拘泥于中国德育的内容、方法等直观层面，而是去分析和理解中国德育范式的人性假设、个体成长路径、价值观倾向和政治哲学等支撑性的基础部分。简而言之，去认识隐藏于中国德育范式这座庞大冰山的水面之下的部分，从而认识中国德育智慧，理解中国德育逻辑，建构中国德育基本理论体系，服务于中国德育范式的改革与发展。

三、中国德育学术研究的自觉需要

对中国德育范式的基本理论的研究，还有着极为紧迫的现实需要。当前中国诸多社会领域习惯性地浪漫化西方社会范式，甚至很多学校都以采取西方国家原版教材为荣。在德育领域，西方自由主义、后现代主义在一些领域成为一种政治正确的存在，这是极为危险的。西方自由主义本身存在相当大的问题，后现代主义更是有着社会分裂、价值多元等内在缺陷。所以中国德育学术界，必须建构中国德育学术研究的自信。

德育领域还弥漫着一种不切实际的要求：一方面社会过度要求中国德育本身的完美，而没有认识到德育本身的难度和复杂性；另外一方面又对德育过多地直接干涉。不管是家长，新闻工作者，还是部分行政官员，很多人都忘记了自己非德育专业工作者的身份，而自认为能够对德育进行批判和指挥。最终导致关于德育的负面新闻过多，新闻本身的社会价值观引导混乱。这些德育外行人的行为在德育领域引起相当大的麻烦，不尊重德育的基本规律，实际上反而加大了德育实践的混乱。在这种情况下，必须建构中国德育范式的基本理论体系，通过系统理论研究，加深社会和教育界对中国德育的科学认识和理解。

同时，在时代发展上，今天中国已经跨过了近代以来的最低谷，重新成为了世界强国，国人的文化自信已经逐步恢复。在这种社会环境下，既需要国人不盲目崇洋媚外，也需要防止文化上的大国沙文主义。所以建构中国德育范式基本理论，也能够促进教育界对中国社会和历史智慧的认识和把握，不犯低级错误，把握好民族复兴的历史机遇。

四、德育的实践理性与理论理性

在研究德育基本理论体系的构成上，任何时候都不能忽视德育背后的社会文化传统。德育背后的社会文化传统表面上看起来与德育基本理论体系关系不大，但却是德育理论研究绝对不能忽视的对象。

德育首先是一种社会的存在，这种存在是在社会的大环境中的存在，我们对这种存在首先需要一种自觉的意识。因为德育的构成内容、过程都是在这种存在之中运行和发展的，德育并不是在真空中存在，所以德育必须要关注其支撑性的社会道德伦理和文化传统。社会文化传统对于教师与学生都有着强大影响，这是德育本身无法避免的，所以德育研究不能如同自然科学一样，仅仅关注一种线性的思维和逻辑模式，还必须强调一种开放性或者是网状的思维范式。如果撇开了德育背后的社会因素，那么我们可能就忘记了我们一直呼吸的空气，社会文化传统也是个体生活于其中的空气，只不过这是一种文化的空气。

德育很难有一种自然科学范式的真理，因为德育所指向的社会、所依赖的个体、基础性的价值伦理体系本身都是在持续变化之中，所以德育范式和德育理论也是处于不断的变化之中。如果将某一种德育范式认定为真理范式，那么就摒弃了德育所依赖和受其支撑的外部环境，而这是任何一种德育范式存在的重要社会性前提。每一种具体的德育范式，都有着其背后的哲学、历史、文化和社会逻辑，所以不能简单地武断认定哪一种德育范式具有先验真理性。任何复制他国的德育范式都是非常危险的，因为德育范式还必须与该社会的哲学、文化和社会结构等相互适应和相互支撑。

关于人类的理性，康德有极为经典的划分，他把人类的理性分为实践理性和理论理性。他的划分主要是从伦理学角度的，但这一概念在社会科学的发展中被赋予了丰富的涵义。

实践理性主要指人们决定在特定环境或情势下如何行动的理性。“在社会历史领域内进行活动的，是具有意识的、经过思虑或凭激情行动的、追求某种目的的人；任何事情的发生都不是没有自觉的意图，没有预期的目的的。”①实践理性偏向于相对合理、便于实施和代价计算等，是一种追求相对合理但却能够实践的选择理性。实践理性的研究需要关注人们行为的理由和动机的理解。

理论理性则是指人类学术研究中存在的一种纯粹的完美主义的建构理论或价值追求的理性。理论理性不在乎现实存在，不关乎社会背景，只追求理论逻辑的完美。理论理性本身与纯粹知识的概念紧密联系。康德是这样定义的，“纯粹知识指绝对离开一切经验而独立自存之知识。与此相反者为经验的知识，此仅后天的可能，即仅由检验而可能之知识”。②理论理性是人类认识真理世界的重要依托和重要途径,也是理论研究的重要构成部分。实践理性与经验联系紧密，但理论理性则是一种先验理念。先验理念指的是“一种普遍的知识，具有内在的必然性，因其自身离开一切经验，必应明晰而正确。”③相对而言，实践理性只具有相对理性，而理论理性所追求的是绝对理性。理论理性主要关注的是人类的认识能力，但理性的实践应用则是另外一种情况。④

任何一种社会实践都有其背后的逻辑，这种逻辑既可能是实践理性逻辑，也可能是理论理性逻辑。前者是来源于实践经验和智慧，后者来源于理论建构。但在德育的理论研究中，两者本身没有实质性差异，都是德育基本理论的构成。

以军事学为例，军事理论的来源有两大主要领域：其一是战争，军队在具体战争中会汲取经验，总结教训，并会延续天才军事家们具体的战争案例的智慧

---

①［德］恩格斯．路德维希・费尔巴哈和德国古典哲学的终结［M］．北京：人民出版社，1971.38.

②［德］康德著，蓝公武译．纯粹理性批判［M］．北京：商务印书馆，2003.30.

③［德］康德著，蓝公武译．纯粹理性批判［M］．北京：商务印书馆，2003.32.

④［德］康德著，李秋零译．实践理性批判［M］．北京：中国人民大学出版社，2011.12.

和逻辑；其二是军事理论，如《孙子兵法》，一经产生之后，就有其理论逻辑，并会直接影响后世对相关军事理论的理解。这两种来源最终产生之后，其来源的差异本身并不重要，两者在军事理论体系中也难以明显区分。

德育研究也同样如此，德育实践的经验重要，德育基本理论体系的建构同样重要。正如《孙子兵法》等军事典籍奠定了军事学的基础，德育领域也需要对自身的理论体系深入分析和重点建构，最终才能在具体的德育实践中加深德育理解和发展德育科学。

德育基本理论体系的研究需要高度关注实践理性和理论理性。实践理性要求在研究中关注该社会的历史逻辑、文化逻辑、哲学逻辑和政治逻辑等，理论理性则关注德育基本理论研究自身的理论逻辑，两者都共同服务于德育基本理论研究。实践理性的优势在于理解现实存在的德育智慧和德育选择，因为实践理性更为关注的是现实合理性，而不是理论上的完美主义。同时，还需要注意的是，"实践理性在实践应用中会作出一种它在思辨应用中本身不可能作出的扩展的权限。"[①] 从这个角度上看，理论理性或许更为严谨和完美，但实践理性则更具活力和多元。相对来说，理论理性更倾向于建构一个完美的理论体系，但对现实实践的合理性则可能存在一定程度的忽视。在德育基本理论体系研究中，既需要实践理性，也需要理论理性。实践理性帮助德育研究理解现实德育实践背后的实践智慧和实践路径，理论理性则帮助德育研究建构基本理论体系。如果失去对实践理性的关注，则可能陷入闭门造车的理论陷阱；而如果缺乏对理论理性的尊重，则可能导致理论体系本身的内在缺陷和过度经验主义，失去理论本身应该拥有的结构化、逻辑化和普遍性。

第五节 德育基本理论体系的主要构成

德育基本理论体系只是关注德育理论体系中的最重要、最基本的理论假设和理论结构。既不穷尽德育的所有理论构成维度，同样也不过度局限于现实德育实践。这要求有着一种尊重现实德育，同时又超越现实德育的学术视野。一般而言，德育基本理论体系的基本构成主要如下：

一、德育的伦理基础

首先我们需要明确，德育不管采取何种形式，都是将社会认同的社会性体

① [德] 康德著，李秋零译．实践理性批判 [M]．北京：中国人民大学出版社，2011.48.

系通过外在或者内在的方式让学生个体获得。德育必须服务于社会道德伦理的传承和发展，这一点是德育存在的基本前提。如果没有这个前提，那么德育也就不失去了存在的价值和意义。所以德育基本理论体系的构成之一是其伦理基础，即德育的道德哲学。

这一构成又分为两个维度：其一是德育传承和承载的价值观体系的道德哲学，这一体系是德育的重要内容，是德育最为基础的构成部分；其二则是德育自身的哲学，也即德育理论自身必须遵守的或者以此为假设的理论伦理，这种理论伦理在很大程度上决定了德育的风格和范式。伦理基础是德育基本理论体系中的基础性构成，也是德育基本理论体系的底色。无论是德育理论体系，还是德育实践，都受到伦理基础的重要影响。

二、德育的基本假设

德育基本理论体系的另外一个重要构成是德育的基本假设。基本假设是对个体的假设，因为归根到底，德育仍然是面对社会个体的德育，社会也是由个体所构成的。对个体的假设主要又分为两个维度：

第一个维度是个体的基本人性假设，对此的判断是决定德育内容、过程和范式的核心基础。基本人性假设不仅仅局限于对人性善恶的判断，还有着个体的人性从何而来的问题，即个体的基本人性从何而来，德育在此过程中扮演着一种什么样的角色。人性在很大程度上是德育中最重要的社会性构成，如果没有人性，就谈不上德育还有多大的存在价值。基本人性假设既是对社会个体人性的预设，也是对其人性的发展期望。

第二个维度则是个体的发展假设，即个体在发展中是一种完全自由的发展，还是一种在社会影响下的潜意识的规范性发展。这个维度的假设决定了个体在发展中的空间和可能的自由度。如果认为个体的发展是一种自由的发展，那么在发展中德育会更为珍视个体自身的判断，注重个体自由发展的权利。而如果德育认为社会在此过程中可能更为重要，那么在德育过程中，会更为注重社会规范的力量。同时，在德育培养目标上会更强调个体的社会性的培养，而不是注重个性培养。

三、德育过程理论

德育的基本理论体系的构成还有德育过程的理论。德育过程与德育内容、德育方法、德育哲学等都是德育的重要构成。德育过程理论所探究的是在个体道德发展的过程中，遵循的是一种什么样的发展路径，这是德育的一个基本假设，也是对个体发展的一种路径预设。

对德育过程理论的设定会影响到现实德育的所有方面。因为从实质上看，所有德育都是一个过程，并且永远都处于过程之中。那么在德育实践中，所需要的不仅仅是认识这个过程，因为认识过程和预设过程往往本身就混杂在一起。德育本身就是一个人为的过程，而人为的前提最终导致人们正是按照德育过程理论假设而进行德育实践的。所以从这个角度上看，这也是一个鸡生蛋蛋生鸡的悖论，我们难以在一个德育环境中寻找到纯粹先验的德育过程，所有的德育过程都是预设的结果。所以我们更为重要的不是简单地追寻德育过程的纯理论，而是解析现实德育过程的理论构成，即其过程性基本假设。这种德育的过程性基本假设就是我们要追寻的德育范式的德育过程理论。

四、德育价值观体系

德育价值观体系是德育基本理论的基础性构成。在任何一种德育范式中，价值观体系都是最重要的。价值观体系既是道德规范的基本框架结构，也几乎划定了所有德育内容的边界。不同的价值观体系，既能够直接导致德育内容体系的差异，同时又能够间接影响德育理念和德育目标。

价值观体系的研究一方面有利于理解该种德育范式的价值哲学，同时也是全方位理解德育内容的前提。只有理清了德育范式的价值观体系，才可能掌握德育内容的体系。同时，价值观体系也是德育中最为保守的体系，德育范式的变革的前提是价值观的发展变化，如果价值观没有变化，德育范式的变革是难以实现的。一定程度上，人类德育的发展，就体现在价值观体系的发展变化上。人类社会的文明冲突，很大程度上就是不同文明之间的价值观体系的矛盾。今天中国德育基本理论研究，不能忽视对中国传统价值观和社会主义核心价值观的相关研究，因为这两者构成了今天中国社会道德体系的基本价值观框架。

五、德育目标体系

德育基本理论体系必须要回答的一个问题是德育是为了什么，即德育的目标所在。对此的理论回答决定了德育的基本指向。德育基本理论体系如果仅仅只是回答了个体的道德发展，那么至少没有回答一个重要的基本问题，个体为何需要道德发展？个体的道德发展是为了什么？

德育目标体系是影响德育范式的终极力量之一，因为德育目标的决定大多并非能由德育自己决定，甚至也不能仅由教育决定。在人类绝大部分社会中，德育目标都是国家社会整体协商或者妥协的结果，具有极强的政治导向性。可以肯定的是，没有一个社会中的政治力量会忽视对德育目标的设定，因为这涉及培养的是自己的拥护者还是掘墓人的重大问题。对德育目标体系的研究，不能仅仅局限在对德育自身目标的分解上，还需要去理解德育目标体系背后的社会哲学、德育目标设定中的社会力量，这样才能理解德育目标的其所以然。

六、德育方法论体系

德育的方法论不是德育方法的集合，而是对德育领域中的范畴、原则、理论、方法和手段等的整体思维和方法的总和。这种总和不是复合系统，而是复杂系统，德育思维和德育方法之间存在密切的相互影响。德育的方法论体系是德育理论构成的一个重要因素。德育的方法论体系不是德育研究的方法论，而是德育的方法论，主要指德育过程、德育内容、德育基本假设中蕴含的德育基本方法和思维范式。这是从方法论的角度思考德育。

不同的德育范式存在着明显的思维差异，在实践德育的过程中又有着明显的过程哲学的差异。这些差异的背后实际上就是方法论的差异，如果不能从方法论的角度思考德育基本理论体系，那么德育理论体系将始终是松散的结合，而缺乏一种综合思维哲学的整合。

七、德育社会假设

德育的社会假设是德育理论研究容易忽视的领域。事实上任何德育范式最终都是指向社会的，因为德育的本源——道德就来源于社会。如果缺乏对社会假设的深入思考，失去对道德的延续和传承的职责，那么德育也就没有存在的价值了。德育的存在首先在于道德的存在，而道德存在的缘由来源于社会，所以德育研究不能离开对社会假设的深入研究。

德育的社会基本假设既是德育范式赖以存在的重要基础，也是德育的重要辅助力量，同时这种社会假设的变化往往还是德育范式改革与发展的动力。研究德育基本理论体系，我们需要关注社会的基本假设，特别是社会对最为基础的价值观的阐述和重要性的排序，以及对于社会结构本身的设定逻辑、对社会建设目标的选择，这些往往是影响德育范式结构和特色的重要根源。

八、德育理论背后的政治哲学分析

德育难以避免政治哲学的影响。德育是社会的重要构成部分，而政治则是人类社会中非常强大的结构性力量，所以德育不可能避开政治的影响。政治哲学不只是影响政治，还因为政治的力量影响深远而强大，其影响范围大多能达到全社会的范围。“教育是为各种对立的价值观和政治利益所包围的，因而教育研究也处于这种包围之中。”[①] 德育作为社会的重要构成部分，政治哲学的影响力是不容忽视的，实际上在任何社会的德育背后都存在政治的影子。即使是西方自由主义德育，其背后的核心决定力量仍然是西方自由主义政治哲学，正是自由主义政治哲学最终决定了西方德育的自由主义范式。在社会主义政治哲学的影响下，中国德育注重人的解放和全面发展，致力于培养社会主义建设者和接班人的德育目标。德育不受政治哲学影响几乎是不可能的。所以德育理论背后的政治哲学，也是德育基本理论体系的重要构成部分。

九、德育理论的教育基础范式

德育研究不能忽视其教育理论的构成。德育的理论基础之一就是教育理论，教育基本理论对德育的影响力巨大。教育理论的研究范式、教育的基本假设等都对德育有着显而易见的影响。特别是教育理论中对个体与社会的关系定位、对个体发展路径的假设等，都是德育基本理论体系的核心构成部分。

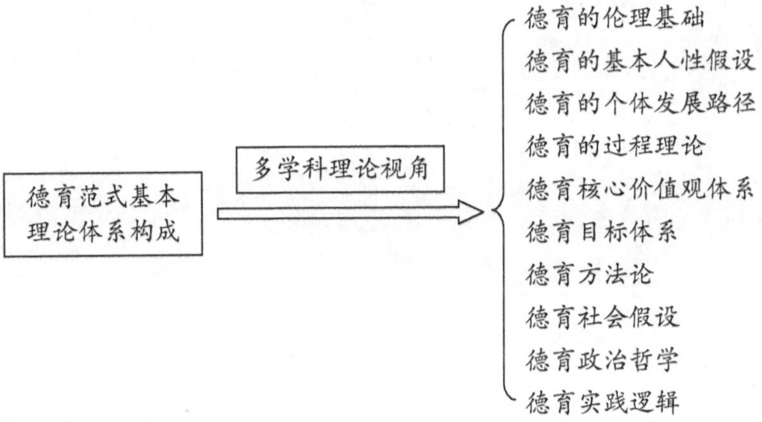

表 1.1　德育基本理论体系构成

德育研究需要明晰自身构成上的教育理论的基础存在，并同时需要强调一种教育学的研究视角。教育学不同于政治学、伦理学的核心是因为教育学首先是一门关于人的学问，是关于人的发展的学问，对人的发展的核心关注和目标指向是区别于伦理学和政治学的。伦理学最为根本的任务是研究社会整体的道

①［美］理查德·沙沃森等著，曹晓南等译．教育的科学研究［M］．北京：教育科学出版社，2006．中文版序，10．

德哲学和道德假设，这是一种对现存道德世界的研究。而政治学则是研究人类社会的政治现象、政治结构、政治哲学、政治运行等的规律和发展的，也是一种对现存政治行为和现象的研究，主要指向社会整体。教育学则强调指向社会中人的发展。不同的教育范式影响了德育范式，因为教育范式奠定了对德育中的教师与学生的关系、学校德育的定位、德育中教师与学生的相互影响模式、德育方法等的设定。一般而言，不同的教育环境中的德育，都与该社会的教育范式具有一致性。简而言之，在很大程度上，有什么样的教育范式就有什么样的德育范式。

一般而言，学校教育需要完成两件事情："其一，帮助年轻人成为一个个体的人，拥有独特的、个性化的生活；其二，竭力使他们能适应公共生活，也就是说，作为公民和共同文化的继承者，他们应该与他人共享文化传统。"[①] 德育理论研究需要一种比较的视野，因为德育本身受社会文化、政治和习俗的影响很大，所以在不同社会背景中的德育范式有着明显的差异，通过比较才能更准确地把握德育范式的实践逻辑。缺失比较视野的德育研究很可能"不识庐山真面目，只缘身在此山中"。德育比较对于德育研究来说非常重要，比较的视野有利于推进德育研究的广度和深度，同时还有利于吸收他国德育精华，推进本国的德育改革与发展。具体而言，德育比较有以下作用：其一可以异中求同，推进我国德育理论建设，所谓他山之石可以攻玉；其二可以同中求异，把握中国德育范式的本土特色；其三可以把握国际视野，推进国际理解，促进中国德育的改革与发展。[②]

第一节　德育理论研究中的比较视野

德育比较需要一种发展的视野，比较研究在诸多领域意味着向他国德育学习，但需要注意的是，德育比较不能走向复制性的学习。在德育的改革与发展中，需要一种谨慎的研究品质。人类社会发展的多元性决定了人类社会真理范式的多元性，不能简单地将某一种德育范式认定为先验真理。道德伦理本身在人类社会中呈

---

① [美] 哈佛委员会著，李曼丽译．哈佛通识教育红皮书 [M]．北京：北京大学出版社，2010. 2.

② 黄钊．德育的创新与发展应当从中外德育比较研究中吸取营养 [J]．思想教育研究，2010 (3)：54-58.

现出一种持续的发展状态，也即道德伦理本身处于一种持续的变化之中。就道德问题而言，不能简单地将某一种德育范式视为社会道德问题的根源。事实上，将社会道德问题简单归因为学校德育的问题，这是全世界各地屡屡发生的事情。社会习惯于将道德问题归因到学校德育上，忘记了社会道德问题本身的复杂性，很多时候这种倾向导致学校德育不堪重负。

具体而言，道德问题很多时候与社会结构、社会竞争、社会流动等密切相关，同时，学校只是培养学生的道德素养，而学生个体未来进入社会之后，其道德水准的保持则是另外一回事。道德培养并不能完全保证道德的有效保持。在现实社会中，学校教育毕业生中的高道德个体最终到社会中逐步变成低道德的个体，也是常见现象。学校德育既不是万能的，也不是无能的。虽然社会对德育期待很高，有助于德育本身的地位和对德育的重视，但期待过高，也许反而成了一种包袱和累赘。德育的发展是一种缓慢的、持续的进步，社会中的道德问题也不能完全归于德育的问题，毕竟单独的德育承载不起全社会的道德发展的使命。而德育比较的视野，至少有利于我们审视德育自身的问题和局限，同时寻找到德育发展的新的可能，借助他种德育范式，有助于寻找到德育改革与发展的灵感和思路。

一、德育比较视野的必要性

德育理论体系的发展需要一种纯净的情绪，既不需要过度自信而陷入过度保守，也不需要过度自卑而全盘复制。德育在发展中，我们更需要一种客观，同时还需要一种对于人类善的发展的信任，毕竟德育的目标是培养社会的善和个体的善。这种善是德育存在的前提和基础，也是德育指向的目标。在德育发展中，我们不只是需要一种客观和冷静，还需要一种对于发展困难的心理预期。没有一种事业是可以轻易成功的，更不用说追求和培养善的德育了。德育不是一项简单的事业，也不是一项可以短期内具有明显效果的事业。功利主义和实用主义在本质上都是有悖于德育的发展的，头痛医头脚痛医脚并不适合于德育的改革与发展。德育既需要一种宗教式的虔诚，因为德育本身是需要高尚的心灵的，同时又需要一种必要的等待，因为德育过程往往是需要宽容和理解的，并且时间相对漫长。道德的培育永远都是长期的，不可能期待短时间内一个人就能理解道德并成为高尚和善良的人。虽然任何社会的道德进步都是极为困难并且极为缓慢的，但这就是追寻美好社会的必要代价。

德育理论研究中的比较视野具有几方面的必要性。

首先，长期局限于一种德育范式的视野，会导致该种德育范式过度的保守主义倾向。一定的保守主义倾向在德育中是必要的，因为德育本质上是延续人类社会中已有的道德伦理规范，但过于保守主义，则可能导致整个社会的伦理习俗过于复古，并可能导致对于道德发展和改革的压制。事实上人类社会的道德伦理体系都应该随着社会的发展而变迁，否则就可能过于保守而陷入停滞状态。

其次是，比较视野的德育研究有利于认识德育范式的问题和缺陷。长期处于一种德育范式之内，会想当然地认为一切都是正确的，最终形成一种僵化的德育传统。所谓从来如此，便是对的。而比较的视野，用他种德育范式来审视本国的德育范式，能够提高研究的客观性，并能够有效扩展德育视野。这对于德育实践和德育理论的更新均具有重要意义。

最后是，德育理论研究的比较视野，还有利于推进国际理解。这是当今人类社会道德的重要构成内容。必要的国际理解，能够增进不同文明之间的交流和理解，减少国际冲突，并且在交流中通过国际理解，实现道德价值观上的理解和协调，最终实现国际和平。基于德育对于任何一个社会的重要性，德育中的国际理解对于人类社会的和谐和世界和平都具有重要意义。

二、近代中国德育的比较与学习

近代中国因为国力衰弱，在屡屡遭受失败和打击之下，终于从传统的极为顽固的保守主义中走出，持续地改变了中国传统社会中的部分价值观，如忠君、等级、华夷区别等。总体上看，近代以来，中国的德育范式和德育内容都得到了大幅度的变化。在今天的德育研究中，我们也必须看到，我们的德育比较的扬弃仍然不够，一方面是对自身的理论建构不足，同时还有着习惯于照搬他人德育范式的不良倾向。[①]

具体来看，近代中国德育研究有较多的比较学习。中国德育在新中国成立之初主要是对苏联德育的复制型学习，即使是在今天，中国德育在思维上和结构上仍然有着浓重的苏联的德育特点。[②]导致问题更复杂的是，当前中国学校德育还有着对西方德育特别是美国德育的过度崇拜，导致了一定程度上的复制型学习。这种缺少批判与文化自信的对他国德育的习惯性的照抄照搬，对中国德育发展具有巨大负面影响。一定程度上说，这种复制型的学习也是对中国社会文化和中国德育传统的无视。

整体上看，中国德育在近代最初主要学习西方的民主、平等、自由等启蒙

---

① 刘惊铎 .21 世纪中国学校德育改革探索［J］. 教育研究，1999（12）：16-20.
② 刘惊铎 .21 世纪中国学校德育改革探索［J］. 教育研究，1999（12）：16-20.

运动以来的现代道德价值观，之后则是对苏联德育模式的学习，加上对中国传统文化的反思和传承，构成了今天中国的德育范式。在这一过程中，中国德育也深受政治意识形态的影响，其中二十世纪初期主要是孙中山的三民主义，之后则是以毛泽东思想为代表的中国化马克思主义，当前影响深刻的则是中国特色社会主义理论体系。孙中山的三民主义推动中国走向了共和，这是巨大的历史进步，同时将西方的民主、自由、平等的价值观念深入人心，对于整个社会的发展以及在思想层面的进步都有着重要意义。而以毛泽东思想、邓小平理论等为核心内容的中国化的马克思主义，不只是在政治层面改变了中国，还在德育的理论和实践范式上都对当代中国德育影响深远。

我们需要注意的是，马克思主义与传统中国儒家思想有两个重要的相似点：其一是都指向社会的和谐和发展。马克思主义的社会理想指向共产主义，而传统儒家则指向太平盛世。其二是都强调社会本位倾向的价值观体系。即在个体与社会之间，都是典型的偏重社会倾向，即社会本位。所以西方学者将马克思主义和儒家思想都划为社群主义，这与近代西方以来的鲜明的个人主义形成明显的差异。

中国化的马克思主义对当代中国社会结构影响很大。其一是打破了传统中国的等级化社会，而形成一种平等结构的公民社会；其二是将改革、进步、发展的理论伦理深深植入中国传统上相对保守的社会思维范式上。特别是邓小平以实事求是、改革开放为重要特征的中国特色社会主义理论体系，推动了当代中国社会的自组织性质的发展。

这些构成在德育实践中的影响也同样深远。首先是德育中的价值观体系得到了重要改变，社会主义核心价值观体系中的正义、平等、民主、和谐、自由等都成为了当代中国德育的核心价值观。其次是在德育范式的学习上，改变了传统的保守主义倾向，并勇于改革和向国外德育学习，这本身就是一个很大的进步。

当代中国德育理论体系中有着明显的外来学习的痕迹，这与中国传统德育有着明显差异。中国德育传统范式主要采取的是儒家的思维范式，儒家的经验主义和现世主义倾向，导致中国德育的传统范式在理论上呈现出注重德育思想，强调德育经验的特征，但相对缺乏理论体系建构，并且在德育范式上偏重于社会本位倾向，存在着明显的忽视个体发展的问题。在德育的变化与发展上，相对来看速度非常缓慢，可能是基于“天不变，道亦不变”的逻辑。当代中国德育在德育理论上非常重视对西方德育范式的学习，如近年来对生活德育、公民教育、生命教育、品格教育等的学习，并与中国德育范式有机结合，最终成为了今天中国德育理论研究中的重要内容。这些都说明了中国德育已经从传统意义上的保守倾向走了出来，具有了良好的比较视野和国际理解的基本理论品质。

第二节　西方德育思想的发展演进

比较视野首先需要对自己和他者的准确认识。今天在国际层面占据强势地位的西方德育，自然是德育研究的不可忽视的比较研究对象。西方德育思想的演进是一个漫长的历史，对西方德育思想演进历程的认识，是理解德育范式差异的重要基础。

一、古代西方德育思想的起源

古希腊是西方道德伦理的重要来源，对西方德育思想的发展具有重要影响。古希腊小国林立，竞争激烈，长期战争频发。各城邦之间的战争，以及希腊与波斯的战争，对古希腊社会发展有重要影响。在希腊内部的战争中，崇尚智慧和商业的雅典，与崇尚武力与征服的斯巴达，代表了古希腊社会建构的两种不同类型。同时，古希腊有着原始的民主精神，以及强调城邦本身的独立，这些对西方后世都有重要的历史性影响。

在德育思想上，哲学家德谟克利特认为人的生活目的就是追求幸福，而人要想得到幸福，必须具备好的品德。苏格拉底则提出了一个著名的伦理学问题：知识即美德！将道德与知识和智慧联系起来，并强调教育的目的就是培养有智慧的人，即智者。同时，在教育方法上，苏格拉底建构了著名的产婆术，一定程度上说，可以将苏格拉底的德育方法视为古代的价值澄清理论。

柏拉图在伦理上建构了正义的三维：节制，勇敢和理性。[①]其对立面则是贪婪、懦弱和愚蠢。柏拉图同时还把正义分为两个层面：国家正义与个人的正义。国家层面的正义就是国家的三个阶层各守其职、各安本分，三个阶层指的是治国者、卫国者和劳动者，又被称为哲学王、战士和平民。治国者依靠智慧把国家治理好，卫国者凭借勇敢保卫好国家，劳动者以节制做好社会劳动生产。三个阶层各行其是，各司其职，所以这种正义就是“各守本分，各司其职”。因此，在一个社会中，充分发挥每个社会个体的能力，使每个个体都在最适合自己能力的岗位上工作是社会组织结构的最高原则，这就是社会的最大正义。在个人层面，正义三维分别对应人体的胃、心和大脑。而个人的正义就是人身体中的三个部

---

①［古希腊］柏拉图著，郭斌和、张竹明译．理想国［M］．北京：商务印书馆，1986.154–157.

分各尽其职各安其分。理智指向大脑的智慧，意志指向勇敢的心，欲望注重胃的必要的节制。三者协调配合，使个体处于和谐安宁之中。柏拉图正义三维对人类社会影响深远，即使今天看来，仍然有着内在真理性。在具体的德育方法上，柏拉图强调把快乐、友谊、痛苦和憎恶都适当植根于儿童心灵中，其目的在于引导他们恨他们该恨的，爱他们该爱的，以使他们心灵和谐。

亚里士多德开创了西方伦理学中的德性论，强调道德品质的心理和行为的训练，注重对具体的各种德性的深入分析，如慷慨、勇敢、节制、大方、友好等，还有着“过犹不及”的要求，同中国的中庸思想有相近之处。亚里士多德认为有三种东西能使人善良而有德行：天性、习惯、理性。[①] 其《尼各马可伦理学》是西方伦理学的重要开端。

在之后的古罗马时代，德育思想相对更为偏狭，主要是培养罗马帝国所需要的执政者和战士，强调演讲和雄辩，注重武力训练。在帝国的主体道德上，追求的是战争和征服。这种走向武力和征服的社会主体道德，最终必然走向衰落。其原因在于：其一是，不可能有无限的国家和殖民地供罗马帝国征服，资源总是有限的；其二是，这些被征服的国家和殖民地必然会反抗，这种持续地反抗会逐渐耗光罗马帝国的资源和精神；其三是，罗马帝国不可能长期保持强大战斗力，并一直拥有大数量级的为这种持续的战争征服服务的但需要付出生命危险的罗马公民。在罗马帝国的中后期，角斗场是罗马帝国道德伦理上的重要标志物。一方面角斗场是罗马战争和征服的道德取向的一种现实表征，另一方面角斗场的血腥角斗成为罗马人的享受和娱乐。最终罗马帝国的精神在角斗场慢慢沉沦，一边是角斗士的血腥角斗和牺牲，一边是罗马人的野蛮享受。最终这种沦落到动物层次的娱乐，决定了罗马人精神世界的坍塌，古罗马帝国的崩溃则成了历史的必然结局。[②] 历史再次证明了：任何一个穷兵黩武的国家都不可能长期延续，唯有道德的力量才能给人类带来安宁和繁荣。

二、中世纪的西方德育思想

欧洲的中世纪是基督教道德统治时期，在此期间，宗教成为欧洲德育的主体内容，基督教在多方面重塑了欧洲人的道德价值观。

基督教的主要教育内容是《圣经》,《圣经》在伦理上和道德规范上，都基

① [古希腊] 亚里士多德著，苗力田译 . 尼各马可伦理学 [M]. 北京：中国人民大学出版社，2003.35-37.

② [英] 尼克·麦克卡提著，肖展译 . 罗马传奇 [M]. 杭州：浙江教育出版社，2006.9.

本决定了欧洲人的生活世界和思维世界。在思维世界上，基督教强调神性，这是与强调人性的中国儒家差异很大的。基督教指向来世，基督教强调信仰，这些在道德伦理上均具有重大意义。与此相对比，中国儒家更注重现世，注重社会实践中的实用主义。

在道德生活上，基督教直接规定了众多的戒律，如基督教十诫等。基督教还深入欧洲人的具体生活，并通过仪式化的洗礼、婚礼、丧礼等，直接规范了西方人的生活世界，对西方社会的具体生活影响深远，实质上成为西方社会的极为稳固的文化传统。因为人一生中最重要的三个仪式：洗礼意味着孩子的社会人的身份的正式承认；婚礼标志着新家庭的构建；丧礼则是个体的最后归宿，同时也是对他人的一种仪式化的教育。三者最终建构了一个仪式化的宗教社会生活仪式体系，并构成了社会个体对于社会生活的重要仪式感。这大幅提升了基督教的影响力和影响面，因为每个社会个体都一定会经历生与死。

在教育方法上，基督教非常有效率，教会用经验的事例和生活的典型向一般教众布道。在基督教的具体德育方法中，主要分为两种：其一是仪式，利用讲道、圣餐、忏悔、读经、祈祷和制裁等手段，把《圣经》的教义转化为人们的道德信念；其二是神秘化的道德理想，即以全智、全能、尽善、尽美的有神性的同上帝一样的耶稣基督为道德理想追求。

三、西方近现代的德育思想

文艺复兴开始，西方德育逐渐从对神性的尊崇走向了人性的解放。必须指出的是，西方社会从基督教重压之下的中世纪走出，力求人性解放，具有伟大历史进步意义，但在今天仍然过度追求人性解放，也可能导致社会陷入分裂的原子化社会状态之中，这可能是西方的道德悲剧。

文艺复兴开始，西方逐步从对基督教神性的尊崇走向对人性的尊重。卢梭是一个具有革命性影响的人物，他通过“社会契约论”，打破了西方君权神授的传统观念，并在政治和伦理诸多领域提出了平等、自由、博爱等价值观。卢梭崇尚自然教育，在他眼中，“偏见、权威、需要、先例以及压在我们身上的一切社会制度都将扼杀他的天性，而不会给他添加什么东西。”① 卢梭在很大程度上开启了西方自由主义的社会发展潮流。

在具体的教育领域，捷克教育学家夸美纽斯强调人的身心和谐，他认为教育的目的，就是培养在身体、智慧、德行和信仰等方面和谐发展的人。法国社

---

①［法］卢梭著，李平沤译．爱弥儿［M］．北京：商务印书馆，2014.6.

会学家涂尔干认为德育的目的就是使个人在道德上社会化，懂得社会观念和社会规范，德育的主要内容和途径就是传授道德原则。

在道德伦理上具有革命性影响的另外一个人物是尼采，作为西方现代哲学的开端，尼采在诸多领域深刻影响了西方后世伦理学的走向。其一，在价值观上，尼采强调重估一切价值，不再不加批判地接受一切社会道德价值观；其二，在伦理领域，他提出了奴隶道德和贵族道德，直接批判了以基督教道德为首的西方传统道德的问题；其三，在哲学上，他提出了超人的理念，强调人类的生命意志的重要性，并提出“杀死上帝”的哲学隐喻。西方当代的情感主义德育、存在主义德育、相对主义德育和后现代主义德育，都可以从尼采思想中找到渊源。

同时，现当代德育思想影响很大的还有杜威，其主要贡献在于其民主主义思想，强调培养学生参与社会生活，承担社会责任的良好意愿和智慧、能力。“学校本身必须是一种社会生活，具有社会生活的全部含义。”① 杜威还提出了学校即社会、教育即生活、学习即经验的增长等著名理论。注重学生个体的社会性的培育，强调对学生社会生活能力的培养和提升。

具体德育理论影响较大的还有道德认知发展理论和价值澄清理论。柯尔伯格认为，人的道德性发展与人的认知活动及其发展水平密切相关，道德判断、自律等心理成分非常重要，德育必须尊重和培养儿童的道德思考和选择能力，以促进儿童的道德认知发展。“道德发展是一种不断增长着的认识社会现实或组织和联合社会经验的那种能力的结果。”② 相对来说，价值澄清理论与中国德育差异较大，该理论认“价值是个体经验的产物”。③ 该理论强调，“对任何个体来说，价值观并非一成不变的真理，因为它们是在一系列环境中锤炼成某种生活方式的结果”。④ 在价值澄清理论看来，“价值完全是一件由个人去关注、反思、选择的事情，根本不允许外在力量对这个私人领域进行干涉”。⑤ 简而言之，价值澄清理论否定了一系列强加价值观于人的外在力量，如学校教育、宗教、社会习俗等，要求一切外在的力量都不应当成为左右价值观抉择的因素，德育必须让学生个体自主进行道德选择。

当代西方德育思想的发展趋向是走向复杂和多元。一方面，情感主义德育和后现代主义德育思想的出现，导致西方德育走向了道德的相对主义。另外一

---

①［美］杜威著，王承绪译．民主主义与教育［M］．北京：人民教育出版社，2001.376.
②［美］柯尔伯格著，魏贤超等译．道德教育的哲学［M］．杭州：浙江教育出版社，2000.8.
③［美］路易斯·拉思斯著，谭松贤译．价值与教学［M］．杭州：浙江教育出版社，2003.34.
④［美］路易斯·拉思斯著，谭松贤译．价值与教学［M］．杭州：浙江教育出版社，2003.25.
⑤ 袁锐锷．西方著名德育思想家道德观评析［J］．教育研究，1994（8）：40–45.

方面，品格教育和女性主义德育的出现，又赋予了西方德育不同的内涵和流派。

情感主义认为一切道德都只是人的主观感受，谈不上终极的主流的美德。“情感主义是这样一种学说：所有的评价性判断，尤其是所有的道德判断，就其具有道德的或评价性的特征而言，都无非是偏好的表达、态度或情感的表达。”[①] 情感主义德育实质上对道德是一种自我消解，不再承认道德价值观本身的权威性和固定性，而注重个体的情绪和爱好。个体喜欢的就是好的，就是道德的，个体不喜欢的就是坏的，就是不道德的。最终情感主义德育将道德价值观本身的客观的社会标准降低到了个体的主观感受。所以情感主义德育实际上判定了道德与非道德之间不存在实质上的界限。用中国道德语言表述，就是道德上的黑白不分。实际上，在价值观维度，情感主义德育偏向于主观价值观，而降低了客观价值观的地位。

而后现代主义更为复杂，后现代主义本身是对现代主义的反叛，强调现代主义的工业范式对人类社会的压制，所以追求多元文化价值观，反对一切中心主义。后现代主义并非是现代之后的理论，而是对现代主义的一种修正。所以，一定程度上讲：后现代主义是现代的一项未竟的事业。在德育上，后现代主义本能地反对主流价值观，而追求价值观的多元主义。后现代主义本质上是对现代主义的一种修正，本身并不具有实质性的内容，包括后现代主义自己都没有确定的定义。因为后现代主义认为一切皆不确定，如果确定了后现代主义的定义，本身就是对后现代主义的一种否定。对于德育来说，后现代主义一方面认识到了现代主义德育对人的压制和规范，但另外一方面又剥夺了德育中的主流价值观等实质性内容，导致德育实践无所适从。

女性主义德育是当代西方德育中的一种思想流派，其思想主体是强调女性的道德价值观和道德思维区别于男性，并敏锐认识到社会中主流的男性价值观对女性的压制。整体上看，女性主义是对女性自身的一种社会解放运动，并充分认识到了女性在道德上的爱与关怀的主体特点，以及女性的网状思维的道德伦理特点。对于德育来说，女性主义让人类重新认识到了女性道德伦理上的特色，是一种重要的历史性进步。

而美国近年来兴起的品格教育运动，则是一个比较复杂的德育思想。本质上说，品格教育运动是一种回归古典的德育。品格教育运动强调核心价值观，在德育方法上注重训导和实践，力求学生实现高尚的品格与道德的行为。不管

---

① [美] 阿拉斯代尔·麦金太尔著，宋继杰译. 追寻美德：道德理论研究 [M]. 南京：译林出版社，2008.12.

是在教育方法上，还是教育目标上，品格教育运动都是与自由主义德育范式相悖的，在一定程度上，与古希腊的德性论相近。这种品格教育运动的出现，一方面是因为自由主义德育出现严重问题，导致学校德育实践对自由主义德育的一种反叛。另外一方面也是人类在发展中经常出现的回头看、回归传统的一种现实实践。

第三节　中国德育背后的文化传统

中国德育有着背后的社会结构的支撑，并延续着中国文化传统与政治，对中国德育背后的文化传统的深入认识，是理解中国德育范式的重要前提。人是文化符号的动物，只有人类发展了一种新的形式：符号化的想象力和智慧。[①] 教育本身是一种文化现象，而德育更不可能脱离社会文化，“教育的宗旨是为了人的发展，无论是德育还是智育，都是为了培养一定程度的文化继承者，延续一种文化”。[②] 在具体的文化上，中国传统文化的主体构成要素是儒、道、佛。[③] 相对来看，西方文化的构成要素则是希腊哲学、基督教和科学。一定程度上说，可以把柏拉图、《圣经》和伽利略作为西方文化三种核心要素的代表。

罗素认为，西方文化具有科学和民主，但缺乏道德规范的约束，中国自孔子以来，确立了良好的道德规范体系，但却忽视了科学和民主。这种理解虽然有所偏狭，但仍然代表着一种重要学术研究视角，至少从某种程度上肯定了中国社会非常重视社会道德伦理。

一、中国的家国同构

家国同构最初由梁启超提出，认为中国社会一直有别于其他社会的重要特征就是家庭在中国社会结构体系中的极端重要性。所谓家国同构，是认为中国整个国家是基于亲缘关系而成立，国家内部的一切社会关系皆由血亲关系导生。家国同构主要是指家庭、家族和国家在社会组织结构方面具有明显的共同性。一定程度上说，在家国同构社会中，家族是家庭的扩大，国家则是家族的扩大和延伸。简言之，家是小国，国是大家。

换言之，在中国古代，家与国都是家，两者不同之处在于国为大家，家为小家，

① [德]恩斯坦·卡西尔著，甘阳译．人论[M]．上海：上海译文出版社，2004.46.
② 肖巍．传统道德教育理论中的德智关系[J]．清华大学学报（哲学社会科学版），2002（6）：46-51.
③ 刘敏、陆卫明．论罗素的中西文化观[J]．理论导刊，2005（11）：35-37.

而国由许多小家组成，所以家是国的细胞。这一点决定了中国社会是由家庭分子构成的，每个社会个体皆是家庭分子结构中的原子，一切社会关系都需要从家这个最重要的社会单位去理解和定位。

中国的个体是以家庭分子的形式而存在的，这鲜明地有别于个体以原子形式存在的西方社会。中国的家庭分子结构指的是，在中国社会中，个体都是以家为纽带，多个个体生活在一起，在精神、物质、文化、心理多个层面都是紧密地联系在一起的一种家庭存在。[①] 这是一种亲情、利益、心理的综合结合体。这种结合体是中国人的心灵归宿，也是存在的基本形式。在中国社会，没有家的个体极少，几乎可归为孤魂野鬼。中国人认为人是所有社会角色的总和，如果将这些社会关系都抽空，人就被蒸发掉了。[②] 要了解中国社会结构，最为核心的就是认识中国家庭的分子结构。而相对来看，西方社会中的家庭远比中国家庭松散，父母与子女、丈夫与妻子之间的关系都较为松散，个体所呈现的主要是一种原子化的存在状态，在物质、利益、精神、心理上都有着明显的距离。这是与中国的家文化有鲜明差异的。

中国的家庭基本结构，对于德育范式影响巨大。基于个体在分子中的结构状态，因为家庭关系的持久和稳固，所以中国德育所指向的个体社会性，都强调个体的归属感，强调爱国、爱家、爱父母、爱亲人。同时在中国，国家和地区都是家的扩展，中国的整个国家基本可以视为一个扩大了的家。所以这种思维范式的扩展，决定了中国德育中个体的社会性非常强调个体的义务、精神归属感、对社会整体的贡献以及必要的宽容和协调。这表面上看可能局限了个体的自由和利益，但个体却得到了人类生存必不可少的安全感和归属感。在任何时候，中国的家都是个体最为温馨的港湾。虽然个体失去了一定的自由，但得到了这种安全感和归属感。所以不能简单地认为中国的家文化仅仅具有消极意义，这实际上是中国社会中个体之间的一种重要的社会契约。

因为家的结构状态和家在中国社会中的重要意义，所以中国德育所指向的更为重要的维度就是对社会性的一种强调，而对个体的个性发展则有一定的局限。在中国，爱家爱国是自古以来的公认为基本的道德规范，展望未来，这一点也仍然是牢不可破的。虽然这种德育范式可能局限了个体的发展空间和自由，但确保了整个社会的和谐，这可能就是这种德育范式的温情背后的必要的代价。

家是中国社会的基本结构，而朋友、亲戚、地区、省份和国家，都是家的

---

① [美] 孙隆基. 中国文化的深层结构 [M]. 桂林：广西师范大学出版社，2004.166-169.

② [美] 孙隆基. 中国文化的深层结构 [M]. 桂林：广西师范大学出版社，2004.12.

范围的扩大。中国社会中的一个基本契约就是，在这种大家庭中，所有人都需要共同努力为家庭奋斗，同时相互之间提供帮助和关爱。一方面这种结构导致内部温情和互助，同时在消极意义上看，这也是中国社会成为熟人社会的重要问题。关系一词在中国社会存在严重的负面性，如果不被视为一个圈子、一个广泛意义上的家庭，那么就可能导致被冷漠对待。而如果视为一个圈子内部或者一个家庭的成员，那么就可能成为熟人，而积极提供方便和帮助。这种行为准则是严重违背现代公民道德基本规范的，但这也是中国社会中的历史智慧，这种内外有别的结构实质上保障了每个个体都有一些关系密切的人。事实上，中国家庭教育实际上也存在此种问题，即对于个体归宿感的强调，同时这也实质性地导致了对其他团体和个体的冷漠，即一定程度上的内外有别，这也是中国近年来强调公民道德教育的重要原因。

二、中国儒家传统

德育背后有着文化传统与政治，特别是社会中的传统文化，是非常重要的存在。传统文化是文化传统中的重要构成部分，文化传统还包括社会结构等其他要素。每个社会都有其传统文化，但必须认识到，传统文化总是处于一种不断产生、更新、淘汰的过程之中，并非社会中出现的所有文化都可以被称为传统文化。只有那些具有生存活力和重要价值的文化才能得以竞争保存下来，并延续到当代社会，这样的文化才能称之为传统文化。传统文化还包括文化及其相关成果，如雕塑、戏剧、习俗等。[①]在德育研究中，可以通过分析传统文化来理解社会的德育传统。

道德与文化具有天然不可分割的联系，所以道德和德育始终都是存在于一定的文化谱系之中的。[②]中国德育背后有着重要的文化因素，这种文化因素一方面是中国社会的整体特点，同时也深刻地影响每一个个体的心理，形成一种潜在的集体文化性格。

影响中国社会最为重要的文化传统是儒家思想。通过中国现代学校的教育宗旨的开端，也可以清晰地看出这一点，1905 年，清政府学部向全国颁布的教育宗旨就是：“忠君，尊孔，尚公，尚武，尚实。”[③]

儒家思想最初开端于中国春秋战国时期，儒家思想本是上古君主和大臣们

① 王祥云．中西方传统文化比较［M］．郑州：河南人民出版社，2006. 4.

② 戚万学．当前中国德育的文化困惑与文化选择［J］．教育研究，2009（10）：23-29.

③ 舒心城．中国近代教育史资料（上册）［M］．北京：人民教育出版社，1961. 225.

政治实践中的经验总结，即所谓先王之道。所谓先王之道，就是治国平天下之道，即如何治理国家的道。①

儒家思想的宗旨指向修身、齐家、治国、平天下。儒学思想在中国的历史发展中，主要分为两个阶段：前期重视礼乐教化，宋明之后则转向重视心性理论阶段。② 其典籍主要是孔子编撰的六经：《诗经》《尚书》《礼经》《易经》《乐经》《春秋》。以及后世形成的四书：《大学》《中庸》《论语》《孟子》。其中《大学》《中庸》都是《礼记》中的节选，《礼记》是《礼经》中的一部分。

儒家思想包括哲学、伦理、经济、法律等多个领域，但很明显的，其最重要的是政治哲学和伦理学，而特别是其儒家伦理对中国影响巨大。君臣父子、三纲五常、忠孝仁义、礼义廉耻等等，都是儒家伦理的重要构成部分。

儒家思想的影响不仅仅在于内容的影响，还在于思维范式的影响。儒家思想范式是一种明显的经验主义的思维，并主要是指向现世的，本质上也是一种世俗倾向的内容体系。正如基辛格指出的："中国文化的一个特点是中国人的价值观在本质上是世俗的。"③ 儒家思想强调社会的层级制，类似于柏拉图的《理想国》中的社会结构，不过《理想国》中强调的是哲学的精英主义，而儒家思想则主要强调道德治国。儒家思想强烈的伦理主义倾向，决定了中国社会中的道德伦理从来不只是教育意义上的，还是政治意义和社会意义上的。道德对于中国人和中国社会，相当于宗教对于西方人和西方社会，所以中国社会中，道德也是以一种宗教的作用，用伦理关系建构社会。④ 儒家思想的内容主要以经典呈现，强调复古，强调传统，这给了中国社会稳定的文化传统的同时，也赋予了中国社会强烈的保守主义倾向。

儒家思想与古希腊哲学差异很大，在社会指向上，古希腊哲学强调知识和真理，个体追求的人生目标是智者，有着追求真理的积极因素，所以苏格拉底说"知识即美德"。而儒家思想则不专门指向知识和真理，特别是对自然科学几乎没有多少兴趣，其指向的人生目标是圣贤与君子，并推崇"学而优则仕"。这种相对单一的人生目标设定指向将中国的精英人才更多地引向了政治和社会领域。一方面，这种模式虽然培养了大量的社会精英，有效形成了文化治国的优秀传统，对于社会治理有着明显的优势，促使社会整体崇尚道德和学问。但另一方面，对于中国社会的创新发展有着明显的负面性，导致中国社会中的精英

---

① 李申．简明儒学史［M］．北京：中国人民大学出版社，2006.2.
② 李申．简明儒学史［M］．北京：中国人民大学出版社，2006.13.
③［美］亨利·基辛格著，胡利平等译．论中国［M］．北京：中信出版社，2012.9.
④ 杜时忠．传统德育中的道德理想主义论评［J］．现代教育论丛，1998（1）：20-23.

人才大多以政治为业，而不是以学术为业和真理为业。这一点一直持续到当代中国。今天的中国知识分子仍然有着这个传统的问题，过多的人过度重视“学而优则仕”，导致社会的发展创新能力较为缺乏。

儒家思想以社会和谐为目标，同时还有着一种典型的控制性的社会哲学，即在社会和谐的手段上，主要采取的是一种控制性的哲学，将所有人都置于控制之下，并认为这种控制性的层级制才能带来社会的和平。这种静态控制哲学，导致中国今天的德育中也有着深刻的控制哲学，强调个体对群体的义务，强调个体对家和国的归属感。这种结构确实有利于社会的稳定和谐，但最终也可能导致个体个性的削弱。

三、中国道家思想

在思维层面，道家思想对中国社会影响巨大。在中国的伦理思维和德育思维领域，道家思想的影响力可能在某些领域超过了儒学的影响。

道家起源于春秋时期，代表人物是老子和庄子等人，又被称为老庄之学。其代表作是《道德经》，中国社会的道德一词，就源于《道德经》。《道德经》上篇为《道经》，下篇为《德经》，合称为《道德经》。道家的道一词，源于《道德经》中认为道是世界的本原，所以称之为道家。

老子认为，天地万物都源于道：“有物混成，先天地生。寂兮寥兮，独立而不改，周行而不殆，可以为天下母。吾不知其名，字之曰道，强为之名曰‘大’。大曰逝，逝曰远，远曰反。”[①] 总体上看，老子所论的道有三方面的涵义：先于天地的混成之物，存在于万物之中的普遍法则，道无形无象。

道家思想总体上崇尚自然，主张清静无为，提倡道法自然，无所不容，要求与自然和谐相处，并有着辩证法的思维和众多人生哲学。

在政治思想领域，老子通过天道自然无为推论人道自然无为，提出“绝圣弃智”“无为而治”等政治主张。这是与儒家思想相悖的，儒家思想注重治国平天下，是一种注重建功立业的积极入世的思想。而道家思想则注重无为而治，强调政治本身需要保持一种自我消极的姿态，以实现社会的自我治理。

在伦理领域，道家思想强调自然无为，自然和谐，天人合一等。这些对中国社会生活影响巨大，直到今天，几乎都是中国社会生活中的真理标准的重要构成部分。今天中国社会个体普遍趋向于认为自然的就是好的，人工的产品则低于自然产品。同时在遇到难以解决的事情的情况下，中国人喜欢采取的态度

---

①《道德经·二十五章》.

就是随遇而安，这实际上也是道家思想的生活态度。

道家思想往往是中国传统文化中抚慰心灵的一剂良药，也是中国社会中普遍存在的一种思维范式和价值体系，只是隐没在儒家思想文化之后，但事实上道家更为隐秘和深刻。中国社会中几乎随处可见的朴素的辩证法，崇尚自然主义，追求自然和谐，这些都是道家的精华。中国人大多在顺境中都采取儒家思想，强调治国平天下，而在逆境中则多采取道家思想，强调不如归去。所以老子、庄子、魏晋的嵇康等人的作品，往往是抚慰中国社会中失败者的重要精神资源。道家对于整个中国社会文化中强调人与自然的和谐、人生的宁静和天人之间的和谐，都有非常重要的影响。"宠辱不惊，闲看庭前花开花落；去留无意，漫随天外云卷云舒。"[①] 在中国德育中，中国道家思想主要的影响力在思维范式上，特别是对于个体发展的挫折和对失败的理解上，道家思想是中国人不可缺失的德育内容。

四、中国社会中的佛教思想

佛教对中国的善恶伦理影响巨大，是研究中国德育范式不可忽视的宗教伦理思想。佛教起源于南亚，创始人是迦毗罗卫国（今尼泊尔境内）王子乔达摩·悉达多。大致在中国秦汉时期传入中国，佛教的宗教文化对中国社会影响巨大，中国宗教艺术的主脉几乎都是佛教文化。[②]

佛教的核心思想是"四谛"，即四真理：苦、集、灭、道。前面的苦、集二谛是阐释人生的本质，以及形成的原因。后面的灭、道二谛则指明了人生解脱的归宿，以及解脱的路径。

在苦谛看来，人生被判定为"苦"，认为人生并没有什么幸福欢乐可言。具体而言，人生有"生""老""病""死"等多种苦，另外还有108种烦恼。集谛则主要用来分析导致人生痛苦与烦恼的根本原因。主要有三种具体理论：其一是"五阴聚合说"，其二是"十二因缘说"，其三是"业报轮回说"。

在"五阴聚合"理论中，首先认为宇宙间一切事物和现象，都不是孤立的存在，都有其原因，具体而言，都是由多种因素集合而成的。佛教中有一个专用名词："有情"，是包括人类在内的一切有情识的生物，即佛教中的众生。有情则是由色、受、想、行、识等五阴聚合而构成。既然有情只是"五阴"的聚合，是多种因素的聚合体，所以有情本身并不是独立存在的实体，其自身并没有单独的"自性"。有情和世上其他万事万物处在永恒的变迁之中，此即"诸行无常"。"五阴聚合说"

---

①《菜根谭·下七十章》.

② 朱浒．西看佛树几千秋［J］．读书，2015（10）：148-153.

构成了佛教中的空观的主要内容。空观是佛教的重要特色，与基督教、儒家思想文化差异很大。

“十二因缘”说则是一种成体系的哲学，涉及到了过去、现在、未来三世的因果链条。在其理论体系中，认为现世的结果必然有过去世的原因，现世的原因必将导致未来世的结果。众生过去一生的行为，决定了今世一生的状况。众生今世一生的行为，则决定了未来世一生的状况。这就是佛教中的著名的因果报应理论。

作为能够具体导致因果报应的行为，佛教中被称为“业”。“业”分身业（行动）、口业（言语）、意业（思想）三类。在佛教中，人的一切身心活动，包括任何思想行为都会给行为者本人带来相应的后果，此即“报应”或“业报”。在“业报轮回”说中，按照善恶罪福的业报基本法则，有情（众生）流传在“六道”的轮回之中。六道具体包括：天道、人道、阿修罗道、畜牲道、地狱道、饿鬼道。最终形成六道轮回。

在灭谛中，提出了佛教出世的最高理想——涅槃。涅槃区别于其他一切宗教，本质上是反人类社会的。因为涅槃的根本特点是达到消灭或者熄灭一切“烦恼”，并是一种超越时空，同时超越生死轮回的境界。在涅槃中，一切都不存在，一切都没有意义。

道谛在佛教中，是解脱之路，即通向涅槃的路径。具体被总结为“八正道”，主要从身、口、意三个方面规范佛教徒的具体日常思想行为。道谛又被归纳为戒、定、慧“三学”。“戒”学是约束佛教徒日常生活的基本纪律，如三皈、五戒、八戒、具足戒、菩萨戒等，后来发展成复杂的“律学”。“定”学，即“修定”，是指通过精神集中、静思冥想、观察特定对象而获得的悟解义理或功德的一种思维修习活动。“慧”学，即“般若”，具体是指由修习佛理所产生的辨别社会现象、判断是非善恶的认识能力和境界，是最终能够证悟出世间法的明察力。

佛教对中国人的意义可能主要在于人生绝境中的抚慰价值。顺境中采用儒家思想，逆境中采用道家思想，而绝境中才可能采用佛教思想。中国人在乱世、重大挫折和人生重大变故之后，其中的一个可能就是皈依佛教，追求一种对于世事的逃避，最终达到一种无欲无求、无善无恶的境地。

佛教思想中的无为、生死轮回、善恶报应在中国社会中都是一种普遍意义上的存在，几乎没有人能完全逃避这三种思想的影响。中国社会中的最为重要的善根，可能就沿用了佛教的思维，并将其内容推广实现普遍化。每个人在内心深处对善恶报应的相信，是中国社会中向善一面的重要动力和来源。

第四节　中国德育背后的政治传统

中国德育一直与中国政治紧密联系在一起。整体上看，中国德育是一种道德与政治紧密结合的德育范式。这是一种中国社会的悠久传统，一直延续到今天。道德与政治的紧密结合在中国德育中是一种现实的存在，这种结构既是中国的社会传统，也是中国的哲学和思维传统。

一、德育背后的中国政治传统

因为中国传统社会的主流政治哲学是建立在儒家思想基础之上的，儒家思想又是一种典型的伦理体系，所以中国政治本身就是建立在道德伦理的基础之上的。儒家思想其后经过董仲舒的《春秋繁露》的阐释而变得更加体系化。董仲舒将天、地、人、政治、皇帝等等全部纳入一个天人感应的哲学体系，一方面赋予了君权极高的地位，同时又将君权通过天人感应的理论范式纳入了道德的控制之下。事实上在中国的传统社会中，道德是至高无上的，政治也是在道德的范围内活动。所以表面上看，中国社会中政治权力极大，很多时候支配道德、支配德育，但事实上道德才是中国社会的基础，是决定政治命运的基础性力量。

中国政治因为儒家思想的修身、齐家、治国、平天下的范式而紧密地与道德联系在一起，也成为中国德育的重要内容，今天仍然如此。但还需要注意的是，德育并不是消极的存在，因为道德本身的纯净性和权威性，所以道德始终在顽强地审视德育中政治内容的存在。所以表面上看中国政治在德育中具有强势地位，但这只是表面上，事实上道德才是中国德育的价值基础和核心力量，所以道德在中国社会中从来都是极为强大的存在。所谓上善若水，貌似柔弱，实则强大。在中国社会中，社会应该是道德的社会，政治应该是有道德的政治，而推行这种道德化的政治的就是圣贤和君子，而学校就是培养圣贤和君子的地方。[①] 在中国，政治与伦理、个人与社会是天然统一的。

因为中国政治与中国德育的紧密关系，事实上并不需要教条地完全反对政治在德育中的存在。在德育中，道德会检视政治内容，同时这种结合对于德育并不是完全的负面影响，因为德育也能借助政治的力量，而扩大自己的影响力，进而有效促进社会整体道德水平的提高。这一点在当代中国学校教育中也事实上存在，中国德育一直在中国学校教育中有着特殊的重要地位。

中国政治因为政治传统，有着一种本能的伦理本位的倾向，导致中国政治

① 杜时忠．传统德育中的道德理想主义论评［J］．现代教育论丛，1998（1）：20-23.

有着对于德育本能的重视。因为基于德育的重要影响力，并且也是对政治自身合法性的维护，所以中国德育大多会受到政治的极端重视。在传统社会如此，在当代中国也仍然如此。有学者研究大陆和台湾的德育，特别注意到："意识形态作为政府合法性的依据，在两地都非常重视意识形态教育。"[①] 所以中国德育中政治始终是一个德育内容体系的重要构成部分，这有别于西方德育理论体系。

二、中国德育的求善目标与价值尺度

从伦理学角度，人类的活动的判断依据，主要受两种尺度支配，其一是价值尺度，其二是真理尺度。价值尺度主要是依据个体的价值观选择自己的行动目标和路径。真理尺度则主要依据世界和社会的基本规律而采取行动。总体上看，西方德育强调求真，古希腊时期，西方社会尊重智者，所以真理尺度是西方社会的主要依据。

对比来看，即使是在今天，中国古代德育对圣贤的德育目标指向、知行合一等命题的思考，仍然是中国德育范式的本土特色。中国古代崇尚圣贤，圣贤与智者的重要差异就在于圣贤身上强烈的道德指向。所以中国文化以求善为目标，采取的是价值尺度。[②] 中国的德育传统有着强烈的理想主义倾向。中国传统德育的理想中，个体应该是道德的君子，社会应是道德的社会，内圣理所当然地就是外王。这种理想一方面确实崇高，但另外一方面也是过度道德理想主义。这种理想主义最终经过董仲舒的改造成为中国历代王朝的官方哲学。这事实上把儒家思想的道德理想演变成了社会哲学。[③]

"人们在中国既发现不了人类社会团体屈从神界的现象，也发现不了属于印度思想界所特有的那种认为世界是出自宗教仪轨之创造并由这种信仰崇拜仪轨来维护的世界观。"[④] 因为文化传统、社会结构与政治传统，中国德育范式呈现出了自己的明显不同于西方德育范式的特点：如强调社会和谐的价值观体系，注重内圣外王的德育理想境界，注重礼乐结合的德育方法，指向天下大同的社会目标等。[⑤] 这些一方面是中国德育的历史逻辑的结果，同时也蕴含着中国德育范式本身的国际比较价值。

---

① Gregory P Fairbrother.Citizenship Education in a Divided China, 1949–1995 [J] .Asia Pacific Journal of Education, Vol. 24, No. 1 (March 2004) . 29–42.

② 孟万金等 . 论中国德育传统的现代化 [J] . 教育研究与实验，1996 (1)：25–30.

③ 杜时忠 . 传统德育中的道德理想主义论评 [J] . 现代教育论丛，1998 (1)：20–23.

④ [法] 谢和耐著，耿昇译 . 中国社会史 [M] . 南京：江苏人民出版社，1995.25–26.

⑤ 孟万金 . 继承与超越：中国德育传统的现代化 [J] . 高等教育研究，1996 (3)：37–39 .

从社会主体发展来看，中国社会在历史以来都更为追求道德并实践道德。春秋时期鲁国大夫叔孙豹提出的三不朽对中国社会的精英影响极大，而中国历代以来的精英们则通过自己的人生推进了中国社会对道德的理解，这本身也是一种德育，只是以历史的方式实践德育。

叔孙豹提出了立德、立功、立言之三不朽。“太上有立德，其次有立功，其次有立言，虽久不废，此之谓不朽。”[1] 意指人生能够实现不朽，需要通过三种方式可以实现：其一是立德，指建立后世敬仰的经得起历史考验的道德品行；其二是立功，建立为国为民为天下的历史性功绩，这种功绩是能够放在历史长河中受到后世尊尚的事迹；其三是立言，指的是撰写流传后世的经典著作。三者如果能够共同实现，那就是圣人，如果能够实现其一，也能不朽。三不朽是中国式的社会个体目标的终极目标范式，其基本特点是注重道德，强调入世的功绩，并崇尚文化和思想，道德与政治相结合。这与古希腊开始的西方社会对智者的尊崇是有着明显的思维差异的。相对来看，西方社会所指向的人生目标更多的指向智者，注重智慧，而对品行并不过度要求。而在中国，人生楷模是指向圣贤和君子，追求的是立德、立功、立言，要求品德、行为、才学的共同完美。这既是道德要求，也是政治要求，更是学术要求。其背后，也体现出中国德育深厚的政治和文化传统。

---

①《左传》.

第三章　中国德育的伦理基础

德育研究不能仅仅停留于现实的具体道德规范，还需要具有世界眼光和哲学视野，否则很难理解不同文明在道德规范和伦理思维上的巨大差异。人类社会的差异更多不是自然科学为基础的技术工程领域的差异，而是精神层面的哲学和伦理的差异。这一点可能是当代众多自然科学崇拜者所没有意识到的。

伦理与道德联系紧密，一般而言，伦理指的是道德哲学，是决定道德思考和道德理解的基本存在。伦理与道德相比较，伦理学说比较深刻、全面，有一定的理论体系，而道德观念则比较简单、零碎。[①] 伦理常表述为伦理学、伦理思想、伦理流派等，道德则常被表述为道德观念、道德规范、道德价值观等。不同的伦理基础，赋予了不同文明对道德实践的理解范式。中国德育范式具有自己的伦理基础，伦理基础一方面赋予了中国德育范式的基本道德内容，同时也在道德哲学领域对中国德育范式影响巨大。作为一个上下五千年的古老文明，中国德育范式所承载的道德智慧和道德思想，是极其厚重和深远的。

第一节　德育范式的伦理差异

伦理差异是德育范式差异的重要原因，伦理基础是决定德育范式的重要因素，不同的伦理基础，会直接导致德育范式在道德价值观体系、伦理倾向、个体人性假设等领域产生重要分歧。同时德育范式的差异也相对固化和推进了不同社会之间的伦理差异。因为伦理本身，传承的主要途径就是德育。

---

① 罗国杰．中国伦理思想史（上卷）[M]．北京：中国人民大学出版社，2008.1-2.

一、伦理学是人类哲学领域的重要构成

伦理学是人类社会中一种非常重要的学术体系构成。在德育中，社会个体不只是学习道德规范，同时还学习了道德哲学。在道德思维上，不同的社会呈现出了重要差异。哲学本身是追寻智慧的学问，是科学的母体，哲学在人类社会中是一种极为重要的存在体。在人类的哲学领域，伦理学是哲学三大基本构成领域之一。

在古希腊，哲学主要分为三大领域，具体为：其一是古老的形而上学，是研究宇宙万物根本原理的学问；其二是认识论，是探讨知识的本质、起源和范围的哲学方法；其三是伦理学，是关于道德问题的理论，是研究道德的产生、发展、本质、评价、作用以及道德教育、道德修养规律的学问。伦理学也是康德笔下的研究人类自由的学问。[①]在康德看来，物理学是研究物质世界自然规律的学问，伦理学则是研究人类自由规律的学问。[②]伦理学在诸多领域影响着社会的结构，如家庭成员的关系、婚姻与亲情、道德的标准、正义的终极含义、道德与法律的关系等等。几乎可以这么认为，一切社会问题都可以与伦理学联系起来。

二、人类社会的四大哲学范式

在伟大的哲学家雅斯贝尔斯的《大哲学家》中，通过其对人类社会的整体研究，把人类社会的主要哲学分为四大哲学范式，认为今天的人类社会主要是由这四种哲学范式所决定的。雅斯贝尔斯是这样定义的："思想范式的创造者（最伟大的大哲学家）四位：苏格拉底，孔子，耶稣，佛陀。这四大思想范式的创造者都曾产生过历史性的影响，其广度和深度都是无与伦比的。"[③]

具体而言，这四种哲学范式如下：其一，苏格拉底的理性主义哲学，直到今天仍然是科学研究的最基本思维范式。理性主义哲学注重推理，强调逻辑性，重视反思与批判，最终形成了庞大的理性主义哲学体系。其二，中国孔子的儒家思想的哲学，深刻地影响了中国乃至于整个东亚的社会建构，并基本决定了该地区的家庭和社会的基本伦理。孔子儒家思想的重要特征是世俗主义，也是四大哲学范式中最为偏向世俗生活，相对更为接近普通人的生活。从这个意义上看，孔子儒家思想因为与世俗的相对接近，所以其载体非常稳固，直到今天，

---

①［德］康德著，苗力田译．道德形而上学原理［M］．上海：上海世纪出版集团，2005.1.

②［德］康德著，苗力田译．道德形而上学原理［M］．上海：上海世纪出版集团，2005.1.

③［德］卡尔·雅斯贝尔斯著，李雪涛等译．大哲学家［M］．北京：社会科学文献出版社，2010.64.

儒家思想的影响区域中，儒学仍然规范着社会基本生活。其三，耶稣的基督教哲学，在伦理上是西方世界的道德基石，决定了西方社会对道德和人类的基本认识，同时也通过其基督教的哲学思维影响了西方社会的基本伦理判断。简而言之，基督教哲学奠定了西方社会个体的价值观、人生观乃至于世界观。最后，释迦牟尼的佛教哲学，其思维和构成自成一体，是一种非常独特的思维体系和道德体系。佛教哲学通过佛经的传播，深刻影响了亚洲人群对人生和世界的看法，特别是其涅槃、生死轮回、因果报应等哲学思想，对整个人类社会的影响都极为深远。

四种哲学范式在相当程度上塑造了今日世界的伦理谱系划分，同时这也映射出伦理学的巨大影响力。这些哲学家的影响力甚至远远超出于皇帝、国王等世俗政治人物，所以在中国，孔子甚至被尊为皇帝一般的存在，被授予“大成至圣文宣先师”等封号，并有着强大的精神力量。从全世界来看，几乎很少有其他人物的世界影响力能够达到苏格拉底、孔子、耶稣和佛陀的程度，并且从历史长河纵向上看，四大哲学体系影响力更为深远。这也证实了，在人类社会中，道德的力量表面上看是微不足道的，感觉不如政治和经济等影响力强大，但在历史的长河中，道德的力量是巨大且深远的。

三、当代人类社会的八大文明

美国著名政治哲学家塞缪尔·亨廷顿在著名的《文明的冲突与世界秩序的重建》一书中，将世界文明划分为八大文明（或七大文明）。这是一种极为经典的现实主义的世界文明划分。如果说《大哲学家》是一种理论维度的划分，那么八大文明的划分则有着浓重的现实主义的味道，并契合今天的世界伦理格局。不同的文明之间，在社会哲学、道德伦理、社会习俗、生活习惯等方面都存在明显差异。[①] 八大文明包括中国文明、西方文明、俄罗斯文明、伊斯兰教文明、日本文明、印度文明、拉丁美洲文明，还有可能存在也可能不存在的非洲文明。[②]

文明的分类给了德育研究一个很重要的启示，就是伦理本身并非具有世界性或者说普遍性真理。一个文明所排斥的，也许是另外一个文明所赞赏的。在道德规范和伦理范式上，人类社会中的差异如此明显，很难想象作为道德伦理延续的德育实践在全世界能够保持完全一致。

---

①[德]塞缪尔·亨廷顿著，周琪等译．文明的冲突与世界秩序的重建[M]．北京：新华出版社，2002.8.

②[德]塞缪尔·亨廷顿著，周琪等译．文明的冲突与世界秩序的重建[M]．北京：新华出版社，2002.29–32.

相对来看，西方文明更倾向于自由主义，自由价值观是西方社会的明显的标志。中国文明是典型的社群主义取向的伦理和社会结构。俄罗斯文明有着独特性，强调力量，是所谓力量哲学的代表。伊斯兰教文明信仰《古兰经》，遵圣训，其文明有着悲剧性的一面，因为伊斯兰教文明分裂为逊尼派和什叶派两大派别，两派之间的矛盾导致了长期的战争和争斗。日本文明与中国文明很接近，但日本文明有着内在的浓重的悲剧色彩，菊花般的美与武士刀的血腥，经常结合一体，令其他文明难以理解。① 刀剑和菊花成了日本文化性格的关键词，"日本人既好斗又和善，既尚武又崇美，既蛮横又有礼，既刻板又善辩，既温顺又不愿受人摆布，既忠心耿耿又容易背叛，既勇敢又怯懦，既保守又易于接受新的方式。"② 印度文明则有着众多的崇拜神，有着自己的独特哲学，还有着对圣河的崇拜，以及对神牛的崇拜等特征。拉丁美洲文明有着印第安文化的影子，追求闲散和自由，注重亲情和友谊。非洲文明则有着自然、原始和野性的浓重特点。八种不同的文明，既塑造了人类文明的多元性，同时也是人类社会冲突和矛盾的重要原因。

即使从伦理道德的角度，都很难把人类的德育范式完全归为一类。德育需要注意这种差异，因为这种伦理上的差异，不只是导致德育内容差异，还在德育目标、德育假设、德育方法等诸多领域影响了德育范式的现实存在。

四、现实世界的价值观冲突

正如亨廷顿著名的"文明冲突论"所揭示的，人类更麻烦的不是政治意识形态的矛盾，而是文化价值观的矛盾，表现于不同文明之间的冲突。而具体到现实世界中，政治意识形态与文化价值观的交织导致伦理本身的复杂性，最终演变成价值观冲突。这种价值观冲突最终可能通过文化习俗矛盾的方式呈现出来，其实质性问题是伦理基础和价值观体系的结构性矛盾。但这种价值观冲突所导致的结果往往是人类社会源源不断的冲突和战争。"在过去有历史记录的 3421 年中，只有 268 年没有发生过战争。我们得承认，战争现在是竞争和人类物种自然选择的最终形式。"③

今天的叙利亚的内乱就是明证。叙利亚的问题在于，一方面是 IS 的肆虐，另一方面是内部社会构成中的不同宗教信仰之间的矛盾，并且还有历史矛盾的

---

①［美］鲁思·本尼迪克特著，晏榕译．菊花与刀［M］．北京：光明日报出版社，2005.11.

②［美］鲁思·本尼迪克特著，晏榕译．菊花与刀［M］．北京：光明日报出版社，2005.11.

③［美］威尔·杜兰特、阿里尔·杜兰特著，倪玉平、张闶译．历史的教训［M］．北京：中国方正出版社，2015.137.

渊源，这就将事态过度复杂化。这种政治意识形态、文化价值观、宗教、人性等的交织，最终导致一个国家的全盘混乱，这种悲剧性的结局是人类社会未来发展需要极力避免的。

德育需要放宽历史的视野，需要国际理解，需要人类的整体眼光，否则就可能仅仅成为一种工具性的社会存在。这种工具性的社会存在，不应该是德育研究的自我定位和选择。

第二节 解放伦理与自由主义伦理

在人类近代以来的社会发展中，伦理有着不同的流派，对德育的具体价值观选择、德育目标和德育过程均具有非常深刻的影响。近代以来最有影响力的伦理，则是以欧美为代表的自由主义伦理流派，以及以马克思主义为代表的解放伦理。两者在德育目标、德育过程、德育方法、德育基本假设等诸多领域，均呈现出显著的差异。对德育伦理高点的研究，有助于理解德育范式的差异，也有助于中国德育自身的改革与发展。特别是在今天欧美为代表的自由主义伦理占据道德高点的情况下，如何认识中国的追求人的解放的马克思主义解放伦理的内在真理性，具有理论上的必要性和紧迫性。

一、解放伦理的由来

伦理高点一定程度上决定了德育范式的基本差异。中国古代的教育伦理主要由孔子所建立，“有教无类”的教育伦理，直到今天仍然闪耀着人性的光辉。其后中国通过建立科举制度，树立了学而优则仕的教育选拔制度，最终平等成为中国教育的重要伦理特征。

西方古代教育伦理高点则主要建立于古希腊时代，柏拉图和亚里士多德均贡献很大。追求智慧，尊重人的天赋，成为西方教育的基本伦理。直到今天，这两项仍然是西方教育中的重要价值。

但随着人类历史的发展，人类社会近代在教育伦理上发生了重要变革。社会主义和资本主义均发源于欧洲近代启蒙运动，启蒙运动的自由、平等、博爱的价值观成为了近代西方社会的核心价值追求。在意识形态领域，出现了以自由主义为代表的欧美的自由主义伦理，以及以马克思主义为代表追求人的解放的解放伦理。马克思主义的解放伦理既追求个体的解放，同时也追求人类的解放，特别是后者，是马克思主义解放伦理的重要特色和核心使命。

解放伦理的核心意识形态基础是马克思主义，其指向是个体的解放和全人类的解放，其路径是通过对个体的解放和对弱势群体的帮助，最终实现全人类的解放。[①]其目标指向是共产主义，一个各尽所能各取所需的理想社会。[②]其核心价值观是平等、民主、自由和和谐等。

解放伦理在意识形态领域，是典型的社会主义意识形态，所追求的是人人平等、发展个体天赋，最终实现个体的德、智、体、美、劳全面发展，实现个体自我价值和社会价值的共同实现。解放伦理的重要特色在于其不仅关注个体自身，还强烈关注社会中的弱势群体。所以社会主义运动强调劳工阶层不只是要解放自己，还要解放全人类。这既是劳工阶层的命运，也是人类共同追求的历史命运。

解放伦理在人类发展路径上，不是追求对弱者的奴役与占有，而是追求对弱者群体的帮助和解放，最终实现人类整体的共同解放。这一路径无疑是非常具有道德使命感的，同时也具有宗教般的伟大和纯净。所以社会主义解放伦理对人类社会道德的发展影响巨大，在很大程度上影响了当代人类社会的道德发展方向。即使在以欧美国家为代表的自由主义伦理中，仍然有着解放伦理深刻的影响痕迹，如强调社会政治权力的全民性、社会发展的和平性、社会福利的普遍性等，[③]这些都是解放伦理影响的结果。

解放伦理的目标是共产主义，这是一个具有道德优势的社会范式。解放伦理并不追求教育中的过度竞争，反对把教育视为个体获得社会优势的工具。解放伦理强调社会精英应该追求的不仅仅是自己的成功，当然也应该追求自己的个体成功，但应该把这种个体的成功与人类的命运相联系，这极大地升华了个体的道德境界。解放伦理通过自己的道德影响，最终将社会主义建设视为个体解放与人类解放的共同路径，而力图改变社会个体之间的过度竞争和相互倾轧。同时，解放伦理还在理论层面，把过度竞争并通过奴役他人的社会结构判定为一种不道德的社会存在。

二、自由主义伦理的特点

自由主义伦理是西方近现代伦理的价值追求。自由本身是人类社会的重要

---

①［德］马克思、恩格斯著，中共中央马恩列斯著作编译局编译．马克思恩格斯选集（第1卷）［M］．北京：人民出版社，2012.295.

②［德］马克思、恩格斯著，中共中央马恩列斯著作编译局编译．马克思恩格斯选集（第1卷）［M］．北京：人民出版社，2012.306–308.

③［德］马克思、恩格斯著，中共中央马恩列斯著作编译局编译．马克思恩格斯选集（第1卷）［M］．北京：人民出版社，2012.421–422.

价值观之一，也是人类最为珍视的价值观之一。但自由作为最重要和决定性的价值观，则是以欧美为代表的西方社会的伦理特色。

自由主义伦理本身起源于欧洲启蒙运动，是资产阶级革命的重要推动伦理力量，自由、平等、博爱是法国大革命的代表性口号和价值观。因为欧洲在黑暗的中世纪，普通民众严重缺乏自由，所以对自由的渴望，极大地推动了欧洲的历史发展。教育作为欧洲中世纪的重灾区，自由对教育的发展推动力量巨大，特别是以卢梭为代表的思想家们，对教育的自由在理论上和精神上的定位，起了巨大作用。

自由主义伦理的政治意识形态是自由主义。基于自由主义的政治意识形态，欧美社会将自由作为首要价值观，对其他价值观的排序和具体的德育范式的构建均起着决定性作用，最终形成了自由主义伦理的典范。自由主义的核心是个人的自由和权利的不可侵犯，并抵制国家和社会对个人自由和其他基本权利的侵犯。自由主义在本质上具有追求个人自由最大化的冲动，在社会实践中存在着不断摆脱道德、法律和社会规范的制约的倾向。①总体上看，自由主义与西方近代文明紧密相连，强调个体本位、追求个体的自由和独立，并成为现代西方社会普遍认同的价值观。②

自由主义伦理在今天的欧美国家德育中已经成为一种意识形态般的存在，几乎是一种先验式真理，不容怀疑，更无须争辩。而这种自由价值观霸权式的德育存在，一方面成为西方德育骄傲的来源，另外一方面也成为其最重要的德育特色。“不过并没有谁独自生活在一个孤岛之上。雅斯贝尔斯说：如果我只是我自己的话，那我必然会变成荒芜。”③自由主义伦理对自由的过度迷恋，导致对社会规范有着本能的敌视。这一点也是其他人类文明所难以理解的。但这一点本身也是西方社会骄傲之处，在西方社会眼中，“自由社会”正是一种政治正确的存在，毋庸置疑，不需争辩。

三、解放伦理与自由主义伦理在德育中的基本分歧

解放伦理与自由主义伦理两者在指向上都有着追求个体自由解放的目标，

---

① 余维武．冲突与和谐：价值多元背景下的西方德育改革［M］．南京：江苏教育出版社，2009.11.

② 余维武．冲突与和谐：价值多元背景下的西方德育改革［M］．南京：江苏教育出版社，2009.10.

③［德］卡尔．雅斯贝尔斯著，李雪涛等译．大哲学家［M］．北京：社会科学文献出版社，2010. 中文版序 1–2.

同时都力争建构一个和谐和高度发达的社会。但两者在诸多方面存在显而易见的分歧和矛盾，甚至在很多领域是不可调和的。两者之间的理论竞争，也导致在现实德育实践的层面存在重要分歧。

首先，在价值观上，自由与和谐是自由主义伦理与解放伦理的首要价值观的重大差异。当代人类社会的核心价值观整体构成内容上的分歧极少，最珍视的价值观主要有正义、民主、平等、自由、和谐、和平等。但在现实社会层面，核心价值观所呈现的差异却很大，其根本原因就在于首要价值观的重大差异。以欧美为代表的西方以自由为首要价值观，并且是决定性和基础性价值观，其他一切价值观都不可违背首要价值观，这导致西方自由主义伦理呈现出自由主义的浓厚色彩，并最终影响到德育理论和德育实践的一系列层面。中国社会的首要价值观比较模糊，因为中国社会强调价值观之间的和谐，而并不追求某一价值观的绝对优先地位和基础地位。在数个最珍视的道德价值观之间，中国社会更强调价值观之间的和谐和具体社会实践中的和谐，如果一定要寻找一个价值观作为中国社会范式的首要价值观，那么可能是和谐。和谐一方面是中国社会珍视的价值观，既追求德育过程中个体的和谐发展，同时也追求德育结果中的社会整体和谐。另一方面，和谐还指中国德育范式中，所有价值观之间的和谐。这种强调和谐的德育伦理与强调自由的德育伦理，最终导致具体的德育实践中的诸多差异。争论哪一种伦理范式更为优秀，其意义并不大，最重要的在于理解差异背后的社会基础哲学构成的分歧。

其次，在德育路径领域，两者也存在较大分歧：一边是自由发展，另外一边是和谐发展。自由主义伦理和解放伦理在最终的德育路径上存在重要分歧，自由主义伦理的德育基本路径是追求学生的自由发展，而解放伦理则追求学生的和谐发展。自由发展是西方德育中的神圣的道德原则，不容侵犯。自由发展既指尊重学生的主观发展愿望，在德育过程中不能压制学生的发展方向，同时也指创造学生自由发展的物质条件和精神氛围。在西方德育中，不管是学校教师，还是学生家长，都不能指定学生发展方向和压制学生发展愿望，因为这危及和侵犯了学生的自由发展。另外一方面，这种德育中的自由发展还指在所有决定学生发展路径和方向上，学生的自由意志是第一位的，不容侵犯。所以西方德育中相对缺乏中国式的正向强制规范，最终导致德育次品比例较大。解放伦理追求的是个体的解放，所以强调德育对个体的帮助，在很多时候这种帮助甚至是强制性的，这一点与自由主义伦理差异极大。解放伦理指向学生和谐发展，这种和谐不只是学生个体层面的德智体美的和谐全面发展，还包括学生个体与其他社会个体的和谐，与主流社会的和谐。所以在潜意识中，这种和谐发展还将消除学生身上的不和谐因素，如不道德的个人价值观。即使是采取强制性的德育措施，在解放伦理中，这是正当的，也被认为是必须采取的行为，简而言之，是惩前毖后，治病救人。比较来看，这种一定程度上的强制规范正是自由主义伦理所坚决反对的。

再次，个体自由发展与个体解放是德育目标领域中存在的重大分歧。自由主义伦育与解放伦理在德育目标上同样存在重大分歧。自由主义伦理指向个体自由发展，不管这种自由发展是否正确，自由主义伦理德育都认为自由是神圣不可侵犯的。这种对德育自由的极端珍视，其逻辑在于坚信个体自我选择的力量。这种力量被视为个体发展的最重要动力，并且是个体德育权利中的天然构成部分，神圣不可侵犯。而解放伦理德育的德育目标，则是指向个体的解放。这种解放既指的是个体自己的和谐发展，同时还指的是个体在外在学校和教师的帮助下的健康成长。与自由主义伦理差异很大的是，解放伦理并不完全迷信个体选择的真理性，而把这种选择的权力部分交付给学校和教师，将不符合主流要求或者被视为错误的个体进行规正德育，最终实现个体的健康和谐发展。这种个体解放一方面是个体自由发展的结果，同时也是在外部学校和教师的帮助下的发展，最终实现德育合力，实现社会个体健康发展。自由主义伦理相信社会中所有个体自由选择，最终实现一个所谓的自由社会，并认为这种自由的社会就是最好的、最正义的社会。但在解放伦理眼中，这种自由发展具有非常大的风险，可能导致社会的群氓，所以解放伦理坚持，在个体并不具有良好判断力的时候，不能将个体的发展方向完全交给个体自己决定。

最后，个体德育中自由发展与规范化培养是德育实践范式领域中的重要差异。在德育实践范式上，两种伦理分歧非常显著。自由主义伦理的德育实践范式在课堂教学、学生实践、德育活动中，高度尊重学生的德育自由，并把这种德育自由视为德育的最重要价值观，愿意为了这种德育自由而付出学生发展方向偏差风险、知识体系不严谨等代价。但在解放伦理看来，这种过度尊重个体德育自由的德育范式本身就是不健康的。与自由主义伦理迷信个体的选择能力相反，解放伦理更愿意信任社会主流判断，所以解放伦理会用社会整体主流价值倾向来要求学生发展方向，会用社会的主流需要来规范学生的德育内容，最终实现德育解放个体和解放弱势群体的共同目标。同时，解放伦理并不把个体成功视为德育的单一目标，还要求个体在解放自身的同时，解放和提升社会中的弱势群体，也即解放全人类，这无疑是一种极为高贵的德育理想。

自由主义伦理与解放伦理均是一种理想化的价值追求。自由主义伦理视自由为最重要的德育价值，坚信个体的德育选择权力和判断能力，在发展上高度尊重个体的自由发展，并愿意为此付出必要的代价，其逻辑的核心点在于相信这种自由选择的德育最终会形成一个正面、健康的自由世界，其核心指向是个体不受干扰的自由发展。解放伦理则指向个体的解放和人类的集体解放，强调社会主流价值观在德育中的和谐，以及个体自身德、智、体、美等领域的全面和谐发展，在发展上尊重个体的自由选择，但同时要求符合社会主流价值观，在德育过程中会适度正面规范，最终指向一个个体和谐发展和人类集体解放的和谐世界。在动力角度上看，自由主义伦理更为信任个体的自由意志，所指向的也是个体的自由发展；而解放伦理则在尊重个体的权利的同时，保留了维护社会整体和谐的权力，所指向的是个体与社会的整体健康和谐发展。从精神角度上看，解放伦理无疑更为崇高，但在现实层面，西方自由主义伦理当前更为强势。其主要原因不在于其德育理论和德育实践的强势，而在于近代以来西方社会在经济和科技领域更为发达，占据了话语霸权。在未来发展中，人类社会将会重新发现解放伦理的真理性。

第三节　中国德育范式伦理基础的基本构成

伦理基础是德育范式基本理论的基础性重要构成。没有伦理基础，德育就没有了道德基石。卢梭认为，以风俗、传统和社会舆论为体现的社会伦理，几乎是国家的真正宪法，这种习惯的力量，是刻在公民心里，并最终成为社会的权威的终极力量。[①]

作为一个伦理型的社会，中国历史以来就极为重视道德教化，所以中国德育并不是简单的现代理论的产物。在基本构成上，中国德育范式的伦理基础是传统与时代的结合。具体而言，中国德育范式的伦理基础由两大维度构成：其一是当代伦理基础维度，是马克思主义的解放伦理；其二是传统伦理基础维度，则是儒家伦理、道家伦理和佛教伦理。

在时代的伦理基础上，中国德育范式有着非常重要的伦理来源：马克思主义的解放伦理。解放伦理作为马克思主义在道德伦理上的基本哲学，引领着近代以来的人类解放运动，从多个领域改变了世界的面貌。马克思主义的解放伦理与中国传统伦理相结合，建构了当代中国德育范式的伦理基础，并直接构成了现实层面中国社会对道德和德育的理解。

中国德育范式的传统伦理基础主要来源于三个领域：其一是儒家伦理，这是

①［法］卢梭著，何兆武译．社会契约论［M］．北京：商务印书馆，2009.70.

中国德育范式的基本道德载体，也构成了中国社会和中国人对道德伦理的基本定义和基本想象；其二是道家伦理，这是中国德育范式的重要伦理基础，道家伦理的自然主义和辩证法，承载着中国人对自然万物的道德理解；其三是佛教伦理，这是非常重要的中国历史上的外来文化，而在心灵的慰藉上，也许是中国社会中最为重要的。三者共同构成传统意义上的中国德育范式的伦理基础。

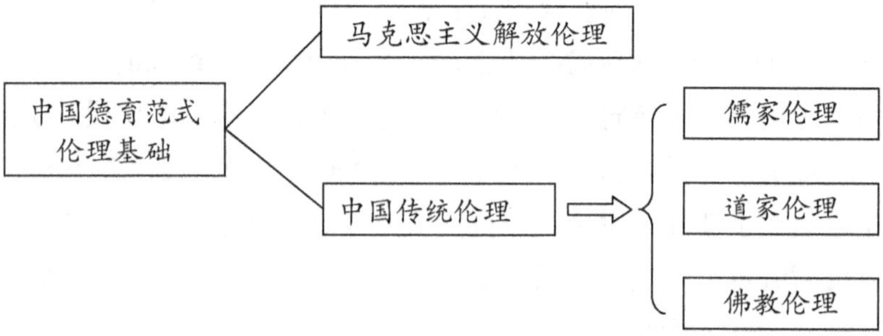

表 3.1 中国德育范式的伦理基础

一、马克思主义的解放伦理是中国德育范式的时代特色

马克思主义从未远去，马克思主义的解放伦理已经成为了人类社会中的一种极为深刻的伦理存在。解放伦理的核心道德哲学是解放，是对人类社会中的一切被压迫者的解放，同时是对社会剥削和压迫的一种反抗。马克思主义的解放哲学深刻地剖析了人类剥削社会中的不公，最终通过被压迫者的反抗，力求建设一个平等和谐的世界。

从任何角度上看，解放伦理都是一种伟大的伦理。所以这种解放伦理在诸多领域引领着人类社会的发展。近代以来人类社会中的一系列伟大运动：如工农解放运动、妇女解放运动、第三世界反殖民主义运动等，都是马克思主义解放伦理的现实实践。解放伦理是人类社会所需要并且努力追求的一种高贵伦理。从马克思主义传入中国开始，解放伦理就成为了中国社会发展的巨大推动力。中国社会在诸多领域的革命，都是对解放伦理的一种实践，如中国反帝国主义、反封建主义、反官僚资本主义的三座大山，中国的妇女解放运动，中国的土地改革运动等，其背后的支撑都是马克思主义解放伦理，解放伦理也在中国社会刻下了深深的烙印。

解放伦理在中国德育范式的现实实践中上具有重大影响力。如中国德育的社会主义方向，中国德育的集体主义价值观，中国德育培养社会主义建设者和接班人的德育目标，中国德育中的重要标志性德育口号“为人民服务”等。具体而言，解放伦理在以下三个维度深刻影响着中国德育范式：

其一，解放伦理决定了中国德育范式的社会主义政治方向。中国传统以来德育本身就是道德与政治紧密结合，所以中国特色社会主义政治哲学对中国德育具有强大的直接影响力。中国德育范式在具体实践中，涵盖有政治哲学、政治经济学、唯物史观等内容，这是从思想教育和政治教育维度的德育，这种涵盖思想、政治、道德的德育范式，本身就是马克思主义解放伦理所决定的。因为马克思主义解放伦理认为道德本身就是阶级的产物，是与思想和政治意识形态紧密结合的。

其二，解放伦理决定了中国德育范式的德育目标。解放伦理通过国家教育目标的设定，直接规定了中国德育范式的德育目标：社会主义建设者和接班人。其内涵在于两方面：一方面德育要培养社会主义的建设者，建设一个富强文明和谐美丽的社会主义现代化国家，这既需要高度道德水准，也需要高度的知识和能力结构，还要有热爱社会主义的政治认同。另一方面，德育要培养社会主义的接班人，即坚定走社会主义道路的新一代，这需要坚定的社会主义信仰。所以学校德育既要培养好学生的思想、政治和道德，同时还要服务于智育，提升学生的知识和能力。

其三，解放伦理决定了中国德育范式的德育理想指向社会和谐和人类解放的宏大目标。这是解放伦理的理想主义的一面，马克思主义解放伦理的终极指向是创建一个没有剥削没有压迫的理想的共产主义社会，这是一个伟大的社会理想。所以在德育中，需要提升学生的思想境界，放宽人生的视野，既不断提升自己，同时也服务社会进步和发展，在创建伟大功业的同时，实现自己的人生理想和社会理想。从这个维度上看，马克思主义的解放伦理与孔子儒学的治国平天下，力图创建大同社会有着相似的一面。马克思主义的解放伦理既注重个体的内在，也注重个体的外在，共同服务于和谐社会的构建，在最终的目标指向上，并不满足于个体的成功，还需要服务于人类解放的伟大事业。

二、儒家伦理是中国德育范式的基本载体

儒家伦理是中国德育范式的传统伦理载体的最重要构成部分，也是中国社会在道德领域最重要的文化特色所在，所以西方学者在多个领域表征中国为儒家思想文化圈。儒家伦理构成了中国社会的基本道德哲学，并从政治、族群、家族和个体等多个维度直接规范了中国社会的结构。儒家伦理在今天的中国德育范式中仍然是极为重要的基础性构成。一定程度上说，没有了儒家伦理，中国社会将不知道何谓道德，何谓非道德。

雅斯贝尔斯认为，与其他哲学相比较，儒家思想的主要关注点是人类的现实世界。其思想首先涉及的是人性，其次是社会秩序的必要性和重要性，再次是现实主义的思维方式。几乎在所有领域，孔子在本质上最关心的都是人类及其社会。[①]具体在教育上，孔子希望借助教育塑造人类，希望世界按照其预设的永恒秩序发展，“他期望在世俗的条件下，使人类存在的自然理念获得实现。他认为这是可行的，因为世界本身处在道之中，并遵循着道的典范，而不是以功利性和实用性作为其此在的目的。”[②]

儒家伦理在多个领域构成了中国德育范式的伦理基础，主要由以下构成：

其一，儒家伦理建构了以三纲五常为核心的社会基本道德体系，从政治和生活等领域全方位直接定义了道德的标准，并成为中国社会对道德的基本定义。这一点如同基督教伦理对西方社会的作用一样。儒家的君臣父子成为社会中的政治和道德的基本结构，礼义廉耻则成为个人生活中的基本道德感的来源。同时，儒家还设定了圣贤、君子等具体的道德形象，以激励社会个体的道德追求。

其二，儒家伦理建构了中国德育范式的基本道德哲学，即强调公平、正义和和谐，其和谐思想贯穿一切。这客观上影响了中国社会对德育目标的定义：即个体、家庭和社会的整体和谐。事实上，儒家伦理具有非常优秀的道德张力，赋予了个体在多个境遇中仍然坚持道德的逻辑，如“达则兼济天下，穷则独善其身”。[③]即使以现代眼光来看，这仍然是一种极为伟大的道德哲学，有效调和了个体自身的内外和谐。

其三，儒家伦理直接规定了中国德育的内容。儒学五经从汉武帝“罢黜百家、独尊儒术”之后，就成为中国社会最重要的教育典籍。儒学经典在中国封建社会中后期以科举制度得以强化，儒学经典一方面是道德教化的内容，另一方面也是进士及第的标准。而四书五经几乎都是道德伦理典籍，其中相当多的内容最终成为中国社会中的基本常识。这种文化教育设定还有着背后的社会逻辑，即通过儒学的学习考核，产生社会的官员和士人，这些社会的精英通过自己的儒学修养，对社会民众进行道德教化，最终实现整个社会道德水平的保持和提升。这种设定最终让儒学成为中国的正统学问，同时孔子也成为万世师表。直到今天，中国很多地方都立有文庙，供奉孔子，以求当地文运昌盛，孔子既是文化的代表，

①［德］卡尔．雅斯贝尔斯著，李雪涛等译．大哲学家［M］．北京：社会科学文献出版社，2010.141．

②［德］卡尔．雅斯贝尔斯著，李雪涛等译．大哲学家［M］．北京：社会科学文献出版社，2010.196．

③《孟子·尽心上》．

也是道德的代表，成为中国社会中的一个道德高标。即使是当前中国在世界多国设立的对外国际汉语教育机构，仍然采取的是“孔子学院”的称谓。

三、道家伦理的自然主义

道家伦理对中国德育范式在道德哲学上具有重要影响力，作为中国古代哲学思维领域中的最重要和最深刻的阐释，道家伦理对中国社会的道德哲学的影响力往往是被低估的。客观地看，道家哲学在哲学思维高度上，一定程度上是超过儒家思想的。具体在儒家伦理体系中，事实上也存在着道家伦理对道德思维的重要影响。道家伦理的思维影响在中国社会众多领域大量存在，在很多时候社会个体并不一定知晓，但却成了一种中国社会中潜移默化的文化思维存在。

道家伦理的影响首先在于自然主义，道法自然是中国社会的基本共识，也是中国社会对历史、世界、人生、社会等诸多领域的现实定义。自然的才是好的，也成为中国社会中一种几乎是神话般的不容置疑的真理性存在。

道家伦理的影响还在于其辩证法，这也成为中国社会中的一种基本思维哲学。福祸相互转化，做事需要保持平衡，道德领域需要必要的中庸哲学，所谓“过犹不及”，这些都是道家伦理在中国社会中的重要现实影响。中国社会中，具体的做人做事等领域中的基本道德哲学，在思维上主要由道家伦理决定。

另外，道家对于中国的美学有着重要作用。“政治上的日趋一致以及沉闷的儒家道德不利于美的创造，可是中国人总有强烈的美的冲动，这是受到道家鼓吹个人自由及其神秘的与自然合一的主张的鼓励”。[①] 整体上看，儒家道德及其坚持社会的一致性，对于个体发展来说具有一定的限制性。但在道家思想中，个人能够自我表现，才智可以自由发挥。所以从这个角度上看，道家思想是对儒家思想的不足的一个重要补充和修正。如果中国传统社会缺少了道家思想的修正，那么在很大程度上，儒家道德可能只是看上去很美，具有秩序，强调道德高度，但是却了然无趣。

而在政治上，道家是和平主义取向的，追求小国寡民的自然状态，同时还渴望浪漫主义的不干涉，即无为而治。这些对中国政治的思维影响很大，特别是“治大国，若烹小鲜”[②] 的思想，对中国具体政治实践影响深远，也是中国古代多个王朝所采取的重要治国术。

---

①［美］费正清等著，陈仲丹等译．中国：传统与变革［M］．南京：江苏人民出版社，1992.50.

②《道德经·第六十章》．

四、佛教伦理的心灵治疗

佛教伦理在中国社会中仍然是重要伦理存在，这种存在不一定是通过正式的道德文本呈现，但却是中国现实社会中的重要伦理存在，也是中国德育不能忽视的伦理基础。佛教伦理不承认人类的现世义务，强调与世无争，渴望解脱，超脱生死轮回，渴望在永恒处找到归宿。① 与儒家和道家思想相比较，儒家思想是入世的哲学，道家是出世的哲学，而佛教本质上是一种弃世的哲学。中国学生成长的一个极为重要的德育领域——家庭教育中传承着佛教的基本教义，并直接演化成中国社会中的诸多现实道德存在。同时，在中国社会中，佛教在很大程度上直接定义了中国民众对慈善的理解。

佛教伦理首先影响的是中国人的心灵。作为一种信奉轮回的宗教，其因果报应的思想深刻地影响了中国社会对道德的直接定义。对善有善报、恶有恶报的信奉，是中国社会保持道德水平的重要精神支撑力量。正如康德所推论的，如果不相信有上帝，不相信有来世，那么道德是没有牢固的支撑点的。在中国，这种道德的支撑点是佛教伦理，其具体表现就是善恶因果报应和轮回。这对于中国社会的道德水准的建构是具有积极意义的。在很大程度上，佛教伦理这种具体的道德哲学可能比道德规范和教条背诵更为重要，也更为直接和有效。

佛教伦理其次是影响了中国人对人生的理解。佛教是中国人在人生绝境中的心灵依靠，在中国社会中，个体走投无路或者遇到人生重大变故，其主要的选择去路就是皈依佛教。通过佛教对心灵的抚慰，医治个体心灵创伤，解脱个体的伤痛和绝望。所以佛教伦理构成了中国社会的基本精神保障，抚慰了中国人严重受伤的心灵，佛教对中国世俗社会既是一个宗教的存在，也是一个道德想象体的存在。

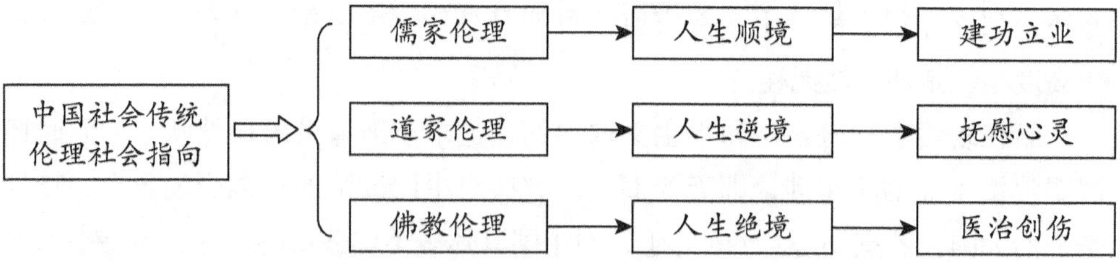

表 3.2 中国社会传统伦理的社会指向

① [德] 卡尔·雅斯贝尔斯著，李雪涛等译．大哲学家 [M]．北京：社会科学文献出版社，2010.124．

第四节　伦理基础的多元性与复杂性赋予中国社会的生命力

中国德育范式多元的伦理基础，导致了中国德育内容的相对繁杂。同时也给了中国人在不同道德境遇下多种可能的自主选择，所以在具体的社会环境中，中国社会个体的道德选择往往是复杂的。

在中国社会个体的人生顺境中，在古代起主导作用的伦理主要是儒家伦理，指向修身齐家治国平天下；今天则是马克思主义的解放伦理，力求解放民众，为国建功立业，为中华民族复兴奋斗。当前一个重要的奋斗目标就是实现中华民族伟大复兴的中国梦，实现国家富强、民族振兴、人民幸福。[①] 这种力求上进、渴望建功立业的道德哲学是中国社会不断改革发展的重要道德力量。从道德哲学角度上看，儒家伦理和马克思主义的解放伦理都是一种入世的伦理，追求人生积极进取，强调个体对社会和国家的责任，这也是中国历代以来仁人志士所秉持的主体伦理。近代以来的中国革命，也正是在马克思主义的解放伦理和儒家伦理的影响下，才实现了伟大的民族解放和中国革命的成功。

在中国社会个体的人生逆境中，起心灵安慰作用的主要是道家伦理。道家伦理强调物极必反，祸福相依，过犹不及，能够给社会个体带来必要的心理调节和人生希望。这也是中国社会个体大多具有多维度视角审视人生和事物的重要原因。道家伦理本质上讲是一种出世的道德哲学，并不追求建功立业，而强调天人合一、道法自然。在现实社会生活中，道家伦理给予了中国人处理道德领域中的困难局面的灵活性和智慧。

在中国社会个体的人生绝境中，对个体痛苦心灵抚慰的则是佛教伦理。佛教伦理是中国社会个体最后的避难所。在佛教伦理的影响下，社会个体经历了人世间的一切不如意，但仍然对世界怀抱希望和善意，这是佛教伦理对中国社会的重要贡献。在德育中也同样如此，佛教伦理能够让个体理解人生的淡若清风的一面，而忘记伤痛和挫折。佛教伦理极大地减少了中国社会中的个体的绝望心理，在很大程度上有效地医治了社会中的道德创伤。佛教伦理本质上是一种避世的道德哲学。用现代眼光看，虽然佛教伦理并不利于经济发展，但其无欲无求的指向则有利于社会的和谐，同时能够大幅降低个体的心理疾病，这也是社会建设的重要内容。虽然中国社会整体上看是标准的世俗社会，但佛教伦理的基本道德哲学在中国民众中却普遍存在，因果报应、扬善抑恶等佛教基本伦理成为了中国社会中个体道德意识中的基本存在。

---

① 习近平．习近平谈治国理政［M］．北京：外文出版社，2014.39.

作为一个人口众多、幅员辽阔的国家，儒家思想影响下的中国，一直是东亚社会的文化巨人，其德育范式极有成效。从历史发展来看，中国自周代以来就形成了敬天保民，以德配天的政治思想。[①]其后在孔子儒家思想的大力影响下，仁政成为中国政治的基本伦理，强调政治的道德基础，这是儒家思想的重要伦理特点。[②]西方学者谢和耐在其名著《中国社会史》中，指出："对最弱小者的剥削、专断和暴力并非是中国社会中的一种独创。经过全面斟酌之后，人们在历史上的所有其他民族中都绝对找不到比中国更公正和更人道的社会了。"[③]

近代中国的落后，本质上也与儒家思想关系不大，这是西方学者的研究结论。在著名的《中国的现代化》一书中，西方学者研究指出：对中国发展来说，西方的科学技术在中国一直迟迟不能得到重视，其根本原因在于社会结构，而不是思想层面的问题，儒家思想学说本质上讲是无碍于科学发展的，特别是儒家思想的求知的世俗化、理性化方法和探索精神，这些其实都是中国后来进行科学研究的宝贵思想遗产。[④]

与西方的古罗马相比，罗马帝国早已崩溃于历史的长河，但儒家思想影响下的中国仍然统一而富于生命力。从历史角度上看，表面上看起来儒家思想学说可能局限于伦理道德和经验主义，貌似很枯燥甚至很迂腐，但是不能忽视的却是：儒家思想能够有效激励中国官员集团的团队意识和敬业精神，并且对政治施加了强大的伦理性约束。中国官员是必须通过系统的四书五经的学习和竞争性考试的。即使现实施政过程中会面临复杂的情况，但中国官员心中的儒学的伦理道德的教化是相对稳固的。相对来看，罗马帝国的文官群体则非常明显地缺乏这样一种伟大的共同伦理约束。这一差异，最终导致了两者不同的历史命运：中国汉帝国崩溃后仍然能够走向统一，但罗马帝国崩溃后没能再度实现统一。[⑤]

中国德育在现实的社会建设和经济建设上，均具有自己的特点。整个东亚社会的犯罪率远比美国低，其重要原因就在于东亚都深受儒家思想影响，导致东亚社会中规范社会行为的主要力量是社会伦理，而不是法律。[⑥]在发展上，"儒

---

① 王祥云．中西方传统文化比较［M］．郑州：河南人民出版社，2006. 7.

② 王祥云．中西方传统文化比较［M］．郑州：河南人民出版社，2006. 50.

③［法］谢和耐著，耿昇译．中国社会史［M］．南京：江苏人民出版社，1995.30.

④［美］吉尔伯特·罗兹曼主编．国家社会科学基金《比较现代化》课题组译．中国的现代化［M］．南京：江苏人民出版社，2005.194.

⑤［英］阿诺德·汤因比著，刘北成、郭小凌译．历史研究［M］．上海：上海世纪出版集团，2005.282.

⑥［美］小 R. 霍夫亨兹、K.E. 柯德尔著，黎鸣译．东亚之锋［M］．南京：江苏人民出版社，1995.133．

家思想哲学强调行为合规矩、名位受尊重，提倡简朴、节俭，要求为未来的幸福做出眼前的牺牲，并且谴责不顾子孙后代的人们。”[①] 这些道德构成，在人类的任何时代都是显而易见的道德行为，从这一点上讲，儒家伦理有着人类终极道德的内涵。

中国德育影响下的中国公民，大都怀有报效国家和社会的志向，忠于国家和单位，所以在工作中相对更为勤劳。比较来看，以中国为代表的东亚人并不是单纯的经济动物，事实上，他们可能是地球上在政治方面最为精致的人。“没有任何人建立的权威结构比他们所明显确立的更精致、更受尊敬，并且更负责任。没有任何人像他们那样经常使个人利益从属于群体利益。而且没有任何人像他们那样，即使陷入深深的困境也依然忠诚于民族或国家。在许多方面，东亚经济成就的奇迹简直就可以认为是其惊人的政治团结基础上的产物。”[②] 相对而言，美国人则是更个人主义，“美国在工作中是强烈的个人主义者，很难让他终身对一个公司表现出忠诚，除非这个公司属于他自己。”[③]

中国自儒家伦理开始，就将社会道德牢固地置于群体利益优先的基础上，同时通过忠诚的道德价值观，提升了个体的牺牲精神，所以中国社会个体即使是在人生和国家处于困境之中，仍然能够忠诚于国家或民族。正是这种不离不弃的伟大道德精神，能够激励中国人为了国家或民族而奋斗终生，鞠躬尽瘁死而后已。虽然从西方个人主义角度上看，这确实可能有损于个体的自由。但必须承认，个体的人生成就和幸福不只是来自于难以捉摸的个人自由，为国家或民族而奋斗所实现的建功立业所带来的成就感，在很多时候可能是远超过单纯的个人自由的。

第五节　德性论的中国德育伦理范式

“教育既追求知识的本质，也追求人在社会中的美好品性。”[④] 中国德育的伦理范式是典型的德性论，鲜明地区别于自由主义道德、情感主义道德。德性指

---

① [美] 小 R. 霍夫亨兹、K.E. 柯德尔著，黎鸣译 . 东亚之锋 [M] . 南京：江苏人民出版社，1995.149 .

② [美] 小 R. 霍夫亨兹、K.E. 柯德尔著，黎鸣译 . 东亚之锋 [M] . 南京：江苏人民出版社，1995.270 .

③ [美] 小 R. 霍夫亨兹、K.E. 柯德尔著，黎鸣译 . 东亚之锋 [M] . 南京：江苏人民出版社，1995.290 .

④ [美] 哈佛委员会，李曼丽译 . 哈佛通识教育红皮书 [M] . 北京：北京大学出版社，2010.50.

人的美德，也指人具有美德之后的一种品行，是一种履行道德原则和道德规范的个人稳定和持久的道德情感和道德理性。德性其一表现为内在精神，其二表现为外在实践。中国传统思维认为，道德更重要的是一种现实实践，这种可以明确直接感知的道德即是德性。

一、中国的德性论

德性与单纯的道德规范相区别，道德规范是一种外在的约束机制，而德性是一种内在的道德内化的结果。①西方道德教育有着两大传统：一种是以亚里士多德为代表的“品格—习惯”教育模式，另外一种则是以苏格拉底和柏拉图为代表的强调道德推理与判断能力培养的教育模式。②客观地看，亚里士多德的德性论非常重要，其巨大历史贡献就在于把柏拉图激情的理想主义转向理智的现实主义。在人类的轴心时代，德性是伦理学的中心。中国先秦时代与古希腊时代的道德领域都十分重视德性的培育，强调德性的重要性。其后，“随着社会全面进入现代之后，德性伦理被边缘化，伦理学开始转向以原则和规范为价值中心，试图一劳永逸地确立起一个普遍可适用的规则，对作为个体的人只有履行外在义务的要求，而没有成就德性的祈望。”③今天西方德育又进入了苏格拉底和柏拉图的模式，但中国德育仍然坚持特征为“品格—习惯”教育模式的德性论。

中国一直以来非常重视身教言传，“有德之士在捍卫自身品德的时候，把德性本身当作了全部社会和谐的终极来源。”④与自由主义道德相比较，中国社会更在乎这种实质上的道德行为和道德品质，而对自由价值观的道德思考则相对忽视。“最终的价值毕竟在于善自身，而不在于获得追求善的自由”。⑤对于中国道德来说，最重要的是道德本身，而不是可能无涉善恶的自由。

一定程度上说，中国的德性论与亚里士多德的德性论比较一致。亚里士多德把德性分为理智上的德性和伦理上的德性两种。具体而言，他认为理智德性主要是由教导而生成和培养的，所以需要经验和时间，而伦理德性则主要是由

---

① 王光辉．孔子德育观价值取向新探［J］．云南社会科学，2007（3）：40–42.

② 郑福兴．现代性视角下的美国新品格教育［M］．北京：人民出版社，2006.2.

③ 王光辉．孔子德育观价值取向新探［J］．云南社会科学，2007（3）：40–42.

④［美］本杰明·史华兹著，程钢译．古代中国的思想世界［M］．南京：江苏人民出版社，2004.271.

⑤［美］本杰明·史华兹著，程钢译．古代中国的思想世界［M］．南京：江苏人民出版社，2004.287.

风俗习惯沿袭而来。[①]亚里士多德认为美德与社会实践交织在一起，如节制、勇敢、智慧等，并与社会风俗和传统相结合，最终构成德性。德性论认为道德相对稳定，并不认同道德的相对主义或者多元主义。

亚里士多德认为，"既然灵魂的状态有三种：感情、能力与品质，德性必是其中之一。"[②]德性不是感情，也不是能力，而是品质。亚里士多德认为，对于德性本身来说，结果是非常重要的。"我们称赞一个公正的人、勇敢的人，总之一个有德性的人，以及称赞德性本身，是因那种行为及其结果之故。"[③]毕竟，道德本身更重要的不是一个理论问题，而是一个社会实践的现实问题。在这一点上，亚里士多德的德性论与中国德育中的儒家伦理传统非常相似。

从伦理学角度看，亚里士多德的德性论把不同善目（goods）视为人类实践的不同目的（ends），人类的善（goods）视为所有其他善的目的（end），以及一种有序实践的共同体需要正义的规则的理论，所把握的不仅是希腊城邦范围内的人类事件的本质特征，而且是人类实践本身的本质特征。[④]

而对于德性的培养，亚里士多德则认为：在前提上，自然赋予了我们接受德性的能力，而这种能力主要是通过习惯而得以完善。在过程中，自然赋予我们的所有的能力都是先以一种潜能形式为我们所获得，然后才会具体表现在我们的活动中。在结果上，德性因何种原因和手段而养成，也会因何种原因和手段而毁丧。[⑤]内在的品质和外在的行为在德性上是相互影响的，并相互依存的。

中国的德性论也同样重视内在品质与外在行为的一体性，所以中国德育传统以来注重习惯培养，注重家庭影响，强调个体的道德全貌的重要性，所谓"内修其心，外修其行"。同时，中国社会中还有着"字如其人"、"面由心生"等看法，实质上也是强调一个人的内在品质与外在行为之间的相互影响。

二、中国德性论的核心构成

中国德育范式采取的是德性论的伦理范式，强调道德学习、道德示范和道德实践。在中国德育中，对道德情感的培养是非常重要的，所以中国德育非常

① [古希腊] 亚里士多德著，廖申白译. 尼克马可伦理学 [M]. 北京：商务印书馆，2009.35.
② [古希腊] 亚里士多德著，廖申白译. 尼克马可伦理学 [M]. 北京：商务印书馆，2009.42.
③ [古希腊] 亚里士多德著，廖申白译. 尼克马可伦理学 [M]. 北京：商务印书馆，2009.30–31.
④ [美] 阿拉斯代尔·麦金太尔著，龚群译. 伦理学简史 [M]. 北京：商务印书馆，2003. 中文版序 19.
⑤ [古希腊] 亚里士多德著. 廖申白译. 尼克马可伦理学 [M]. 北京：商务印书馆，2009.36.

重视对道德典范的学习。“对伟大崇高的认识是道德感的基石。”[①] 这一点与怀特海的观点不谋而合，怀特海认为：“如果不能经常目睹伟大崇高，道德教育就无从谈起。如果我们不能成就伟大，那么我们做什么和结果怎么样都无关紧要了。现在，对伟大崇高的判断是一种直觉，而不是争论的结果。”[②]

中国德育在伦理范式上是非常反感情感主义的，对中国德育来说，情感主义的核心问题是混淆了善恶，让学生无法分辨美丑。情感主义缺乏任何终极的标准，而事实上，道德是需要一定的客观标准的。[③] 这是中国德育范式不能认同的伦理范式。

中国德育范式的德性论的核心构成如下：

首先，中国德性论强调道德的基本标准是确定的，并源于现实社会的主流判断。对中国社会来说，道德需要明确美丑和善恶，而这种美丑和善恶源于社会的主流判断。“在伦理学说上，社群主义反对新自由主义的普遍主义原则，主张继承和发扬传统美德。”[④] 简而言之，中国德育中美丑是确定的，善恶也是确定的，黑白也是明确的。中国德育从内容上和思维上都是反对道德的相对主义的。

其次，中国德性论强调道德实践的重要性和基本标准，认为道德实践才是判断道德水平的重要依据。“道德生活源于我们集体的实践活动以及这些实践活动对我们提出的要求。”[⑤] 对于中国德育来说，一个人怎么说并不是很重要，更重要的是他怎么做。所以中国德性论特别强调道德实践，要求对社会个体要“听其言”同时“观其行”。不只是要关注个体的道德认识，更重要的还在于其道德行为和道德实践。在道德动机论和结果论上，中国德性论显然更为重视道德结果论。而道德认知和道德行为，两者在个体身上的结合，中国则认为这是个体的“品德”。“品德”既包括个体的品行，即具体的道德行为和道德实践，也包括个体的道德认知，即个体的道德认识和道德层次。

再次，中国德性论认为，道德是一种品质与行为的结合，需要正面教育和具体示范。“教育是年长的一代对尚未为社会生活做好准备的一代所施加的影响。教育的目的就是在儿童身上唤起和培养一定数量的身体、智识和道德状态，以

---

① [英] 怀特海著，庄莲平等译．教育的目的 [M]．上海：文汇出版社，2012. 94.

② [英] 怀特海著，庄莲平等译．教育的目的 [M]．上海：文汇出版社，2012. 94.

③ [美] 阿拉斯代尔·麦金太尔著，宋继杰译．追寻美德：道德理论研究 [M]．南京：译林出版社，2008.37.

④ 郑福兴．现代性视角下的美国新品格教育 [M]．北京：人民出版社，2006.23.

⑤ [美] 奈尔·诺丁斯著，许立新译．教育哲学 [M]．北京：北京师范大学出版社，2008.11.

便适应整个政治社会的要求，以及他将来注定所处的特定环境的要求。"[①]因为要体现道德本身的示范性，中国社会"强调道德相对于刑罚的优先性，这正是任何社群主义民主价值观的基石。儒家思想在传统社会中之所以长期有效，正是因为儒家思想强调道德对于法律的优先性，并将道德作为确保社会和谐的主要手段。"[②]这种教育方式，与亚里士多德的主张非常类似，亚里士多德认为应该以道德的各种合适的行为模式来训练学生。他的道德模式与我们在《圣经》中所发现的模式很大程度上是协调一致的："以儿童应该行为的方式去训育儿童，当他老的时候，他将不会背离这一方式。"[③]

中国伦理与道德都指向内在道德精神与外在道德实践的结合，在《大学》，有着著名的三纲领："大学之道，在明明德，在亲民，在止于至善。"[④]个体不只是需要自我明德，还需亲民，最终达到至善的道德境界，并辅以具体的格物、致知、诚意、正心、修身、齐家、治国、平天下，最终形成一个内外结合，道德精神和道德实践结合的道德的体系。

最后，中国德性论的思维方式是经验主义，在认知上则是现实主义。整体上看，中国德育范式采取的德性论追求的并不只是德育思想的伟大，同时力求德育实践的质量，共同服务于建构一个高道德水准的社会。

---

①[法]涂尔干著，沈杰译．教育与社会学[A]．涂尔干．道德教育[C]．上海：上海人民出版社，2006.235.

②[美]安乐哲著，彭国翔译．自我的圆成：中西互镜下的古典儒家与道家[M]．石家庄：河北人民出版社，2006. 540.

③[美]奈尔·诺丁斯著，许立新译．教育哲学[M]．北京：北京师范大学出版社，2008. 12.

④《大学》．

第四章 中国德育的基本人性假设

德育的一个重要的基本理论构成就是关于人性的基本假设。“一切科学对于人性总是或多或少地有些关系，任何学科不论似乎与人性离得多远，它们总是通过这样或那样的途径回到人性。”①“社会的基础，不在于人的理想，而在于人性。”②人性的基本假设是德育理论体系的重要基础，决定着在德育过程中对个体的基本判断、个体发展的基本认定以及对个体善恶的基本定位。中国人性假设，既留存于中国历史长河，也现实呈现在当前的中国德育实践之中。当代中国德育理论研究，必须审视德育理论体系背后的人性假设。

第一节 德育的基本人性假设

“人性是人类最基本的倾向和情感。”③德育是指向人的事业，是围绕着培养个体善的社会活动。“自然包括人性在内，而人性是人类最难对付、最难驯服的那部分自然。”④在人类发展的历史上，人性本身具有其二重性。“人既是动物，又超越动物；人既是社会动物，又是具有良知的个体；人掌握着知识和力量，但这些知识和力量都是有限的，而且他意识到自己的有限性。”⑤不同的人性假设，不只是深刻影响德育，而且还深刻影响社会的结构和发展。在西方中世纪的人性假设中，非常重要

①［英］休谟著，关文运译．人性论［M］．北京：商务印书馆，2009.6.

②［美］威尔·杜兰特、阿里尔·杜兰特著，倪玉平、张闶译．历史的教训［M］．北京：中国方正出版社，2015.43.

③［美］威尔·杜兰特、阿里尔·杜兰特著，倪玉平、张闶译．历史的教训［M］．北京：中国方正出版社，2015.43.

④［英］阿诺德·汤因比著，刘北成、郭小凌译．历史研究［M］．上海：上海世纪出版集团，2005.314.

⑤［英］阿诺德·汤因比著，刘北成、郭小凌译．历史研究［M］．上海：上海世纪出版集团，2005.314.

的就是“原罪”论，所以中世纪欧洲人的主要活动是通过宗教信仰赎罪，而西方浪漫主义兴起之后，对人性的张扬则成了现代西方社会的主流。

一、德育的基本人性假设

分析中国德育的基本人性假设，其目的并不是重新建构中国德育的理想的人性假设，而是结合中国社会、历史、文化、哲学等领域，具体分析现实中国德育实践中的人性假设的基本构成。也即对中国德育的基本人性假设是一种实践性的分析视角，而不是一种纯理论建构视角。中国德育的基本人性假设是一种现实的存在，研究的目的只是把这种现实存在分析呈现出来。

因为人性假设本身对于德育范式的极端重要性，同时还因为人性假设在具体实践中受多种因素的影响，所以在具体分析中需要注意结合多学科和多领域进行综合分析。不能仅停留于哲学、伦理学、教育学、心理学、政治学等单一学科领域，否则就容易忽视中国德育范式的现实性。歌德说：理论是灰色的，生活之树常青。其重要原因就在于，理论只能大体概括现实社会生活中的复杂情况。同时，一种理论一旦诞生，就有着延续和自我捍卫的本能，所以其变化相对缓慢，甚至长期固定。今天的儒家思想与两千年前的儒家思想，并不会有本质上的差异。但在儒家思想的具体实践上，则差异很大。

德育的基本人性假设主要关注以下几个问题：其一是人性本身是善还是恶，这是对人性原初状态的基本假设。这种原初状态是一种假设，但德育却是建立在这种基本假设基础上的。其二是道德与人性的基本关系，这是对人性在道德中的地位的基本假设。人性是否能够受到道德的影响，以及道德对人性的影响方向和影响程度。其三是人性的发展受到的主要影响因素或者发展路径，这些影响因素是如何作用于个体人性的。

二、人性论的基本流派

人性论是人类学术研究中的一个历史悠久的理论领域，其研究的对象是人的本性，或者说人的本质。人性论是人文学科和社会学科的重要基础和前提。[①]“人文学科的目的是促使人们理解人类与其自身的关系，也就是说，理解人类的内在期望与理想。”[②]人性本身是善还是恶，这涉及对个体的预判断，个体身上的善是自己滋生还是外界赋予的，个体身上的恶是与生俱来的还是后天被迫产生的。

---

① 莫法有．试论中西哲学史上人性论之差异［J］．复旦学报（社会科学版），1996（1）：10–15.
② ［美］哈佛委员会著，李曼丽译．哈佛通识教育红皮书［M］．北京：北京大学出版社，2010.45.

这些问题本身非常复杂，人类争论了几千年，至今仍然没有得到统一的答案。

到目前为止，人性论的基本派别主要分为四大派别：

其一是性善论，这种观点认为人性本善，在中国以孟子为代表。“恻隐之心，人皆有之；羞恶之心，人皆有之；恭敬之心，人皆有之；是非之心，人皆有之。恻隐之心，仁也；羞恶之心，义也；恭敬之心，礼也；是非之心，智也。仁义礼智非由外铄我也，我固有之也。”①

性善论的理论基点是人性有着善良的本性，这种善良是天然的，不是外界施加的或者建构的。“人之所不学而能者，其良能也；所不虑而知者，其良知也。孩提之童无不知爱其亲者，及其长也，无不知。”②

性善论本身是一种非常重要的人性论，体现了人类自身对自己种族的道德自信，虽然有着一定的浪漫主义色彩，但这种道德上的浪漫主义色彩也是人类社会中必要的，至少能够给人类道德发展带来必要的信心。

当然，性善论有个根本性的缺陷：如果人性本善，那么恶从何来？如果人性本善，那么事实上存在的德育的价值何在？同时，人类社会中的道德伦理与宗教，在不同的社会中都存在，并具有重要地位，这一点本身就说明了人性本善并不成立。如果人性本善，人类社会可能并不需要这么多的道德教化的力量。但相对来说，人性本善能够彰显人性的力量，同时也能体现人类对自身的道德自信，有其存在的价值。

其二是性恶论，认为人性本恶，以荀子为代表。“人之性恶，其善者伪也。”③性恶论相对来说，是人类社会中的一个更为普遍的现实存在的理论假设。人类社会存在警察、监狱和法庭等执法机构，本身就是对抗人性恶以及其具体现实表现的存在。在人类社会的发展历史中，有着众多的邪恶的人和道德沦丧的事件，在现实层面也证明了人性确实有着恶的一面。唯一的问题只是：人性的恶是来自于天然，还是来自于后天。

但我们至少能够肯定的是，在人类社会中，人性事实上存在着恶的一面。在德育中人性恶是来自于天然还是来自于后天并不重要，重要的是人性存在恶的一面，所以在德育中除了扬善，还必须抑恶。几乎所有的宗教中，都既有着对善的向往，还有着对恶的明确定义和相应戒律。这种对于人性恶的认识，事实上在相当程度上证明了人性恶存在的真实性的一面。但相对来说，人类本身

①《孟子·告子上》.

②《孟子·尽心上》.

③《荀子·性恶篇》.

对人性恶有着厌恶的情感，大多数人并不乐意承认人性恶，其原因可能是降低了人类种族的高贵性。

其三是认为人性本无善无恶，理论界经常把这种观点视为白板说。白板说认为人性仅仅是一张白纸，无所谓善恶，人性的善恶都是后天的结果，这在西方学界以亚里士多德和洛克为代表。白板说的影响较大，学校教育中也基本采取的是白板说，所以学校教育中既重视道德教化以培养学生善的增长，也重视道德规范以抑制学生恶的产生。白板说既无对人性的褒扬和自信，也无对人性的悲观，相对是一种价值无涉的人性理论。但无善无恶的白板说观点，也有其内在缺陷，一个不能解决的理论问题就是：如果无善无恶的人性是真理的话，那么人类社会存在的现实的善恶源于哪里？无善无恶的人性同样过度夸大了后天的作用，因为人性还有着遗传的影响。正如亚里士多德所指出的，天性在人的道德发展中，仍然有着重要影响作用。

其四则是原罪论。西方对人性恶的一面有一个基本假设，即原罪论。这是西方首先从基督教教义中提炼而出的一个概念，即认为人本身是有罪的，需要在尘世中修炼道德，积善积德，最终洗掉原罪，升入天堂。虽然原罪论并不完全等同于性恶论，但其结果与性恶论相似。基督教认为，亚当、夏娃在伊甸园偷吃“禁果”，违背了上帝的意志，是“亏欠了上帝的荣耀”。这是一种罪恶，这种罪恶最终遗传给人类的后世子孙，并成为人类一切罪恶、痛苦、灾难和死亡的根源。所以人在道德上并非是白纸，只要人一生下来，他在上帝的面前就已经是一个“罪人”了。对基督教来说，严格地讲，即便是一个刚刚出生就死去的婴儿，虽然他并未犯任何罪行，但也是罪人。因为他跟其他人一样，有与生俱来的原罪，在这个意义上仍然是罪人。这种“罪”是与生俱来的，所以在基督教中被称为“原罪”。“原罪”是基督教的教义和神学的人性假设基础，因为人有“原罪”，所以需要“救赎”，所以需要“救世主”，于是就产生了基督教。

这四种人性假设可能都有其道理，要争论这个问题殊为不易。但我们德育理论研究必须明确的一个问题是，不管人性如何，或者真理意义上的人性究竟如何，至少，任何一种德育范式，任何一种德育理论体系，都一定有自身的人性假设。无论善恶，但这种人性假设是一定存在的，只是内容的差异和形式的分歧而已。所以在德育的人性基本假设的研究上，既要有理论视野，更需要关注现实德育实践。人性基本假设在一定的社会中，也许在理论上或者学术著作中没有明确的存在，但在现实的德育实践中，却是一种事实的存在，因为德育在具体实践中，必须选择一种人性假设，作为德育实践和德育行为的基本逻辑起点。在具体的德育实践中，注重道德规范的，必然有人性本恶的基本假设，目的在于通过道德规范抑制个体的恶的倾向。德育实践注重道德自由发展的，则有着浪漫主义的人性本善的基本假设，强调个体人性善的张扬。如果在学校德育中，注重宗教信仰，则大多直接接受宗教中的人性假设，如基督教中的原罪论，佛教中的苦谛论。

第二节　中国社会中人性假设的矛盾

中国有着极为悠久的历史，这种历史对于中国社会的发展，既可能是财富，也可能是负担。在积极的一面，这种悠久的历史，让中国积累了极为丰富的人类智慧，并经受了众多的历史挑战。这种挑战本身就促使中国社会不断地应战，从而极大地促进了社会的发展和文明程度。消极的一面则是，悠久的发展历史同样产生了众多的人性恶的一面的堆积，导致了中国社会中计谋流行。如同柏杨所指出的：中华文明源远流长，但时间久了，也可能沉积下来许多污秽的东西，变成一潭死水，形成一种酱缸文化。[①] 这种酱缸文化所留存下来的，有可能保存着众多的污秽的东西。这个论点放在人性领域，也一样适用。中国社会中有着丰富的道德圣贤和楷模，其道德行为和事迹是中国德育的重要构成部分。同时，中国社会中也有着众多的人性恶的负面典范，同样对中国社会的道德教化起着负面作用。从现实角度上看，不能简单地认同中国社会中是采取的人性本善论，正是因为对人性恶的一面的深刻体会，所以中国社会中的“害人之心不可有，防人之心不可无”之类的俗语才极为流行。

一、中国人性假设的历史应战

因为中国历史上有着众多的内部战乱、国家分裂、外敌入侵等黑暗时期，所以中国社会面对这种人性恶的挑战有着自己的应战措施。可以以汤因比的挑战应战理论为例进行相关分析。

汤因比的挑战应战理论是人类历史学上的重要理论，其原初出处是其历史巨著《历史研究》。挑战应战理论认为：历史有着自身的逻辑，一种文明在历史发展过程中，其所遇到的挑战，在很大程度上决定了该种文明的发展程度与发展方向，而文明的应战则决定了文明自身的发展质量与存亡。[②] 简言之，一种文明或社会，其发展并不简单取决于自己的逻辑发展，其发展的质量和轨迹，在

① 柏杨．丑陋的中国人［M］．北京：人民文学出版社，2008.34.

② ［英］阿诺德·汤因比著，刘北成、郭小凌译．历史研究［M］．上海：上海世纪出版集团，2005.73.

很大程度上，反而取决于该种文明或社会受到了其他文明、地理环境等方面的强有力的挑战。因为这种外力挑战的存在，该种文明或社会必须做出自己的有生命力的应战。当然，这种应战或者成功，或者失败。如果失败，那么该种文明或社会就趋于灭亡。如果应战成功，该种文明或社会也可能陷入一种新的停滞时期，直到下一个新的挑战的出现，于是新一轮挑战与应战就重新开始。

挑战应战理论具有重要理论价值。其价值之一在于，该理论认为一个社会的发展不仅仅取决于自己的发展逻辑，更重要的是外界挑战的存在。外在的挑战是社会发展的重要刺激因素和构成部分，这一点实质上强调了社会开放性的重要性。如果没有足够的开放性，该社会没有受到具有一定水平的外部挑战，那么该社会就可能趋于发展停滞状态。价值之二在于，强调社会必须主动地不断寻找外在的挑战，只有这种持续的挑战的存在，社会才会在持续的应战中不断发展自己。因为一次挑战应战之后，社会同样可能趋于停滞，为了避免社会的发展停滞，社会需要积极主动寻找新的外在挑战。[①]价值之三在于，其理论实质上指出，一个社会的发展水平，不完全取决于自己的发展逻辑，更重要的是外在挑战的水平，也可以表述为："挑战越大，刺激越强。"[②]一个社会或民族的发展水平不简单取决于自己的努力，还取决于对手的水平，对手的高水平会直接刺激自己提升发展质量，这一点在体育运动中也是屡屡被印证的。

在人性领域，即使在面对春秋战国时期的分裂战乱局面，人性仍然是一个终极性的重要问题。因为一切社会冲突、战争本质上就是人性恶的体现。孔子在文化上做出了施仁政、仁者爱人的应战，这是人性善的假设，其目的在于劝诫统治者和普通民众张扬人性善。"道之以政，齐之以刑，民免而无耻；道之以德，齐之以礼，有耻且格。"[③]

但这种政治模式更多的是一种理想主义的政治哲学，事实上在这种战乱时期并无多大现实作用。春秋战国时期中国历史的一个基本经验就是面对人性恶，需要同样的人性恶的措施才可能抑制其恶的张扬，即以恶制恶。法家的基本思想与儒家思想差异很大。法家认为："明主之所道制其臣者，二柄而已矣。二柄者，刑德也。何谓刑德？曰：杀戮之谓刑，庆赏之谓德。为人臣者畏诛罚而利庆

---

①［英］阿诺德·汤因比著，刘北成、郭小凌译．历史研究［M］．上海：上海世纪出版集团，2005.113.

②［英］阿诺德·汤因比著，刘北成、郭小凌译．历史研究［M］．上海：上海世纪出版集团，2005.106.

③《论语·为政》．

赏，故人主自用其刑德，则群臣畏其威而归其利矣。”[①] 法家注重人性恶，强调刑罚对大臣和民众的控制，目的在于通过这种强硬措施，集中君主的权力，提升国家的组织能力和军事动员能力。法家一定程度上看，是无视人性善的，本质上是一种对人性的压制，虽然在短期内可能会提升国家的组织能力，但却是以牺牲社会个体的活力和个性为代价的。而任何一个国家都是由社会个体构成的，长期的活力和个性的丧失，必然带来国家的衰弱甚至崩溃。秦王朝的兴起和崩溃也正诠释了法家理论的优势和问题所在。

秦国采取法家学说，致力于武力一统六国，其法、术、势是典型的人性恶的假设。最终秦国通过武力一统天下，事实上也一定程度证明了人性恶的人性论的实践理性。其后则是不断地反复，秦国短暂统一之后被灭亡，汉朝初期采取道家无为而治，其后汉武帝开始独尊儒术，罢黜百家，至此儒家思想为代表的人性本善走上中国政治前台。但几乎每一个王朝都汲取了历史经验，虽然实际治国中所采取的有着诸多的法家思想，但在明面，都是采取的儒家学说。既注重儒家的道德教化，同时也注重保持法家的高压和组织能力，最终形成了一种中国封建王朝的独特的道德与政治哲学模式：外儒内法，又被称为阳儒阴法。

这种外儒内法的格局是中国社会传统中的一个事实存在，这本身就决定了中国社会人性假设的双面性：在明面，殿堂之上赞同人性本善；但在暗面，社会实际操作中所指向的是人性本恶。这也是中国社会面对历史挑战所实践的应战措施，其背后有着内在的历史智慧。这种人性的矛盾事实上也直接映射到德育中，所以中国德育范式的人性假设也是复杂和矛盾的。

二、中国社会中人性假设的矛盾与复杂性

中国社会中的人性假设是德育中人性假设的重要基础，社会中的人性假设往往会投射到德育中，形成一种事实上的被社会广泛认可的德育人性假设。

中国社会思想中的人性假设有着明显的矛盾性。孔子不以善恶论人性，“性相近也，习相远也”[②]。但我们需要注意的是，孔子的儒家思想强调仁爱精神，注重礼义，政治上追求仁政，张扬道德的力量，所以孔子在思想体系上有着性善论的特点。同时，一个非常重要的存在就是孔子所编撰的典籍内容，在道德纯净度上非常高，几乎没有道德低下者得利的故事，即使是道德问题事件或者道德问题人，都有着不良的后果和结局。这是一个非常鲜明的特点，与《圣经》《古

①《韩非子·二柄》.
②《论语·阳货》.

兰经》等典籍比较，孔子编撰的四书五经在道德维度都是非常纯净的。其背后其实也蕴含着孔子对于人性善的信任和信心。

孟子是著名的性善论者，荀子的人性假设是性恶论。荀子的人性事实上指的人的动物性本能，即自然本性，所以他认为人的道德和善都是后天学习的结果。我们需要注意的是荀子的这个倾向最终由法家发扬光大，通过严刑峻法，短时间内极大地集合了社会的力量，通过秦国而统一了中国。但成也萧何败也萧何，最终这种严刑峻法也葬送了秦国的万年帝国梦，最终在短时间内被灭亡之后，崛起了汉帝国。从这一历史教训我们可以深刻地理解一点，人性可能有其恶的一面，但如果仅仅强调人性恶的一面，可能将给社会带来更大的灾难。

儒家思想中的人性的两极，最终反倒说明了一个问题，人性可能有善的一面，也可能有恶的一面。如同西方社会中常说的一样，人性可能本身就是天使与魔鬼的结合体，有善也有恶。

中国社会中人性的复杂性还在于，儒家思想只是影响中国社会人性判断的显性哲学，而道家和佛教对中国社会的影响同样也极为深刻和隐秘。道家思维的辩证法加深了中国社会对人性的判断的复杂性。如果说在儒家思想中，人性善占据优势的话，那么在道家思想中，则有着明显的对此的回避，导致对于人性善恶的判断的模糊。因为道家本身就强调出世，强调对于人世的纷争的回避，这实际上也回避了对人性善恶的判断。[①]

更为复杂的则是佛教，佛教中的轮回思想无疑有着鼓励向善的一面，但另外我们还需要注意，佛教也有着明显的深刻的弃世的思想。佛教强调最终的境界是无善无恶、无我无欲的涅槃境界。本质上讲，佛教对于善恶的定位，认为善恶可能都只是人生中的一种苦谛。

道家与佛教这两种出世的哲学，对于中国社会的影响力都非常深刻，导致中国社会在儒家思想影响下有着积极向善的一面，但同时也有着明显的回避的原则。但总体上看，在社会明面的指导思想层面，虽然法家最终失败了，但中国的政治实际上的外儒内法的实践范式，这是对法家学说的一种肯定，中国社会中对于人性本恶的认定仍然有着相当的比例。所以中国社会存在一个人性判断的矛盾：在具体的行为中，对于人性本恶的假设非常明显，但在整体社会上，仍然有着明显的强调人性本善的假设。也许是源于对法家历史教训的深刻记忆，在显性层面，中国社会极少强调人性本恶的假设，但在实际的社会实践的暗面，人性本恶又被相当程度地接受或者采纳。

---

① 莫法有．试论中西哲学史上人性论之差异［J］．复旦学报（社会科学版），1996（1）：10–15.

第三节　中国德育的人性假设基础

中国教育有着自己的人性基本假设，但正如中国社会的整体一样，中国教育中的人性假设也有着明显的复杂性和矛盾性。

一、中国教育中的人性假设的复杂性

传统中国教育强调对学生的严格管教，相应的名言很多，如："不打不成器"，"黄金棍下出好人"，"严师出高徒"等，都是明显的例证。在中国传统教育中，强调教师对学生教育要严格，以抑制学生的可能的懒惰，此种假设可以明显看出中国教育中有着人性本恶的假设。

但我们还需要看出，中国传统教育中的人性善的假设，主要表现于儒家思想经典著作中，而这又是中国传统教育的最为主要的教育内容。"人之初，性本善。"[①]这实际上在教育过程中，潜在地给予了教师和学生以人性本善的教育信念。中国传统教育出现了一个很有趣的但却很矛盾的现象：在教育内容上，主要内容是人性本善；但在教育形式上和教育方法上，却主要采取的是人性本恶。为何中国在教育形式上会采取人性恶的假设，一种可能的逻辑是源于对于学生个体的自制力的不信任，所以中国教育最终采取了一种较为严格的教育方式。

事实上，性善论并非完全有利于教育。[②]从理论角度，性善论本身并不符合德育存在的逻辑。如果人性本善，善良和道德是人性本身就具有的，那就不需要德育的存在，而德育的存在，本身就说明了人性本善并不成立。同时，如果真的人性本善，那么人类社会中的人性恶的源头在何处？因为人性本善，就没有恶的来源，而恶在人类社会中的现实存在本身，也说明了人性善存在着基本逻辑问题。

近代以来的西方浪漫主义对中国德育的人性假设也有着相当影响。浪漫主义强调张扬人性，追求自由和激情，在其内在的人性假设上，是明显的人性本善。因为人性本善，所以才需要张扬人性。其张扬人性的实质性内在逻辑就是：人性都是好的。浪漫主义对西方近代教育影响极大，如卢梭的名言："出自造物主之手的都是好的，但一到了人的手里，就全变坏了。"[③]这种对原初人性的过度赞扬，一定程度上导致了教育中对人性恶的防线的坍塌。

---

①《三字经》.

② 班高杰．传统人性论与启蒙德育［M］．伦理学研究，2011（4）：37-41.

③［法］卢梭著，李平沤译．爱弥儿［M］．北京：商务印书馆，2014.6.

当代的中国教育也仍然在人性的矛盾性中不知所措。一方面对于现代西方教育思想的学习，导致中国教育中的一个基本共识就是：教育应该着眼于个体的自由发展。这明显的是建立在人性本善的假设上的。近代以来中国社会科技文化的落后，本身就让中国带着浪漫化的视角学习西方，导致西方教育科技文化有着先验性的真理色彩，再加上对中国传统教育的过度批判，最终导致了人性善的基本假设在中国教育理论层面和法律政策层面的强势存在。当然，这本身并非是德育中的人性领域中的真理。

但同时，中国教育现实实践中仍然强调对学生的管理，特别是在班级管理和学校工作中。中国当前的学校德育的一个很大问题可能就是：强调学生的权利和自由的同时，却没有一个相应的法律体系对学生可能的人性恶的行为加以控制和矫正。这直接导致了当前的学校教育中呈现出两种倾向：一种倾向是教师的放任自流，这也是一种在很多情况下甚至被迫选择放任自流，因为要强调学生的自由；但同时，在整个国家的教育管理上，还是同样强调学校对学生的严格管理，这又要求教师被迫严格管理学生。这两者的矛盾和压力都汇集到教师身上，导致中国的一线教师不知所措。

二、中国德育理论与德育实践中的人性假设矛盾

中国德育理论和中国德育实践中的人性假设有着明显的差异，这是研究中国德育理论体系必须要高度注意和重视的。现实德育的实践并非完全是德育理论的实施，两者有着明显的差异，甚至在很多地方呈现出相互矛盾和抵制的状况。

在中国德育理论研究中，目前极少有人性本恶的假设，所以在中国德育理论研究中，人性本善成为主流。强调学生个体的自由发展，强调学生自己建构自身的价值观体系，强调学校教育不能忽视和压制学生的个性，强调对学生的信任，强调学生本身的纯真等。这些理论倾向在中国当代德育研究中是主流，其中蕴含着强烈的人性本善的假设。

但在中国具体的学校德育实践中，却又呈现出另外一种状况。在学校德育实践中，更多的是强调防微杜渐，即强调对学生恶的倾向的抑制和对学生善的培养。“教育的人性论比较从主流文化和主流教育上讲，中国的教育观在本质上是建立在恶的人性假设基础之上的，即在教育者心目中受教育者是不大值得信任和尊重的。”① 所以中国学校教育中都强调教育管理，是教育与管理的结合，强调校纪班规，强调班级上课过程中的整理教学，强调班级内部的秩序、纪律等，

① 扈中平、刘朝晖．关于中西教育观的比较与思考［J］．教育评论，2002（1）：10–13.

这些倾向都有着明显的人性恶的基本假设。

这些教育行为倾向在学校教育中本无可厚非，学校也是一种组织和群体单位，要有必要的秩序和规范。同时中国学校教育主体上是大班制，一般班级人数都在50人左右，这种规模的班级教学，没有基本的纪律和规范是难以保持基本的教学秩序的。从另外一个角度上看，中国作为世界第一人口大国，人口众多的背后，是社会结构更趋复杂，矛盾更多，所以中国必须对社会个体进行必要的纪律教育。纪律教育是法治教育的坚实基石。学生在学校中的纪律教育是遵守校纪班规，未来到社会中则是遵守国家法律，两者的逻辑一致，在个体发展心理学上也是一致的社会规范内化，是个体发展中的必须的亲社会行为的培养。如果个体在学校中严重不遵守校纪班规，实际上是对社会规范的破坏，所实施的事实上是反社会行为，所指向的是反社会人格。

但因为教育中的浪漫主义，这些本无可厚非的行为却成为德育理论的对立面。所以中国德育实践往往被部分德育理论研究者批判为压制学生的个性，危及了学生的自由发展。而德育实践界则批判德育理论工作者玩弄理论名词，理论内容华而不实，缺乏在德育实践中的实践性和可操作性。

如果深入地看，我们才能发现德育理论和实践界在人性假设上面的重要差异。同时，分歧背后可能还有着实践界必须要面对学生恶的一面的现实问题。而在理论界则不一样，因为理论界与现实德育相距遥远，所以也感受不到学生的问题，而本能地趋向于强调学生的纯真。

这正如在春秋战国时代，儒家思想一味地强调仁政，是因为儒家思想大师大多不用直接面对政治实践中的冲突和矛盾。事实上，在那种战乱年代，任何仁政都不能完全解决实际问题，只能是一种政治和道德理想主义而已。所以中国德育最终呈现出德育理论界与德育实践界的重要分歧，一定程度上看，这种分歧的存在也是必然的，因为德育的理想主义终究只是理想主义，而纯现实主义倾向的德育研究也可能存在工具化的危险。

三、中国德育范式的基本人性假设

中国德育范式的基本人性假设是人性亦善亦恶。其内涵包括以下内容：其一，人性有向善的可能，这是中国德育致力于道德教化的人性基础；其二，人性有趋恶的一面，所以德育需要防范人性恶的滋长，辅以规范和训诫。

中国德育中的人性假设在德育实践中是人性亦善亦恶。所以具体来看，在中国德育实践中，一方面非常强调和注重教育发掘和发展学生的人性善，同时另外一方面也非常注意抑制可能的人性恶。在具体的学校德育实践中，学校一般都非常强调对学生的行为规范教育和道德伦理引导。

中国学校教育在德育领域主要是两个层面的工作：其一是学校教育中大都非常重视并倾注了大量人力物力的对学生的纪律规范教育；其二是在具体的教学中非常重视道德知识的传授。两者在中国学校教育中都非常重要。中国学校教育规模很大，班级大多是50人左右，很多中学甚至达到几千人的规模，这种大规模的学校教育没有纪律和规范是难以维持基本的教育教学秩序的。所以纪律和规范教育对中国学校教育来说，既是德育的重要内涵，也有着维护健康的教育教学秩序的工具性需要。道德知识传授在中国学校教育中并不局限于德育课程，中国学校教育的基本理念之一就是："时时德育，处处德育。"所以要求所有的学科教学，也要对学生进行适度的德育。最终，在中国学校教育层面，几乎一切事情都可以跟学生的德育相联系，而学生的几乎一切行为也都可以跟品德结合。这是一种学校教育中典型的泛道德主义，这一点也是中国学校德育的重要特色。

当然，中国德育中的人性恶并非完全强调学生人性一定会走向恶，而是潜藏着另外一个基本假设：人性有着向善的可能，但需要德育的时时浇灌和呵护。正因为人性有恶的可能，中国学校教育才如此重视德育。如果人性本善，学校德育也就没有如此重要了。最终因为人性亦善亦恶的假设，导致中国学校教育中德育泛化。相应的，中国社会也将德育作为学校教育的重要职能。

中国德育范式的人性亦善亦恶的人性假设有着积极意义和消极意义两方面的影响：

一方面，在积极意义层面，这种人性亦善亦恶的人性假设赋予了中国学校教育的尊贵地位。因为学校教育主要承担着对学生的全方位教育职能，培养着未来的社会个体，维持着社会必要的基本道德水平。这个职责不可谓不重要。所以在中国，教育从来都是社会的中心工作之一，古代中国有专门的学政机构和学政官员，今天中国的教育仍然受到国家政府的高度重视。

另外一方面，在消极意义层面，中国社会将保持社会道德水准的重任交付给学校，学校同时承担了巨大的道德责任。只要社会中出现严重的道德问题，或者学校中出现严重道德问题个案，中国社会中总是习惯于无限放大该道德问题，并追究学校教育的道德责任，以及其中的道德过错，最终导致学校教育不堪重负。

第四节　中国德育的人性假设对德育体系的影响

中国传统德育思想具有明显的理想主义色彩，但对于社会中绝大部分人来说，社会生活是现实的，社会理想终究只是社会理想。所以传统的性善论的德育思想很明显的一个缺陷就是缺少对于受教育者恶的倾向和可能的防御或防范。这样既不利于处理现实教育问题，也不利于儿童权利意识、防范意识、公民意识的培养。事实上学校也并不是想象中的天堂，学校中的暴力和社会中的青少年犯罪，都已经成为了一种严重的社会现实问题。学校德育不能采取鸵鸟战术，对此视而不见。

一、德育本身需要求善的同时求真

学校在一定程度上，需要给学生呈现一个真实的世界和社会情境。学校不只是要求善，同时还需要求真和求美，真善美的统一和协调才是学校教育的全貌，当然求善是德育的主要目标。[①] 因为还需要求真，所以学校教育需要呈现社会真实的一面。简而言之，学校德育不能将一个虚假的纯净的道德世界呈现给学生。学生需要理解的是真实的社会，即使它可能残酷，可能存在矛盾和冲突，但这些都是学生未来的社会生活所必须面对的。

中国人性的本质上是人性亦善亦恶，这种人性假设本身并无多大问题，但对德育的实践却存在很大的难度。因为中国社会的面子观点或者说维护名誉，中国社会并不愿意直接承认人性有着恶的一面，至少在教育层面不愿意承认。正如中国社会政治领域中一直只承认儒家思想而不愿意承认事实上的实践部分法家思想一样。

这导致中国德育范式在法律和政策层面上过度强调人性善的一面，而不愿意直面青少年学生中人性恶的存在。因为不愿意直面人性恶，所以中国德育很多时候实质上采取的是鸵鸟战术，不愿意面对校园暴力、青少年犯罪等负面问题。同时也不能充分赋予学校教育以强制力量，因为对于没有直接面对学生人性恶的一面的中国教师之外的其他社会成员来说，一谈到青少年的问题行为时，大多都只在心中说：这只不过是小孩子的一点点问题罢了，不值得郑重其事。但到了青少年问题行为严重时，又埋怨中国德育无力、没有实效、学校教育没有质量等等，最终导致中国学校德育无所适从。要改变这种局面，中国社会必须直面人性亦恶的一面。近年来中国社会强调学校要加强规范教育，事实上，规范教育本身就需要规范权力，没有规范权力，不可能进行有效的规范教育。所以从这个意义上看，德育需要面对人性的真实的一面，特别是德育相关的法律和政策，不可对青少年学生的人性过度浪漫化。

① 班高杰．传统人性论与启蒙德育［J］．伦理学研究，2011（4）：39-40.

二、人性亦善亦恶在德育中的现实性

当然，一定程度上看，中国德育这种人性亦善亦恶的人性基本假设确实符合人类社会的实际情况。亚里士多德在古希腊时代就指出："人类由于志趋善良而有所成就，就会成为最优良的动物，如果不讲礼法、违背正义，他就会堕落为最恶劣的动物。"[①]简而言之，人有人性的一面，也有兽性的一面。人性的一面是善的一面，兽性的一面则是恶的一面。因为追求社会理想，人类社会需要人性善的基本假设，因为这是人类对自己的信心所在。如果人类完全采取人性本恶，那么这种恶的认定会严重导致社会危机。人性恶的认定结果将是社会的过度规范性，导致人类失去了极为珍视的自由，这不是人类自己能够忍受的。所以人性善是必须坚持的，也是人类社会的人性假设基础的重要构成部分。

同时，人类不能沉溺于鸵鸟战术，不能对人类社会中恶的一面选择性无视。人类社会的发展历史中，有着压迫、贪腐、战争、掠夺、屠杀等等人性恶的表现，西方有谚语：绝对的权力等于绝对的腐败。为什么腐败，因为绝对的权力。为什么权力能够带来腐败，其背后的逻辑就是人性本恶，所以需要监督和权力制约。霍布斯也认为，在人类的天性中，有三种造成争斗的主要原因：其一是竞争，其二是猜忌，其三是荣誉。[②]因为人类社会对人性恶的认识，所以必须防范恶的滋生，这一点本身也是德育存在的逻辑。

人性先天恶还是后天恶，对德育的影响的差异并不大，只要人性存在恶，那么德育就需要抑恶。从伦理学角度上看，人类个体之间的差异是必然存在的，而个体之间的差异，换句话说就必然存在聪明与愚笨、美与丑、勇敢与懦弱、节制与贪婪等差异，最终体现为个体在社会中的地位、形象、权力、能力、财富等的不平等。这种不平等是必然存在的，也终将在人类社会中一直存在。这种差异对个体的心理必然存在影响，嫉妒、仇恨等人性的弱点自然会产生。人类的历史，既是一部道德的历史，也是一部人性弱点的历史。而更麻烦的是，人性的弱点还存在强大的传染性。所以德育所承载的，是扬善，还有必需的抑恶。只有正视人性的弱点，理解人性恶的一面，德育才能回归社会的真实，而不是采取鸵鸟的逃避战术。

对中国德育来说，这是一个德育实践上必须面对的矛盾。所以学校德育需要艺术和智慧，平衡德育中的问题。一方面需要充满对人性善的信心，力求张

---

①［古希腊］亚里士多德著，吴寿彭译．政治学［M］．北京：商务印书馆，1965.9.

②［英］霍布斯著，黎思复、黎廷弼译．利维坦［M］．北京：商务印书馆，1985.94.

扬学生个体的人性善的一面。另外一方面需要理解和认识人性有恶的可能，所以能够防范学生人性恶的滋生。两者都同等重要，共同服务于道德的社会个体的培养。过度规范的德育，在实践中确实不利于培养学生个体的自信和勇气，并可能形成对学生个体的自由空间的压制。而过度自由的德育，则同样面临严重问题，在自由的旗帜下，张扬的既有人性善，也有人性恶。中国德育范式需要在自由和规范之间找到一个平衡点，在必要规范的基础上，鼓励自由，既确保必要的规范教育，同时也张扬人性的善。这是中国德育范式的历史智慧，也是现实的理性选择。

德育的基本路径是指一定社会中德育影响下个体道德发展的基本趋势和发展路径。具体而言，德育的基本路径是建立在该社会的道德价值观体系基础之上，并得到社会结构和社会文化支持，最终在学校德育中作为一种独立的和明显的个体德育的发展次序、基本程序和基本发展规划。对德育基本路径的研究，是分析学校德育背后的社会对德育基本假设的集体共识和规划，也是德育过程研究最为重要的构成部分之一。

不同的社会大都有不同的德育发展路径。中国社会的德育路径因为与其社会假设联系紧密，呈现出一种明显的由个体生活向社会性的延伸。而近代西方社会因为其明显的自由主义和个人主义的倾向，在个体德育的发展路径上，有着鲜明的自由发展的倾向。

第一节　中国德育的个体发展路径设置

“德育是教育者将一定社会所推崇的品德规范与要求转化为受教育者个体的品德的一种教育。”[①] 中国德育因为其背后的社会本位文化、社群取向的道德哲学、伦理价值观的集体主义倾向，最终个体德育的发展路径有着明显的中国特色，在具体的个体道德发展规划上明显有别于欧美的自由主义道德发展路径。

一、感性、知性和悟性的中国德育的个体发展路径设置

中国德育的个体发展路径主要如下：在个体的道德认知发展上，呈现出感性、知性和悟性的三阶段发展模

① 冯文全．多学科视角下对德育本质的反思［J］．教育研究．2005（10）：11–17.

式。开始阶段强调德育的外在传授和浸染，注重道德楷模和道德形象对学生个体的影响，这是一种感性德育的阶段。在之后则重视德育知识体系的传授、道德规范的内化，这是一种知性德育的阶段。最终达到道德上的反省和慎独的高级阶段，这一阶段重视学生个体对社会道德哲学的悟性，这是一种悟性德育的阶段。在个体的价值观体系建构上，中国德育先强调个体层面上的道德价值观体系的构建，在此基础上，逐步扩展到社会和国家，最终实现个体的社会性道德价值观的构建和实践。

感性、知性和悟性三阶段是中国德育范式的个体道德发展路径。在中国德育中，个体首先是接受感性德育，理解亲情、友爱、友谊等基本道德情感。之后则是学校德育的主体——知性德育，接受道德伦理的系统教育，掌握社会中的主流的核心价值观体系。最后是德育的个体发展差异化阶段——悟性道德层次，个体凭借自身的道德智慧和个人天赋，在现实社会中运用道德智慧和伦理体悟，处理现实社会道德关系。

感性本指个体凭借感官认知世界的能力，同时还与个人的感情密切相关。在康德的《纯粹理性批判》一书中，康德认为感性是指通过我们被对象所刺激的方式来获得表象的这种能力（接受能力）。[①]整体上看，感性强调直观，注重感情，很多时候与人类的理性相对应。具体在德育中，感性指注重对个体进行道德感知、体会善恶、明白美丑。这种道德感知是一种对道德伦理的初步体会，也是社会个体建立道德感的重要前提性步骤。感性道德是道德体验阶段，对个体感性道德的培养需要注重道德环境的建构。社会个体最初在家庭教育中，所接受的主要是一种感性道德，依托于亲情、感情而进行，在此过程中，儿童初步理解了喜欢、爱、亲疏、关心等相关感性道德概念。

知性一词，原本是德国古典哲学中经常使用的概念。在人类最早提出“知性”概念的是古希腊哲学家柏拉图。柏拉图的知识体系中，知识分为想象、常识、科学和数学知识、哲学四种，这四种知识分别对应想象、信念、知性和理性四种心理状态或认识能力。其后亚里士多德则把知性称为“被动理性”。亚里士多德将认识分为感性、被动理性、主动理性。在康德眼中，知性是介于感性和理性之间的一种个体认知能力。整体上看，知性道德是中国学校德育的主体，注重通过系统道德伦理知识讲解，让个体理解道德规则、规范和具体的构成体系，

---

①［德］康德著，蓝公武译．纯粹理性批判［M］．北京：商务印书馆，2003.49.

并从知识上掌握基本的道德判断标准和价值体系。这是道德认知阶段，也是道德的理性发展阶段，注重学生的道德理性的建构。

我国德育学者高德胜对知性德育研究有特殊贡献。他认为知性德育就是知识德育、思维德育和知化的德育。他研究指出知性德育有其优势所在，但在消极方面，主要是割裂了教育与德育的完整一体性，割裂了德性的内容结构与形式结构，割裂了认知和情感、知德与行德，进而割裂了生活的紧密关系。所以，知性德育可能导致德育走向抽象和虚假的困境。[①]

但必须承认的是，个体的德育必须建立在知性德育的基础上，如果没有道德知识体系的基本学习，社会个体是很难建构起道德感的。虽然道德知识体系的学习并不是德育的全部，因为道德知识的学习不一定能够将这种道德知识转化为个体的品德与修养。但没有道德知识，力图建构优秀的品德和修养更是不现实的。知性德育至少让社会个体实现了对道德规范的基本掌握，即使社会个体没有能够实现对道德知识的充分内化，但这种对道德的认识教育本身也是成功的。道德如果仅停留在感性阶段，是很难理解具体社会生活中道德的复杂性和多元性的，同时完全依靠感性积累道德经验，速度过于缓慢，对于学校德育来说，效率过低。当然，知性德育本身就是学校德育的主体，学校德育要实现德育的效率化和德育面的扩展，只能选择知性德育。即使是知识德育可能存在对个体的道德认识有着拔高的一面，因为社会个体的道德经验可能还不能支撑道德知识体系，但这种知性德育能够给社会个体带来良好的对道德的理解和控制感，至少在认识上能够赋予社会个体理解善恶、美丑的能力。

悟性指个体对事物的洞察力，悟性是一种超常的直觉。在康德看来，悟性既具有“与判断中所有种种表象以统一”之机能，也有“与直观中所有种种表象之综合以统一”之机能。[②]简而言之，悟性既与理性相关，也与感性相关。人的悟性是不一样的，既有先天因素，也有后天因素，但具有高度悟性的人才可能成为才能卓越之人。没悟性的学习大多是复制型学习或者机械性学习。一人一悟性，悟性是具有智慧的洞察力，并不是人人皆有的，也不是通过努力就能够实现的，悟性是建立在必要的天赋基础上的。悟性是一种智慧的体现，道德也是需要道德智慧的。从这个角度上看，并非人人皆能成圣贤。

悟性可分为顿悟和渐悟。顿悟指的是社会个体在一瞬间突然明白或者产生

---

① 高德胜．知性德育及其超越［M］．北京：教育科学出版社，2003.104.
② ［德］康德著，蓝公武译．纯粹理性批判［M］．北京：商务印书馆，2003.88.

了一种智慧性的认识，虽然这种认识可能是在长期的潜在准备下实现的，但这种认识的产生是一瞬间，所以这种悟性叫做顿悟。渐悟指的是社会个体在长期的准备或者学习中，逐渐理解或者明白了一种认识，这种认识不是一瞬间，而是长期的逐步演变，所以叫做渐悟。渐悟和顿悟在生活中都是常态存在，两者之间并无高下之分。

悟性德育则是中国德育的高阶，强调通过个体的道德领悟，实现对社会道德伦理的系统掌握，并能够身体力行，是修身、修性和修心的结合。悟性道德是道德信仰的阶段，注重道德智慧的生成。因为人类道德本身的演变也是一个发展的过程，在发展中同样需要有道德智慧的有悟性的人推动道德的发展，道德才不至于陷入僵化和停滞之中。人类社会中的道德本身既繁多又复杂，任何知性的德育都不可能提供给个体充分的道德智慧，在现实社会中如何科学和正确地维护和协调社会道德关系，必须有道德悟性所带来的道德智慧。简而言之，知性的道德最终必须升华到悟性的道德层次。虽然悟性有高低，但社会个体基本都拥有一定的悟性，只是速度、层次和智慧的差异。但因为个体本身的天赋差异，在道德领域必然存在发展层次的差距，所以现实中就有着迂腐、固执、睿智和大智等不同的道德悟性层次。

在个体的道德认知发展上，中国学校在德育过程中非常重视德育知识的传授和浸染，所以很多中国德育研究者认为中国德育是一种强调外在灌输的德育范式，认为中国德育范式视学生为客体，严重不尊重学生德育中的主体地位。这实际上是一种误解，这种情况主要是发生在中国德育的基础阶段，即知性德育阶段。在这一阶段，道德的外在灌输本身就是不可避免的，几乎在任何一种德育范式中都是如此。西方自 20 世纪 80 年代以来，开始重新探讨传统道德教育，新保守主义和社群主义开始兴起，就是一贯反对灌输的科尔伯格，最后也承认道德灌输是不可避免的。[①] 中国德育是注重在知性德育的基础上，强调德育中的反省和慎独。反省是所有德育范式普遍具有的德育途径，但慎独则是中国德育中特有的并极为强调的一种道德境界，甚至很多研究者认为这是中国德育的个体道德的最高境界。事实上慎独主要是一种自我约束式的道德自我控制，从德育角度上看，是一种德育的高阶段，从社会化的角度看，也可算是个体社会化的一种理想状态。但慎独是否为个体道德的最高境界，还值得商榷。

① 郑福兴．现代性视角下的美国新品格教育［M］．北京：人民出版社，2006. 8.

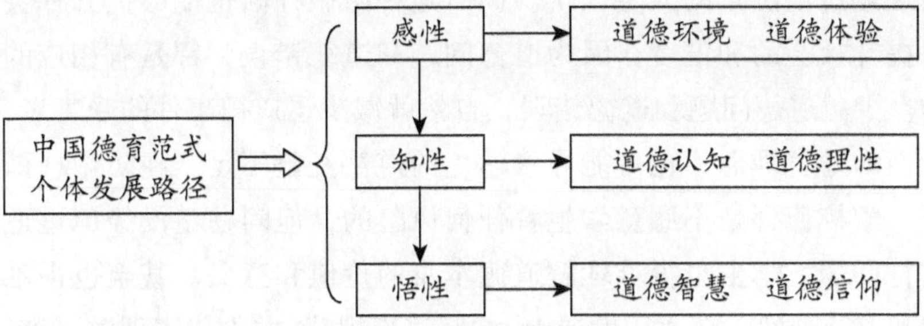

表 5.1　中国德育范式个体发展路径

二、个体路径的社会支撑

在中国德育中的具体个体德育环境上，因为与中国文化传统深刻相关，强调道德标准的变化性，这一点是中国德育研究必须重视的。中国德育对个体的道德假设并不是恒定的，而是根据个体的处境而变化的。如中国传统上强调“穷则独善其身，达则兼济天下”[①]，这就是一个典型的价值取向的差异。如果个体在人生中处于成功的境界，那么他应该将个体的力量奉献给社会，为社会建功立业，致力于构建一个和谐的、幸福的社会。而如果个体处于一个穷困的境遇，那么他需要坚强和坚守，学会保持自己的道德底线和道德理想。

同时，在中国儒家思想、道家思想和佛教的多种文化传统的背景下，社会个体在个人发展中也大多采取此种范式。在进取中则采取儒家思想的治国平天下的价值观，而在失败和挫折后则采取道家和佛教的退隐、修身修心的举措，回归内向的道德价值观。中国的这一道德路径范式，至少警醒了我们在德育中最为重要的道德价值观体系上，即使价值观体系是相对固定的，但最终呈现在社会个体身上时，其内在构成和外在表现也是有变化的可能的。一定程度上看，道德需要有一定的弹性空间。

而在德育的过程理念上，中国德育范式非常强调德育中的防微杜渐，这一点也与西方国家的自由主义德育形成鲜明的对比。中国德育的核心理念是防微杜渐，强调在德育中，要提前预判社会个体可能出现的道德问题，或者可能的道德歧路，然后对症下药，对社会个体采取相应的德育，在社会个体的道德发展上打预防针，以减少或者防止社会个体犯道德错误或者出现道德危机。

当然，防微杜渐的德育理念的优势非常明显，能够有效减少社会个体的道德问题，少犯道德错误，让学生在成长的过程中，少付出人生代价，特别

---

①《孟子·尽心上》.

是尽量规避过度沉重的人生代价。同时这种防微杜渐也能够提升社会的建设质量，提升社会的和谐度，因为道德问题和道德错误，都是有相应的社会受害者的。少犯道德问题和道德错误，自然就减少了道德事件的受害者。当然，防微杜渐的德育理念，也可能导致学生的道德经验不足。在防微杜渐的德育理念下，学校德育是不愿意学生冒任何风险的，但问题是没经历过道德挫败或者道德问题，学生也很难理解道德本身的价值和意义，甚至也很难建立道德智慧和道德理性。在道德发展上，知晓道德规范，并不代表理解了道德哲学，更不代表道德的内化。一定程度上看，这种防微杜渐的德育，也是一种温室中的德育模式，个体能否在未来的个人生活中，有效掌握道德智慧和道德理性，那仍然是一个问题。

同时，还需要看出，防微杜渐的德育理念下的学校德育是以部分地减少个体的自由为代价，最终换来社会个体的安全成长。虽然安全，但学生没有多少试错的机会和经验。但必须承认，这种防微杜渐德育理念下的社会更为和谐，更为安全和规范，虽然个体的自由度相对不是很高。比较来看，美国学校德育的核心理念是个体的自由发展。这种自由发展的优势在于个体具有丰富的道德实践经验，拥有较多的道德试错机会，其问题就是个体可能导致的道德问题较多，容易付出较多道德和人生代价。杜威就曾批评卢梭所主张的关于个性的浪漫主义教条，是“感情用事地把儿童的不成熟加以理想化，非理性地否认成年人的知识和成熟的经验具有的较高的价值；刻意否认社会组织所体现的目的和工具的价值。”① 在美国，“‘关爱我们的儿童’官方网站数据显示，美国每年有超过 300 万的儿童遭受暴力侵害，实际数字比这还多 3 倍；大约有 180 万的儿童遭到绑架；有近 60 万的儿童住在福利院。每天有 25% 的儿童受到欺凌，43% 的少年、97% 的中学生受到网络欺凌。90% 的同性恋、双性恋以及变性学生在学校经历过骚扰，约有 16 万学生因为害怕被欺负每天都待在家中。”② 所以在美国社会中，美国德育给予个体充分的自由，但自由的代价由整个社会承担。从中国德育角度看美国德育，美国德育是对学生个体的健康发展严重不负责任。而从美国德育审视中国德育，中国德育本身就违背了自由原则，所以中国德育本身就不道德。③

---

① 杜祖贻．杜威论教育与民主主义［M］．北京：人民教育出版社，2003. 25.

② 中华人民共和国国务院新闻办公室．2010 年美国的人权纪录［EB/OL］．（2011-04-10）［2011-04-12］http://www.gov.cn/jrzg/2011-04/10/content_1841245.htm.

③ 冉亚辉等．防微杜渐与自由发展两种德育模式的对立——中美学校道德教育比较研究［J］．外国教育研究，2007（11）：49-53.

具体而言，中国德育中的防微杜渐的逻辑如下：在个体的道德发展上，中国学校德育是建立在一种预防的视角，仔细分析个体可能出现的道德问题，而预先将相应的道德价值观和道德方法传授给学生个体，以希望避免个体发展中的问题，减少个体可能出现的危机，最终实现个体在道德上的健康发展。这种防微杜渐的德育理念，也是与中国社会的和谐、秩序和安全的社会主体价值观相协调的。

第二节　中国德育内容发展设置

在每一种德育模式中，德育内容在德育过程中会呈现出明显的规律，这种规律既是德育理念的直接呈现，也是该社会对德育的定位的现实表现。如果说个体发展路径是对个体道德发展的一种假设，那么德育内容设置则是对个体道德发展路径的一种结构性支撑。

一、道德到政治、生活到社会的中国德育内容发展设置

在具体的德育内容的设置路径上，中国德育呈现出两个明显的规律：其一是从道德到政治，其二是从生活到社会。从道德到政治指的是中国德育中，学生个体首先更多的学习内容是道德知识和道德规训，之后是政治知识和政治教育，以及学校教育中的政治教育活动。从生活到社会则是指在中国德育中，学生所学习的开始阶段主要是学生生活规范以及生活中的基本道德规范和道德认识，之后则逐步扩展到学生的社会知识和社会道德规范，并安排相应的社会道德实践活动。所以从这个角度上看，中国德育在个体的德育上，强调学校德育与个体本身的生活发展和具体社会环境扩展相匹配，在不同的学生发展阶段分别有着不同的道德理解和道德实践要求。

中国德育中德育内容的安排规律，体现了中国社会对个体的道德发展路径的基本假设。这一假设既是中国德育范式的设定规律，也体现了中国德育对个体道德发展路径的预判。从道德到政治是中国德育内容安排的第一个明显规律。在法治教育课程全面进入德育课程之前，小学阶段德育课程是《品德与生活》《品德与社会》，体现的主要是道德规范的学习。初中阶段是《思想品德》，高中阶段是《思想政治》，大学阶段则是《马克思主义基本原理》《毛泽东思想、邓小平理论和“三个代表”重要思想概论》《中国近现代史纲要》《思想道德修养与法律基础》《形势与政策》等课程。

从生活到社会则是中国德育内容安排的第二个明显规律，这体现了中国德

育范式对个体道德思维发展的基本假设。小学阶段充分体现了这一规律。小学低段的德育课程是《品德与生活》，主要讲授个人生活、家庭生活、班级生活中的基本规范和要求。而小学中高段的德育课程则是《品德与社会》，德育内容逐步过渡到对社会、国家的认识。初中、高中、大学的德育内容，也基本扩展到社会、国家与世界层面。这种安排一方面是青少年道德认知发展的规律，同时也体现了中国传统德育的个体、家、国、天下的道德发展逻辑。

在个体的价值观体系建构上，中国德育首先是强调个体层面的价值观体系的构建，如传统意义上的仁、义、礼、智、信，主要都是指向个体的行为的。如果个体仅仅停留在个体道德价值观的层面，在中国德育中仍然是处于较为低级的道德层次。中国德育中非常强调的是社会性价值观的构建，如平等、和谐、正义等。如果个体能够实现个体层面价值观体系和社会性价值观体系的共同构建，在中国德育中才算实现了德育的目标。

当前，法治教育全面进入学校德育课程，小学和初中阶段的德育课程名称均改为《道德与法治》，高中与大学阶段暂时保持原课程名称。同时法治教育的一个基本共识就是：小学讲法治故事，中学讲法律规范，大学讲法学观点。这也体现了中国德育的个体发展的路径设置：感性、知性和悟性。小学讲法治故事是给予学生法治感性认识，中学讲法律规范是给予学生法治的知识体系教育，大学讲法学观点，这是在法律哲学、法律理念、法律信仰等维度提升学生的法治悟性。

二、个体发展路径与德育的社会假设

中国德育个体发展路径的设置与社会假设紧密相关，社会假设是个体道德发展路径设置和发展的重要社会性基础。中国德育实践中的人性假设是人性亦善亦恶，而重点是防范恶，所以在学校德育中最初对于个体德育强调外在的传授和学习。而在德育理论中，又有着明显的人性本善的倾向，所以中国德育又非常强调个体的道德反省。也可以这样理解，中国德育是强调德育需要在一定道德认识的基础上的自由发展，也即在个体还不具备基本的道德认识的基础上，需要强调道德学习和道德认知，在此基础上，可以适当加入个体自由度的扩大，最终实现道德反省和道德上的慎独。

而在社会层面，个体的发展路径也与社会假设紧密相关。因为中国是一个社群主义社会，所以在中国的社会假设上，纯粹个体是没有多大道德意义的，个体的道德水平需要由其社会关系来决定。个体如果局限于自身发展的层面，仍然不能认定为道德的高级层次，道德最终必须与社会的发展需要相联系。中国传统意义上个体的最终道德高阶在于治国平天下，用今天的术语来讲，也就是社会和谐以及世界和平。即使在今天来看，这种理想仍然是极为伟大的，用这点作为德育的最高境界，仍然具有明显的真理性。如果不把这个道德理想视为对个体个性的压制的话，那么这个道德理想对于人类社会和平发展来说，是必要的道德层面的保障，而对于个体发展来说，也是很重要的道德动力。

在中国，德育的社会假设实质上决定了个体发展路径的特点，那就是强调一定程度的确定性和规范性。中国社会强调道德立国，在古代传统社会，对于社会整体发展来说，最重要的是社会道德水平的保持，所以儒家道德伦理对于普通民众和政治治理都具有特殊意义。一定程度上说，道德既是普通民众对生活中的善的体悟，也是政治合法性的核心来源。“既然国家的治理主要靠的是道德榜样而不是法律，那么，对于官吏来说，最适合他们需要的就是儒家思想的道德学说。”[①]同时，为了促进社会道德水平的保持和提高，社会需要对年青一代保持一定程度上的道德伦理控制。“伦理控制成为社会控制的关键要素，这客观上促成了政治威权与教化威权的合一，为规训的教化提供社会政治权力的合法性支持。”[②]对中国社会来说，法律对于社会秩序来说是必需的，但道德才是社会的基石。中国社会并没有因为社会法律意识淡薄而导致无政府状态，其重要原因就在于儒学将整个社会牢固地连在一起。儒学在中国社会中的地位，相当于法律和宗教在西方共同所占的地位。[③]

当然，从比较的视角，我们也能发现，伦理学的基本假设对道德路径影响极大。[④]所以，直到今天，中国德育仍然极为强调修身养性，特别对于中国的社会精英来说，这是一个道德境界的基本标志。但对于西方来说，他们仍然强调德育中的理性主义，在伦理学和德育中强调反思、批判、思维训练。不过从另外一个角度看，道德伦理本身就不一定是理性的，如西方道德的主要来源，上帝基督肯定不是理性的产物，而《圣经》中的道德故事，也有很多禁不起理性的思考和讨论。所以，一定程度上说，道德、伦理、信仰等并非是理性主义的产物，也并非完全能通过理性获得。

---

①［美］约瑟夫·列文森著，郑大华等译．儒教中国及其现代命运［M］．桂林：广西师范大学出版社，2009. 34．

②刘铁芳．从规训到引导：试论传统道德教化过程的现代性转向［J］．湖南师范大学教育科学学报 .2003（11）：8-14.

③［美］费正清等著，陈仲丹等译．中国：传统与变革［M］．南京：江苏人民出版社，1992. 16．

④罗金远、余卫东．试论中西伦理学的不同路径［J］．湖北大学学报（哲学社会科学版），2007（2）：6-9.

第三节 中国德育范式的基本路径

中国德育范式的基本路径指的是中国德育中针对个体道德发展的基本路径设置。这一点与中国德育的基本假设非常相似，是德育假设在德育实践中的投射和反映。

一、中国德育范式的基本路径

中国德育范式的基本路径是德育学习，学习道德而内化道德，实践道德行为而成为道德个体。

具体来看，中国德育范式的基本路径主要是一种外向的德育学习，这种学习注重德育知识的体系化和结构化，在这种学习中，社会个体逐渐将外在的道德知识体系转化为自身的道德修养体系，即道德内化。最终，社会个体通过德育学习，理解和掌握道德伦理的基本体系和哲学，并通过自身的道德实践，在社会生活中实践道德行为，通过内在的道德修养和外在的道德实践行为，形成个体的德性，成为道德的个体。

按照这种德育的基本路径，在学校德育中，个体的最初阶段主要是道德知识学习，主要学习个体层面的道德规范与社会性的道德价值观体系，并从个体的生活逐步推移到社会、国家、世界等层次。这种学习既是由浅入深，也是由内到外。个体在最初德育学习中可能较为缺少自主性，之后则逐步强调个体的道德实践、道德反思和反省。

在今天的中国德育实践中，理论上非常提倡德育中的社会实践，但在现实学校德育中，德育实践做得并不理想。其原因主要是社会实践非常困难，一方面学校的安全压力巨大，另外一方面学生的学业成绩压力也同样巨大。但对于德育中的社会实践的必要性的认识，整个社会基本形成了共识。在未来的发展中或许在此方面会有所突破，但同样也不能过度乐观。因为社会实践并不是德育的万能药，过多的社会实践，见识了社会中的丑恶现象之后，学生在道德发展上的表现也可能更为世俗和沉沦。

二、中国德育范式的基本路径的理论构成

中国德育范式的基本路径的理论基点主要由以下构成：

首先，个体的道德学习由内到外逐步扩展。对具体个体而言，中国道德强调外修其身，内修其心。首先是注重自我的修养，这也是正人先正己的儒家思想的基本逻辑。这种由内到外，首先是一种修身养性，既包括品德层面，也包

括思想层面。在个人层面，中国人还强调慎独，时时处处地控制自己的欲望和不当想法，最终实现兼善天下的道德境界和处世态度。同时，这种由内及外的德育路径也是中国人的伦理秩序，也即个体是通过对个体道德的理解，来实现对家庭、社会、国家、世界的认识。如果没有个体层面的道德理解，后面的系列自然也不能实现。

其次，个体的道德价值观在个体、家庭、单位、社会、国家、世界层面基本趋于一致。这个观点是认为个体道德与家庭道德、单位道德、社会道德、国家道德、世界道德基本一致，个体如果能够实现修身，也就能够实现齐家、治国、平天下。而如果一个人不能修身，自然也就没有齐家、治国、平天下的能力和道德了。所以中国社会天然地高要求社会精英的道德水平，古代对官员和皇帝，今天对党员干部都是如此要求。普通人的道德问题还可以视为私人问题，但精英人物特别是政治人物是不允许有个体的道德瑕疵的。近年来中国共产党各级纪委高度重视和处理官员婚外恋行为、包养情人等严重问题，其背后的逻辑也是如此。在德育基本路径中，通过个体道德的修养，理解齐家、治国、平天下的道理，这是中国社会的历史智慧，在未来，这个道德路径也几乎不会发生重大变化。

再次，个体的道德价值观的获得主要是学习的结果，学习包括社会环境在内。这一点与亚里士多德的观点相近，“我们通过做公正的事成为公正的人，通过节制成为节制的人，通过做事勇敢成为勇敢的人。”[①] 在中国社会中，个体的道德价值观路径的推进力主要是学习，这种学习既包括自己的主动学习，教师和长辈的道德教化，还包括环境的潜移默化。中国人既强调跟好人学好人，近朱者赤近墨者黑，同时也一定程度上尊敬出淤泥而不染的品质。但对于青少年来说，大多数人都强调环境的重要性，所以中国古代有孟母三迁的故事，以此警示家庭环境和社会环境的重要性。

从现代学习理论角度上看，中国德育路径在起初阶段主要是一种行为主义学习路径，认为道德伦理规范本身是一种外在的存在，这种外在存在要内化为个体的道德素养，需要外在示范型学习。个体正是在这种模仿和理解中，通过内化最终形成自己的道德素养。因为是行为主义学习倾向，所以中国德育在过程上存在直观、模范、系统和强制等要求和特点。直观是要求德育需要具体化、形象化，所以中国德育注重讲故事，力图用直观的形象吸引人和

---

① [古希腊] 亚里士多德著，廖申白译 . 尼克马可伦理学 [M] . 北京：商务印书馆，2009.36.

感动人。模范则是指要把抽象的道德演变成生活中的典范，以供学生学习，即亲力亲为。这也是中国社会极为强调教师的品德的原因，要求教师学高为师、身正为范。系统指的中国社会把认可的德育内容，不管时间早晚、范围远近、内容宽窄，都会系统地讲述给学生，其逻辑是认为即使现在学生不能理解，但迟早会理解的。虽然中国德育很多时候显得德育内容过度艰深，但确实在道德认知上实现了学生个体的发展。简而言之，这种道德学习虽然不一定能够让学生内化为固定的道德素养，但确实能够让学生的道德认知水平得到提升。虽然看上去有点揠苗助长的感觉，但中国社会的道德认知水平主要是由此逻辑铸就的。

当然，需要注意的是，中国德育在高级阶段，特别是在悟性阶段，则是一种偏向于建构主义学习的德育范式。在这种道德发展高阶，个体是自我建构对道德的认识和理解，并深入理解个人与社会的关系，最终形成一种个体特色的道德智慧体系与道德体悟能力，达到道德的高阶。达到这一高阶层次的社会个体的比例不会是高比例的，也不能奢望所有个体都能实现达到这种道德高阶。所以中国德育整体还是必须以道德认知学习为主体，这是一种现实的符合实践理性的选择。

最后，个体的道德价值观的成熟可以直观由道德的范围层次表述。也即，要评价一个人的道德水平，可以由其到达的道德层次来表述其高度。其背后的逻辑是，一个人如果还不能齐家，自然就不具备管理地方和国家的道德和能力。如果一个人修身优秀、家庭和睦，这个人的道德层次才可能到达服务社会的道德水平。所以中国社会流传有很多的道德俗语。在学术界，常说的一句话就是“品德有多高，学问就有多高”。在政界，常说的一句话就是“做官先做人”。这些背后的逻辑都基本相同，评价个体到达的道德水平由其道德范围层次决定。这种逻辑虽然在现实中经常遇到反例，如在历史上部分位居高层的官员品德低下，但这种社会舆论要求仍然对中国任何一个政治管理者都具有重要的道德压力。这种道德压力即中国社会中道德力量的一种现实体现，本身也是中国社会自我道德净化和道德发展的重要保障机制。同时也能够让青少年在成长过程中时时修身养性，提升自己的道德水平，因为想成为社会精英，必须先修其身。

第四节　基本路径的德育假设和教育理论

一方面，基本路径的德育假设仍然有着明显的中国社群倾向的社会哲学的整体思维。另外一方面，德育背后的教育理论实际上给予了中国德育发展变化的支持，因为中国的教育理论主要来源于对他国教育理论的学习。中国当代教育理论中有着苏联、美国、英国、德国、日本等多个国家教育理论的因素，所以在发展中，对于德育范式来说，多维度的理论视角对中国德育中传统意义上的偏向于被动接受的个体理论假设来说，有着明显的改变的趋势。

一、德育范式基本路径中的层次性

德育既受教育理论的影响，也受文化传统和政治哲学的影响，所以中国德育的基本路径中呈现出明显的个体由个体自身向群体、社会、世界的发展方向。在个体价值观体系中，也强调由个体到群体的思维转变。同时我们还可以明显看出中国社会中的修身、齐家、治国、平天下在德育路径中的投射的重要影子。在中国，完善自己还必须完善他人。冯友兰精辟地指出："一个人如果力求完善自己，他就会看到，为此也必须同时完善他人。一个人如果不关心别人的完善，自己便不可能完善。这是因为，人要充分发展自己的天性，必须充分发展他的人际关系，也就是在社会之中。这就回到了孔子、孟子的传统，人要完善自己，必须实现忠恕、仁义，这就包含了帮助别人。"①

中国德育范式基本路径的背后还有着马克思主义的解放伦理与传统儒家伦理的衔接。本身个体的德育并不一定要扩大为社会和国家等层面，但中国德育要求高度重视培养学生个体的思想和政治素养，在德育实践中的具体内容就是爱国主义、社会主义等。这种德育路径表面上看有可能部分脱离学生的生活世界，但其背后的逻辑是：中国人在任何时代都要求有天下眼光。这种天下眼光不是对他国和世界的政治征服，而是"天下兴亡匹夫有责"的逻辑。因为天下是所有人的天下，关系到每一个人，所以社会个体都应该具有天下兴亡的历史观和现实关注。所以在这个层面，所有中国人都是政治人，都对政治有着重要的责任意识。

与西方后现代主义注重个体自身感受的逻辑差异很大，中国人把社会相关人都视为休戚与共，在生活中主要是一种分子的方式存在，其联系依赖于各种关系，如亲戚、朋友、同学、同乡、同师门等等。这种关系并不是贬义词，因为中国人需要借助这些关系去理解社会，同时承担相应的责任，社会个体的道德品质正是由这些关系所体现的。而西方个体则更愿意以一种原子化的方式存

---

① 冯友兰著，赵复三译．中国哲学简史［M］．北京：新世界出版社，2004.154.

在，认为社会政治与己无关在西方是一种可以被接受的正常状态，但在中国，则可能被视为难以理喻，并且是不合格的社会成员，因为不具有爱国主义和社会主义思想。在中国，爱国主义一类的社会和国家层面的道德是个体道德的必修项。在西方社会，这些只是个体道德的选修项。

中国社会中，个体道德的成长路径，还受着社会道德舆论的强大影响。一定程度上说，中国个体道德的高度经常是由外在道德压力所推动。在中国，精英人物服务社会是必需的，不管是出于自愿还是处于舆论压力所致。所以中国社会中的富人经常被舆论强迫认捐。这种强迫，事实上也是中国道德的层次决定的，一个人的能力超出于齐家之外，就需要服务社会和国家了。所以，中国的精英人物长期是被迫或者自愿地拔高自己的服务层次，以此体现自己的道德层次。虽然这可能对精英人物的自我感觉不一定多好，但这种行为对于社会道德教化是具有积极意义的。不管是自愿还是被迫做善事，这种善事都是对社会有意义的，在结果上并没有多大差异。同时在中国社会传统看来，这也是一种道德示范，是社会精英需要承担的一种社会责任。

二、德育假设与个体的处境

《中庸》有著名的三纲领："天命之谓性，率性之谓道，修道之为教"[①]，对中国社会影响很大。其含义认为人的天性不可改变，率性而为就是道，而具体修道就是教育。从中可以清楚地看出，道家思想的道法自然对中国人性假设、教育假设的重要影响。

个体在道德成长的过程中，都会遇到很多的挫折和压力，同时也承担着反复和磨砺。在这方面，儒家思想的道德智慧在调节个体道德困境中具有杰出能力。中国儒家思想强调个体向善，这种向善是不分时代和环境的。儒家思想要求个体放宽自己的道德视野，以天下为己任。周恩来的"为中华之崛起"也是儒家思想这种道德视野的体现。这种最终提升到政治高度的德育，是中国德育的一个基本特色，从个体到社会，从道德到政治，本身也是中国德育教科书中的两条主线，后者是前者发展的必然逻辑，也是前者的发展高阶。[②]

这种注重道德视野的德育，不断扩展个体的道德范围，也是不断提升社会个体的人生层次的一个过程，让社会个体找到自己的人生目标。相对西方社会

①《中庸》.

② 冉亚辉.我国义务教育阶段德育新课程现状及其评析——以人教版义务教育阶段德育教材为样本[J].教育与教学研究，2010（6）.96-100.

来说，中国社会个体的心理危机和心理疾病要少很多，一个很重要的原因就是中国道德赋予了个体太多的人生目标和社会关系。人生目标能够让个体人生充实，任何时期都有着特定目标。而社会关系则是中国个体疗伤修养的温暖港湾，能够让个体在无助和空虚之时，找到自己的人生价值与目标，心理疾病自然就很少了。子曰："笃信好学，守死善道。危邦不入，乱邦不居。天下有道则见，无道则隐。邦有道，贫且贱焉，耻也；邦无道，富且贵焉，耻也。"[①]天下有道，个体就需要利用各种机会建功立业，服务社会。如果天下无道，混乱不堪，道德低下，个体就需要退隐山林，修身养性，不让外界污染自身的品行。这是一种进退自如的人生策略，当然受到中国传统社会的推崇。

今天，中国青少年德育路径中，一个必须提出的问题就是，中国青少年成长中的存在着一定的道德环境的问题，特别是留守儿童的德育问题是当前中国德育需要重点关注的问题。因为家庭结构的变化，父母亲不能像传统社会中长期在青少年身边，而中国人性善的相关教育法律和政策，导致学校教育中对于青少年不良行为缺乏强制权力。这两者对青少年德育发展路径影响很大。前者减少了家庭对青少年的保护力度，特别是寄宿制学校。比较严重的是寄宿制学校中的留守儿童，父母不在身边，学校缺乏强制力量规范青少年施暴者的不良行为，最终可能导致这些校园暴力的受害者严重的心理问题，并在相当程度上缺乏安全感。这种安全感的缺失可能导致这些受害者在成年期仍然在人格维度存在严重缺陷和问题。同时，因为缺乏父母关爱，缺少学校教师保护，这些留守儿童因为避免沦为受害者或者继续成为受害者，甚至可能会向青少年帮派接近，以此得到帮派的保护。这直接导致了多重悲剧，一方面这些留守儿童成为施暴者，另一方面这些施暴者导致其他留守儿童的处境更为艰难。所以如何重新建构安全的校园环境，如何重新建构现代的家庭教育，都是当前中国德育现实实践中必须高度关注的领域。

第五节 社会文化传统与德育基本路径

社会文化传统对德育路径的影响非常深刻，中国式的社会文化传统对于个体的发展有着文化上的支撑和个体心理上的支持，特别是后者，德育研究中较少涉及。事实上，德育不是学校教育中简单的道德和政治教育，在个体层面上，还是社会性的重要塑造和自我定位。如果个体的德育缺乏相应的社

---

①《论语·泰伯》.

会文化传统和习俗的支撑，那么个体在发展中必然会导致陷入一种无根的尴尬境地。因为德育内容和德育发展路径与社会传统和习俗相悖，那是一件极为痛苦和尴尬的事情，个体很难保持自身的心理健康和道德自信，更难以谈道德感的有效构建了。

一、社会基本哲学上的中西差异

在社会的基本哲学层面，中国和西方有着明显的差异。中国的理想社会的基本哲学指向是天人合一，西方则强调主客二分。中国注重个体的内在超越，而西方则主要是强调外在超越。中国在历史观念上，一定程度上可以认为是循环史论，所谓天下大势，分久必合合久必分，而西方则主要呈现出一种进化史论。[①]

在社会的发展范式上，中国一直是一种明显的伦理理性主义，而西方则呈现出一种历史理性主义。[②]在西方的社会发展中，强调历史对于人伦的优先地位，古代是古希腊神话，之后是基督教，在西方社会中，人伦并非极端重要。西方后世浪漫主义兴起后，人性才走入西方社会的舞台。相对来说，中国社会一直极为重视人伦，其伦理理性主义的核心原则主要是肯定人伦对于历史的绝对优先地位，中国人伦的主要源头是周礼，其系统理论则是孔子集中编著的儒家思想学说。[③]

孔子认为社会之所以不和平，主要是伦理道德的毁坏，简言之，礼崩乐坏。西方社会受古希腊哲学影响极大，古希腊苏格拉底的理性主义哲学范式导致西方社会中伦理学具有明显的理性主义色彩。但这也产生了一个重大问题，那就是道德问题上的决定论。所谓决定论，指的是相信事物背后一定有一个确定无疑的原因，转换到科学上，那就是相信无可争议的预设、绝对真理和完美主义。移植到伦理道德领域，则是相信伦理道德具有明确的真理性答案。但事实上这是一个思维的悲剧，因为伦理学根本不可能如同科学一样，能够实现完全确定与和谐，人类的道德价值观本身就是矛盾的，社会中也绝不可能产生完全公式化的道德伦理。伦理学本身不是自然科学，不能够用自然科学的范式来建构人

---

① 谢江平．比较视野下的中西理想社会研究［J］．河南师范大学学报（哲学社会科学版），2007（3）：23–25.

② 马小朝．比较研究中西悲剧精神的方法论原则［J］．山东师范大学学报（人文社会科学版），2006（4）：66–71.

③ 马小朝．比较研究中西悲剧精神的方法论原则［J］．山东师范大学学报（人文社会科学版），2006（4）：66–71.

类社会的伦理体系。[①]

西方的伦理学事实上还可能忽视了道德与科学的重大差异。科学永远只能告诉我们是什么，其追求的是真，而伦理学追求的是应该或者不应该，其追求的是善。两者本身是两条不同的路径，在是什么和应该之间，具有巨大鸿沟。正如康德所论述的，关于自然规律的学问称为物理学，关于自由规律的学问称为伦理学。[②]伦理学是研究人类社会中的道德的形而上学，而物理学是研究自然世界的运行规律的形而上学。[③]将人类社会和自然世界混淆，肯定是不可思议的。

二、德育范式基本路径的社会逻辑

在研究中国德育范式的个体路径的时候，不能简单地对比西方学校德育的个体发展路径，必须认识到西方宗教在个体发展路径中的强大德育能力。西方个体一生中三次最为重要的礼仪活动：洗礼、婚礼、葬礼，都是在教堂举行或者由教会人士主持，这本身就体现了西方社会中宗教的道德尊崇地位。因为宗教的原因，西方家庭注重对《圣经》的学习，从小就给孩子讲《圣经》故事，并会带孩子上教堂、参加唱诗班等等宗教活动。这些对西方个体的道德教化具有极为深远的意义，这种宗教教育体系相对来说严谨、正式和系统，是对学校德育的一个天然的弥补。

比较来看，虽然中国社会中家庭成员都具有一定的儒家伦理规范，但大多都仅仅只具有感性的了解，知道仁、义、礼、智、信等伦理道德，中国的《论语》《增广贤文》等经典只有极少部分人读过，在中国家庭的藏书中比例并不高，本身中国家庭藏书就不乐观。这决定了中国家庭教育对青少年的道德教化能力非常粗浅，并且既不系统，也没有西方教堂、教士之类的正规机构和人员推行儒家思想的道德教化，所以在严谨性、正规性和系统性方面都非常不乐观。在未来的发展中，中国需要推进家庭建设，普及中国社会主义核心价值观，并需要一定的正规仪式化行为，逐步推进中国社会的整体育德能力。

因为家庭教育整体的相对系统性不够，中国历史智慧是借助经典阅读来提升社会成员的道德水平，今天中国仍然延续了这一历史智慧。德育课程是中国学校中的所有阶段的必修课，这一系统化的设置弥补了中国社会中道德

---

① 罗金远、余卫东．试论中西伦理学的不同路径［J］．湖北大学学报（哲学社会科学版），2007（2）：8-9.

②［德］康德著，苗力田译．道德形而上学原理［M］．上海：上海世纪出版集团，2005.1.

③［德］康德著，苗力田译．道德形而上学原理［M］．上海：上海世纪出版集团，2005.2.

教化机构的不足的缺陷。在未来的中国德育范式发展中，必须坚持中国德育知识的系统学习，同时增加道德体验等其他德育途径，提升青少年的道德水平。但道德认知的基础性地位是必需的，因为中国社会中没有教堂一类的有权威的、成体系的道德教化机构。学校如果不能系统地传授道德知识，社会个体可能一生都不会掌握系统道德知识。即使个体可能不能达到道德知识所指向的道德理想层面，但至少在道德价值观的认识上实现了系统化和结构化，在道德判断上基本不会出问题，能实现这一点，也是中国德育的功绩。而这种系统的道德认知的德育范式，本身也是中国历史智慧的构成部分，符合中国社会的基本逻辑。

价值观在很大程度上影响了一个社会的发展状况与基本特色，同时也是德育的基础性构成部分。“只有在生命有某种有价值的东西做目的的时候，生命才有一种价值。”[①] 而价值观在相当程度上构成了生命所追求的价值目的和客观标准。“我们的社会和其他任何社会一样，依赖于共同的信念，而教育的主要任务就是使这些信念永存不朽。”[②] 对中国核心价值观体系构成的分析，主要从三个维度展开：首先分析中国社会的价值观倾向，理解中国价值观基础理论的构成；其次是分析中国与西方价值观的主要差异，目的是明确中国社会德育的价值观理念；最后是分析中国社会主义核心价值观的构成和德育意蕴，以理解今天中国德育的核心价值观体系构成与内在逻辑。

第一节 价值观与德育

价值观是社会的产物，在人类自身前进的过程中，价值观本身也在不断发展进步。各种价值观的诠释既是历史的进步，也是人类自身智慧的结晶。价值观既产生于社会，同时也深刻地影响到社会的发展与走向。价值观既奠基于文化之上，同时也作为社会文化心理的核心构成部分，指引着社会道德规范的进步。

一、德育中价值观的重要地位

对于任何一个社会，道德价值观建设都是至关重要

①［德］黑格尔著，王造时译．历史哲学［M］．上海：上海世纪出版集团，2006.89.

②［美］哈佛委员会著，李曼丽译．哈佛通识教育红皮书［M］．北京：北京大学出版社，2010.35.

的。在人类社会中，任何社会组织和族群组织，如果要生存和健康发展，其社会内部必须拥有一套基本价值体系来规范和协调人们的社会行为、思想意识和社会利益，没有任何一个社会仅仅依靠欲望就能成立和发展。所有伟大文明传统之所以有意义，就是因为创造了可以让人以群体的方式而存在的一套精神价值体系，这些精神因素能够经受历史的考验，保障这个文明群体的生生不息。①

德育很大程度上就是价值观的学习、培养和选择。在道德规范的学习中，核心支撑点就是价值观体系，离开了价值观体系的支撑，道德规范会变得空洞。对社会个体的道德培养，其培养标准就是依据价值观体系而建立的道德标准。任何社会的稳定都必须确保主流道德价值观的相对稳定性。“纪律、自然发展、文化修养、社会效率，这些都是道德的特性——都是教育工作者所要促进一个社会优秀成员的标志。”②对社会整体发展来看，道德价值观的多元化必然导致道德行为选择的多样化，道德评价和行为的多元化必然导致社会内部各群体的矛盾和对立，从而形成社会阶层之间的冲突，严重的甚至导致国家陷于内战和分裂。③

而在具体的德育过程中，一个很重要的维度就是对价值观的选择，既包括对具体价值观的选择性学习，还包括在不同的价值观之间发生冲突时，如何选择更为合适的或者更为重要的价值观。

德育的核心是价值观的教育，德育中核心价值观的选择以及不同方式的阐释，很大程度上影响了德育的整个过程以及德育的风格。不同的文化有着鲜明的价值观差异，不同的德育范式背后也隐藏着深刻的价值观的分歧。对价值观的分析与阐释，是德育研究的必经之路。

价值观在很大程度上决定了社会整体的价值取向、善恶标准、行为模式和个体自身的价值判断。作为社会整体道德的核心组成部分，也作为社会规范的核心支撑，价值观是社会文化与道德的核心构成部分。价值观的教育渗透于教育的全过程，特别突出地表现在德育之中。

核心价值观教育是社会赋予学校教育在德育上的核心任务。核心价值观既是一个社会的主流价值观，也是确保社会道德底线的基本价值观。对核心价值观的分析，是德育研究重要组成部分。核心价值观是德育的重要基点，从基点上审视，可以更好去理解德育范式的基本理论逻辑。

---

①［美］哈佛燕京学社主编．启蒙的反思［M］．南京．江苏教育出版社，2005. 68.

②［美］杜威著，王承绪等译．道德教育原理［M］．杭州：浙江教育出版社，2003.214.

③ 冉亚辉、易连云．论社会主义道德价值观的一元指导［J］．道德与文明，2006（3）：39-41.

二、价值观的差异与矛盾

不同的价值观塑造着不同社会的道德意识形态，也产生着不同道德素养的社会个体。在一个崇尚自由的社会，可能会为了自由而削弱平等，而一个崇尚正义的社会，也可能因为正义而影响部分人的自由度。人类的终极价值观之间有着无法避免的矛盾，在社会领域，不可能能够建构力学定律一样的绝对规范和科学准则。因为每个社会个体都有着自身的自主性，都有着自身的主观判断与选择。这是完全有别于自然科学中的不具有自身理性和决策力的物体的。因为社会个体自身的复杂性，以及社会个体的自主决策而产生的不可预测性，在人类终极价值观中的自由、平等、民主等价值观中间，本身就存在不可消除的矛盾。自由发展的后果之一就是因为个体之间禀赋的差异而产生的不平等，要完全平等必然会扼杀部分自由。而民主，往往可能因为多数人的选择而产生对部分人的专制。

不同价值观的差异，以及人类自身道德行为中的矛盾部分，既给了个体道德的意识，道德行为的选择，同时也可能将道德困惑施加于个体之上。人类的道德发展永远都有着不可消除的矛盾，一定程度上看，绝对完美主义的道德体系只是一种道德理想。但正是在这种困惑与矛盾中，人类的道德才会真正地走向进步，并促进个体的道德思考，进行深入的社会反思。一个能够对社会价值观不断反思的社会才可能走向进步。

第二节　主观价值观与客观价值观：中国德育范式的价值观倾向

“人既是一种事实的存在，又是一种价值的存在。”[①] 人类社会在长期的历史文化发展中，最终在道德伦理体系上，形成了两种不同倾向的价值观体系：其一是主观价值观，其二是客观价值观。主观价值观与客观价值观作为人类价值观体系的两大类别，分别表现了人类社会发展的不同领域的需要。主观价值观更倾向于关注社会个体自身感受，注重幸福感；而客观价值观则更为重视社会秩序和安全，在更大范围内奠定了社会的正义与稳定。

一、主观价值观与客观价值观

主观价值观主要源于西方近代浪漫主义的兴起，强调个体的主观主义。[②] 主

---

① 鲁洁．道德教育的当代论域［M］．北京：人民出版社，2005.5．

② ［英］以赛亚·伯林著，潘荣荣、林茂译．现实感［M］．南京：译林出版社，2004.210–213.

观价值观崇拜真诚而不是效率，崇拜自由而不是幸福，强调动机而不是结果。[①]主观价值观是社会个体作为一个独立的有自我感受能力的主体而产生的社会价值体系，偏向于强调个体的主观感受，是社会个体自身幸福感的主要来源。主观价值观主要包括：爱，自由，关怀，自我实现等。

主观价值观体系中最为重要的两个价值观在推动人类发展进步中起了巨大作用。最重要的价值观其一是爱，这是人类社会前进的动力之一，世界上伟大的宗教如基督教、佛教、伊斯兰教等都极为强调爱，爱是人类永恒的需要，也是社会个体自身的幸福感和生存状态的重要影响因素。爱包括仁爱、朋友之爱、家庭之爱、男女之爱等，主要是一种个体的主观感受，但在具体内容上很难取得一致。另外一种重要价值观则是自由。自由是个体的一种感受，也是一种不确定的主观价值观。自由是人类社会的巨大推动力量，也是个体自身状态的一大衡量标准。但自由与爱，都是一种主观感受的不确定的、不可化为固定标准的主观价值观。因为个体之间的差异，以及个体自身社会环境的差距，对于个体自由的概念，仅仅能作为一种主观标准，很难取得一致的认同。主观价值观整体上趋向于模糊和多元，但主观价值观是决定个体自身的幸福与感受的关键因素。

客观价值观是人类社会结构和秩序的构建基石。一定程度上说，客观价值观是人类社会自身构建的价值观标准与基础，也是规范和决定人类社会的整体社会行为倾向与社会秩序的核心价值观。客观价值观主要维护社会必要的安全和秩序，注意抑制个体恶的倾向，并充分采取措施发扬善的品行，注重给社会中所有人以基本保护，所以客观价值观是人类社会进步的价值观领域中的标准与象征。在人类的客观价值观体系中，主要包括正义、平等、民主、安全等价值观，其中正义与平等是人类社会中客观价值观的两大支柱，支撑着人类社会的基本秩序和结构。正义是一个不断发展变化的价值观，也是一个跟随社会发展而不断进步的价值观，在具体的同一个时代，正义一般都有着相对稳定的标准，是人类政治、法律、道德的核心价值观基础。平等是人类永恒的梦想，也是注定难以完全实现的梦想，因为个体之间差异的绝对性注定了个体之间的不平衡，有差异的平等是人类必须接受的方向。对正义与平等的尊重与追求，是人类社会发展的核心动力，也是人类自身逐渐发展进步，更趋向完善的一种促进因素。

---

① [英] 以赛亚·伯林著，潘荣荣、林茂译．现实感 [M]．南京：译林出版社，2004.213-214.

二、客观价值观的作用

客观价值观在人类社会的发展中，扮演着一种极为重要的规范和保护的角色，是人类社会中具有相对固定倾向的一种价值观体系。在心理层面，客观价值观是存在于人类社会中个体内心深处的基本价值观共识，同时也是该社会的政治、法律、经济、文化、外交等领域的价值观基础。这种价值观不仅体现于社会生活方式中，而且还相当部分地构成了社会生活方式。①

客观价值观着眼于构建人类社会发展所必需的基本秩序，着眼于调节人类社会中个体之间无处不在的矛盾冲突，并规范着社会中一切可能导致社会崩溃的行为。特别是正义的价值观，是潜藏于社会中的所有个体身上的。一个社会的进步，主要是表现在客观价值观的发展与变化上。如果客观价值观消失，人类社会的行为将严重失控，客观价值观是理论上和实践上的人类社会的契约，是一份所有人在内心深处都必须签订的社会契约。

客观价值观在一定时期都有着较为固定的标准，这种标准依存于社会个体的内心。但从历史长河来看，这种客观价值观又处于不断发展变化之中。奴隶社会的客观价值观，必然不同于封建社会的价值观。不同文化的客观价值观，也有着一定的内在分歧，但这些都无损于客观价值观的社会秩序的基础地位。

不同的社会文化之间的差异，在表面上看，往往是不同的生活习惯与生活取向的差异，但究其核心，则是客观价值观的差异。正是不同社会的客观价值观体系的差异与分歧，造就了不同的社会文化特色。如西方社会的客观价值观中更为强调民主，最终形成了一种扁平的社会，但社会个体之间的差异反而扩大。而东方社会中的客观价值观更为强调正义，最终形成了一种注重秩序的社会，但社会个体的社会责任却加重。这两种不同的倾向，最终形成了东方社会强调社会整体，而西方社会最终走向强调个体感受的价值观体系。这种客观价值观基础的差异，是社会发展趋向不同的重要原因。西方文化更为强调自由的主观价值观，而东方文化则更为强调倾向于社会稳定的客观价值观。

三、主观价值观在近代社会的主流化趋势

主观价值观是一种社会个体自身的主观感受。与客观价值观相比，主观价值观是一种相对模糊的价值观体系，是社会个体积极争取和追求的一种自我感受，也是推动社会个体在社会生活中的努力程度的动力，并构成为成就感、幸

---

①［美］阿拉斯代尔·麦金太尔著，龚群译．伦理学简史［M］．北京：商务印书馆，2003.23.

福感的核心。主观价值观在人类近代社会的发展中，有着逐渐的主流化趋势。也即，在现当代以来，人类社会越来越重视对主观价值观的追求。

主观价值观是个体自身在社会中存在的一种生存状态，是一种个体的主观感受，也是个体自身幸福感的核心。客观价值观所给予个体的主要是一种主流的社会秩序与社会价值观标准，而主观价值观则在相当程度上决定了个体的社会愉悦感受。主观价值观是人作为主体存在的一种外显，是一种个体自身的主动积极追求幸福生活的动力。对爱的渴望与付出，对自由的向往，往往是推动个体前进的强大动力。

主观价值观作为一种主观感受,自身难以具有客观的标准。爱有无数的定义，并有着多种类别，而自由，作为一种宽泛的价值，更是无从取得完全共识。乞丐的自由观与国王的自由观是差异巨大的，穷人的幸福观与富人的幸福观也有很大不同。主观价值观很大程度上都类似于道德上的情感主义，即“所有的评价性判断，尤其是所有的道德判断，就其具有道德的或评价性的特征而言，都无非是偏好的表达、态度或情感的表达。”[①]追求自由或者爱，从本质上讲都是难以取得共识的。这种口号式的背后，往往有着相对明确的客观价值观。主观价值观之间往往有着明显的矛盾，比如自由本身就是矛盾的。[②]

主观价值观不能单纯作为社会伦理基础，而必须建立在一定的客观价值观的基础之上，才会具有实质性的意义。因为主观价值观本身的模糊性，以及社会个体之间对主观价值观理解的差异性，决定了主观价值观只是一种个体感受与社会模糊性的整体伦理性的价值观，而并不具有完全固定标准和清晰边界。所以人类经常采取的一种措施就是通过客观价值观规范主观价值观，“人类的大部分在绝大多数时间里肯定会为了别的目标而牺牲自由：安全、地位、繁荣、权力、美德、来世的报答；或者公正、平等、友爱，以及其他许多看起来全然或部分与最大限度的个人自由不相容的、其本身的实现肯定不以自由作为先决条件的价值。”[③]

主观价值观是依附于社会个体自身的感受而存在的，因为个体之间的差异，以及人类个体自身的主动性，决定了主观价值观是一种没有固定终点的价值观。一个乞丐的幸福可能仅仅是吃上一顿饱饭，而一个国王的幸福可能是统治世界，甚至可能有人以剥夺他人的生命为乐趣。这种主观价值观没有相对的统一标准，

---

①［美］阿拉斯代尔·麦金太尔著，宋继杰译．追寻美德：道德理论研究［M］．南京：译林出版社,2008.12.

②［英］以赛亚·伯林著，胡传胜译，自由论［M］．南京：译林出版社，2003. 49.

③［英］以赛亚·伯林著，胡传胜译，自由论［M］．南京：译林出版社，2003.234.

以及在发展中的各种可能性，导致主观价值观一直是一匹脱缰的野马，总想着摆脱社会客观价值观的束缚。发展方向不固定，主观价值观对客观价值观的反叛可能趋向于善，也可能趋向于恶。所以，主观价值观是一种没有明确方向感，也没有必然正义性的价值观体系，是需要时时自我鞭策和反思的，是一种比较倾向于多元走向，并具有一定危险性的价值观体系。

四、主观价值观与客观价值观在历史中不同的着力点

主观价值观与客观价值观在人类不同的历史发展阶段有着不同的着力点。主观价值观更为强调个体自身的利益，往往会破坏社会的整体发展秩序，而客观价值观则往往是社会批判的对象，但却成为社会的秩序稳固的支持体。这种不同的着力点，也深刻地反映了个体与社会之间的紧张与矛盾。

在历史上，较为和平的社会环境中，将更为注重个体的主观价值观。因为在这种社会中，社会已经有了较好的客观价值观，已经为社会提供了稳固的秩序与整体。在这种基础中，社会个体将有空间去争取更多的属于自我的空间，争取个体自身的自由就成为一种必然的社会动力。这种构建于良好的客观价值观基础之上的对于主观价值观的追求，是社会进步的一种动力。而在较为动乱的环境中，社会倾向于追求良好的客观价值观以致力于客观环境的构建，于是整个社会将更为关注客观价值观。

在人类社会中，客观价值观主要是人类法律、政治、伦理的基石，是决定着人类社会的主观价值观取向与社会结构的价值观体系。其目标是追求和平、和谐，是追求社会整体上的秩序，所以客观价值观具有一定的保守性，不求有功，但求无过。而主观价值观，则主要体现于艺术人文等领域，表现于个体对于个体自身生活的一种反思与反叛，其基点是人类追求幸福的心理趋向，其实质是对客观价值观的一种反叛。

主观价值观与客观价值观，对于人类来说，一方面代表着秩序和理性，另外一方面代表着无序和本能冲动。这正如古希腊的阿波罗精神和狄奥尼索斯精神的分歧一样。在古希腊文化中，阿波罗代表光明和理性，而狄奥尼索斯代表激情与神秘。[①] 阿波罗精神指向社会理性和秩序，而狄奥尼索斯精神则指向创造力和艺术。

主观价值观带来活力，同时也可能是社会沦丧崩溃的根源，客观价值观带来秩序，也可能导致社会趋向于保守。主观价值观往往是一个社会活力的

---

①［英］伯特兰·罗素著，崔权醴译．西方的智慧［M］．北京：文化艺术出版社，2005.8.

体现，能够给社会带来相当的活力，但另外一方面，主观价值观过于强调个体自身的价值，潜在地容易破坏社会的整体，即可能破坏社会整体的客观价值观，从而可能成为社会道德沦丧和崩溃的根源。客观价值观则强调社会的秩序，但可能过于强调整体，其身上有着一种强烈的保守倾向，可能容易忽视个体的差异性。

中国社会的核心价值观体系，主要趋向于客观价值观。所以中国社会关注秩序，强调安全，注重和谐。相对而言，西方价值观更为趋向于主观价值观，迷恋自由，追求社会多元。整体更为偏向于客观价值观，这是中国德育范式核心价值观体系的重要特征。

第三节 中国传统社会的核心价值观分析

中国传统社会的核心价值观相对非常稳定，从孔子开始，一直到今天，仍然闪耀着伦理的光辉。中国社会在习俗上和社会生活中，仍然延续着传统社会的仁、义、礼、智、信的核心价值观，这即是中国社会中的五常。同时，需要注意的是，仁、义、礼、智、信作为中国传统价值观的经典概括，在不断的历史发展中，仍然随着时代变更着其具体内涵，在保持着其文化特色的同时，也成为了中国社会伦理的特色，体现了中国社会智慧的力量。

一、仁，仁爱，仁政

仁是五常之首，也是首要价值观。在几乎任何一种中国价值观排序中，仁都居于首位。其重要原因就在于，仁基本决定了人的道德水平，代表着良心、仁爱，并推达到仁政。仁的含义极广，既是一种价值观，也是一种道德原则，同时还是一种道德境界，并与政治相通。

在中国，仁所代表的良心可算是一种天理，既可以推己及人，也需要立己立人，同时还需要己所不欲，勿施于人。既需要宽厚温良，也需要具有恻隐之心。狭义的仁仅指仁爱，但广义的仁则是一种伦理思想体系，以仁为核心，包括孝、悌、忠、恕、礼、知、勇、恭、宽、信、敏、惠等。仁的重要程度，可以用孔子这句话表述："志士仁人，无求生以害仁，有杀身以成仁。"[①]

作为儒家伦理的核心，仁最初指人与人之间的友善关系，孔子扩展到仁爱

---

①《论语·卫灵公》.

和对他人的尊重，并与修身紧密联系，“夫仁者，己欲立而立人，己欲达而达人”[①]。其后，孟子将仁扩展为著名的仁政学说，将个体道德层面的仁爱扩展为政治哲学层面的仁政，要求政治清明，人民安居乐业。“以不忍人之心，行不忍人之政，治天下可运之掌上。”[②] 这种将人心与仁政联系起来，道德与政治相通的思维方式，最终成为了中国伦理的一个基本范式。

> 夫仁者，己欲立而立人，己欲达而达人。
>
> ——《论语·雍也》

二、义，正义，道义

义可能是五常中最难以理解的一种价值观，中国人理解义都极容易含混不清，其他文化圈中的人估计更难理解。但义极为重要，在伦理思维上，义是理解中国传统伦理价值观的一把钥匙，理解了义的复杂性，就能够理解中国的五常价值观体系。

义最初主要指适宜，“义者，宜也”[③]，当做则做，不当做则不做。其后逐渐扩展其含义，指人际关系和社会生活中的基本原则，有正义、道义等核心内涵。理解义的关键，是与利相对，义利问题是中国古代道德伦理中的一个重要问题。

孔子强调“君子义以为上”[④]，在义利之间，将义置于优先于利的地位。这即是后世强调重义轻利的基本价值观的思想，为克服过度功利主义倾向，孔子提出了“见利思义”。但义的复杂性，并非简单的与利相对立，子曰：“君子之于天下也，无适也，无莫也，义之于比。”[⑤] 在这里，义是君子对于天下事物的评判标准，一切行事只求合于义。

在现实生活中，义更是中国社会中难以把握的一种价值观，其延伸有道义、侠义、义气等，但实际上这些都是很复杂的价值观。道义需要结合时事、趋势、利益等多方面确定。侠义在中国亦正亦邪，难以把握，甚至难以评价，但在社会生活中却处处存在。义气则更难以把握，甚至很多时候沦为黑社会和帮派的内部价值观，但却没有人能无视其存在，同样也是中国社会文化非常尊重的一

①《论语·雍也》.
②《孟子·公孙丑上》.
③《中庸》.
④《论语·阳货》.
⑤《论语·里仁》.

种价值观。

总体上看，义是一种对于天下事物的行事衡量标准，是一种复杂的思维的结果，所以这种标准并非一成不变而是不断改变的。在利益的获得上，中国价值观强调要符合义，符合则可取，不符合则不可取。但在义与利相冲突之时，则需要取义而舍利。

> 君子喻於义，小人喻於利，不义而富且贵，於我如浮云。
>
> ——《论语·里仁》

三、礼，礼治，礼节

中国传统社会强调人必须有礼义廉耻，其逻辑是：礼定贵贱尊卑，义为行动准绳，廉为廉洁方正，耻为有知耻之心。礼相对于义来说，比较容易理解。礼指的是社会的典章制度和道德规范，也是社会生活中的礼节仪式。

周礼是一套完善的政治礼仪规范，也是道德规范，是周天子和贵族的行为标准和道德要求。周公制礼，其典章制度相对完备，发展到了"郁郁乎文哉"[①]。礼的指向是社会关系，如果说仁主要是良心的话，义则是一种思维，那么礼则是一种现实的道德规范。儒家思想非常强调礼的重要性，认为人人遵守礼，社会就能"礼达而分定"，实现孔子的"君君臣臣父父子子"的理想道德秩序。"礼之所兴，众之所治也；礼之所废，众之所乱也。"[②]从这个角度上看，礼不只是一种道德规范，同时也是一种治国思路，即礼治。礼治指的是通过推行礼治，而实现治国的理想和目标。在中国传统社会中，礼与政治关系密切，并认为国之治乱系于礼之兴废。荀子说："故绳者，直之至；衡者，平之至；规矩者，方圆之至；礼者，人道之极也。然而不法礼，不足礼，谓之无方之民；法礼，足礼，谓之有方之士。"[③]在这里，荀子把礼视为社会关系的标尺和标准，同时也是一种道德秩序的存在方式。

同时，礼也拥有一套伦理体系，其内涵包括孝、慈、恭、顺、敬、和等，发展到具体的社会生活中，则成了中国社会中的礼节。礼节在中国几乎无处不在，包括就餐的礼仪、宴席的礼仪、会议的礼仪、婚礼的礼仪、丧礼的礼仪等。虽然

①《论语·八佾》.
②《礼记》.
③《荀子·礼论》.

有批判说礼节过于繁琐，但礼是中国人对文明的基本评判依据，是所谓礼貌的源头。在未来的社会生活中，中国社会还需进一步加强礼教，提升文明礼仪程度。

礼起于何也？曰："人生而有欲，欲而不得，则不能无求，求而无度量分界，则不能不争。争则乱，乱则穷。先王恶其乱也，故制礼义以分之，以养人之欲、给人之求。使欲必不穷于物，物必不屈于欲，两者相持而长，是礼之所起也。"

——《荀子·礼论》

四、智，智者，智慧

智作为一种道德价值观，体现了中国社会对智慧的尊重，同时也是对愚蠢的一种本能的厌弃。智，即知也，无所不知才明智，这样的人才能明白是非，理清邪正，分清曲直，并审视真妄。

在孔子眼中，智非常重要，"知者不惑，仁者不忧，勇者不惧。"[①] 君子之道，需要为人明白，聪明并有智慧，否则就可能落入邪途，走上歧路。同样，智还关乎个人的道德修为和道德行为，所谓"仁不轻绝，智不轻怨。"[②] 有修养的人，不会轻易地做出武断的事情，说出决绝的话语，而一个明智的人，也不会轻易去埋怨环境恶劣、世道不公、人心沦丧等。从这个角度上看，智无疑非常重要。

在儒家思想中，孟子则将仁义礼智并列，认为智能够确保道德修养的认知、理解和保障，从而确立了智在道德体系中的地位。而在现代中国社会，智所代表的智慧、明智同样是社会中受人尊重的一种品质。中国社会中的愚蠢不只是一种认知水平，还是一种道德水平，所以经常有人被批判为愚忠。从尊重智慧角度，智作为核心价值观，对中国社会无疑具有积极意义，至少推进了中国对智慧的尊重和向往，并不断促进和提升社会的道德理解水平。

恻隐之心，仁也；羞恶之心，义也；恭敬之心，礼也；是非之心，智也。仁义礼智，非由外铄我也，我固有之也，弗思耳矣。

——《孟子·告子上》

①《论语·子罕》.
②《战国策·燕策三》.

五、信，诚信，忠信

信指诚信，儒家思想把信作为立身和立国的根本。孔子说："自古皆有死，民无信不立。"[1] 其意是指一个国家和社会，必须以诚信为本，否则就不能得到老百姓的信任，必然会垮掉。

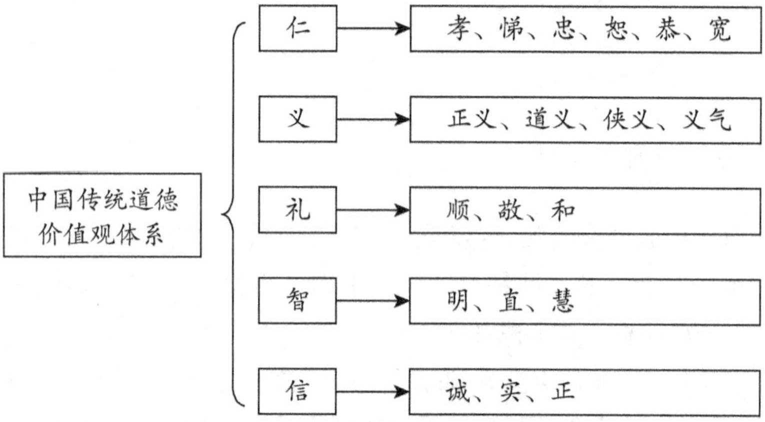

表 6.1　中国传统道德价值观体系

具体而言，诚信在中国包括两方面：信，指不怀疑，诚实，言出由衷，始终不渝。诚，诚心之意，以诚居心，要求处世端正，既不诳妄，也不欺诈。诚信既是国家仁政的基本前提，也是社会个体的道德修养。从社会秩序的角度，诚信缺失的社会对任何人都是极大的麻烦，所以信成为中国传统社会极为重要的道德价值观。

具体在中国社会，信包括多个层面：首先，信是立人之本。"人而无信，不知其可。"[2] 一个人不讲信用，在社会中难以有立足之地。其次，信是交友的基础。孔子说："与朋友交，言而有信。"[3] 再次，信是为政之道。《左传》云："信，国之宝也。"诚信是治理国家和社会的根本法宝。

孔子教育学生时，注重"文、行、忠、信"，[4] 希望学生将智慧、品行、责任与诚信相结合，由此也可看出诚信在道德体系中的重要地位。诚信不只是一种道德价值观，同样还是直观为品行的外在呈现，所以中国人经常强调听其言、

①《论语·颜渊》.
②《论语·为政》.
③《论语·学而》.
④《论语·述而》.

观其行，强调对其内在的诚信的审视。

言无常信，行无常贞，惟利所在，无所不倾，若是则可谓小人矣。

——《荀子·不苟》

第四节　社会主义核心价值观基本内容

社会主义核心价值观是我国当代社会的主流价值观，既是对中国传统优秀道德价值观的传承，同时也是社会主义意识形态在道德领域中的彰显。社会主义核心价值观是在中国社会主义意识形态中居于核心地位的根本性价值观，并对社会道德起统领作用，是真理性与价值性的结合，也是当代世界普世文明与中国社会传统伦理的协调统一。①

社会主义核心价值观是我国社会建设的道德基石，也是社会和谐发展实现民族复兴中国梦的动力源泉。当前社会主义核心价值观基本内容主要分为三个层面：在国家层面的价值目标是富强、民主、文明、和谐；社会层面的价值取向是自由、平等、公正、法治；公民个人层面的价值准则是爱国、敬业、诚信、友善。② 社会主义核心价值观基本内容体现了中国特色社会主义的价值追求，是对马克思主义价值理论的创新，同时也传承了中国传统价值观。③

社会主义核心价值观基本内容具有其内在体系，这一体系既体现了中国社会哲学的特色，是雅斯贝尔斯所论述的孔子哲学范式的历史继承，也是当代中国特色社会主义理论体系的历史新阶段的重要发展成果。

一、价值观的国家、社会、个体三层次

社会主义核心价值观分为三个层面，分别为国家、社会和个体层面，这种体系是对孔子儒家思想的历史传承。孔子儒家思想强调个体的社会属性，注重从社会角度定义个体自身道德，这是与注重分析主义的苏格拉底哲学相异的。所以中国社会思维上有着明显的整体性，在伦理学上，则有着明显的社群主义

① 冯留建．社会主义核心价值观培育的路径探析［J］．北京师范大学学报（社会科学版），2013（2）：13-18.

② 社会主义核心价值观基本内容［N］．人民日报，2014-02-12.

③ 袁久红、甘文华．社会主义核心价值观与“中国精神”的新生［J］．东南大学学报（哲学社会科学版），2013（5）：5-16.

倾向，即强调个体道德的社会属性，而并非将个体设定为单个原子。

这种国家、社会、个体三层次的伦理价值观体系，也是鲜明区别于西方自由主义道德价值观的。西方当代自由主义道德价值观更为强调个体的自由，将社会、国家的利益视为从属于个体自由之下的价值观。在社会主义核心价值观体系中，本质上是将国家、社会和个体视为三个层次，三个层次同等重要，个体自由并不具有天然的优先性。

在具体的核心价值观中，社会主义核心价值观会从三个不同的层次建构具体的价值观，在具体的德育中，也是如此逻辑。其目的在于通过个体层次的价值观，塑造个体对自我道德层次的道德标准，强调在个体思想层面的爱国，在个体工作劳动中敬业，在社会生活交往中诚实守信，对待他人谨守友善之心。在社会层面，在社会整体结构上尊重社会个体的自由，强调在社会成员之间的平等，社会事务处理中必须秉持公正，在具体的社会矛盾和冲突中实现法治精神和法治意识。

在国家层面，要追求国家的富强，以推进社会主义建设进程，强化社会主义民主，彰显人民的力量，国家建设要走向文明，实现文明社会的建设目标，最终建构一个和谐的社会，提升社会个体的幸福度。

二、价值观的个体与社群的一体

社会主义核心价值观体现了中国伦理范式中价值观的个体与群体的一体性。这种伦理思维也区别于西方社会范式。西方伦理思维大多将个体与社群相对立，透露着一种典型的二元对立思维，如西方政治哲学中大多将政府视为社会必然存在的恶，这是与强调政府的社会服务职能的中国社会哲学相异的。

西方学者注意到，中国的社会模式和哲学与西方社会存在明显差异，“中国从来都是而且将继续是一个社群社会；实现中国人民的正当愿望需要提倡一种社群社会的民主形式，而这种社群社会的民主形式与当前支配西方各民主国家的自由主义民主模式是有抵触的。”[①] 中国社会中将个体与社群视为一体，并在发展中将两者统一于社会的整体发展。这种融两者为一体的思维能够积极促进社会建设，也能促进个体在追求自身价值的过程中重视社会的需求，从而带来两者的健康协调发展。社会主义核心价值观尊重个体权利但反对个人主义，尊重自由但反对自由主义，尊重民主但反对民粹主义，尊重文化的多元性但反对道德

① [美] 郝大维、安乐哲著，何刚强译．先贤的民主——杜威、孔子与中国民主之希望 [M]．南京：江苏人民出版社，2004.9.

价值评价的指导思想上的多元性。[①]

社会主义核心价值观追求个体与社群的一体化，中国社会个体本身就是通过各种社会关系定位自己的，离开了社群和各种社会关系，中国社会个体会变得空洞。家即是国，国也是家，这种家国一体的伦理概念，本身也注重个体与群体的统一。中国个体既重视个体的自由和幸福，但同时也深深明白，个体的幸福离开了社群，本身也是没有实质性意义的。从社会学角度上看，中国社会个体之间的关系是一种紧密型结构，而不是松散型结构，这一点也决定了中国社会道德建设中的个体与群体一体建设的思路。

三、价值观的中国的社会主义特色

社会主义核心价值观体现着社会主义价值观的先进性和正义性，“社会主义不仅是一种理论、一种运动、一种制度，同时也是一种价值观。从起源上看，社会主义首先是作为一种价值理想提出的。”[②]社会主义核心价值观体系彰显着社会主义的解放哲学、反抗剥削压迫以及追求平等、自由、民主的价值正义。同时，社会主义核心价值观体系有着明显的中国特色，其中既有中国文化特色，思维特点，也有着中国政治与道德紧密结合的历史传统。毛泽东同志曾经指出：以社会主义为内容的国民文化必须是反映社会主义的政治和经济。[③]

中国自孔子以来，就极为重视政治的道德示范和道德基础，将政治视为社会的道德高阶。社会主义核心价值观基本内容中的国家和社会层面的部分价值观也可归为政治道德，就是对中国传统的继承。政治与道德紧密结合，一方面用道德抑制了政治的恶的可能，同时也让道德借助政治的力量，实现对整个社会的强力改造和道德提升，这也是中国文明是人类社会中唯一一个没有中断的文明的重要原因。道德与政治的结合，导致了中国文明和中华民族有着强大的内聚力和较高的道德标准，这两者正是中华民族生生不息的重要力量源泉。

同时，社会主义核心价值观还体现了中国的社会主义特色。中国近代以来的社会主义革命运动，其重要动力就是因为中华不振而导致的屡受列强欺辱，而产生的强烈的救国强民精神。这种精神最终体现在社会主义核心价值观中富强的价值观上，其目的正是提醒国民，国富民强也是中国社会必须追求的一种价值观，因为落后就要挨打。民主和自由既是人类普世价值观的构成，也是中

---

① 冉亚辉、易连云．论社会主义道德价值观的一元指导［J］．道德与文明，2006（3）：39-41.

② 方爱东．社会主义核心价值观论纲［J］．马克思主义研究，2012（12）：127-135.

③ 毛泽东．毛泽东选集第 2 卷［M］．北京：人民出版社，1991.705.

国革命反封建主义的重要构成部分。在中国长期的封建社会中，个体的民主和自由度都是严重问题，同时也严重影响了中国社会的发展，所以在社会建设中，必须致力于推进社会主义民主和自由的建设，既提升个体的幸福度和社会参与，同时也提升中国社会的创造力和社会活力。

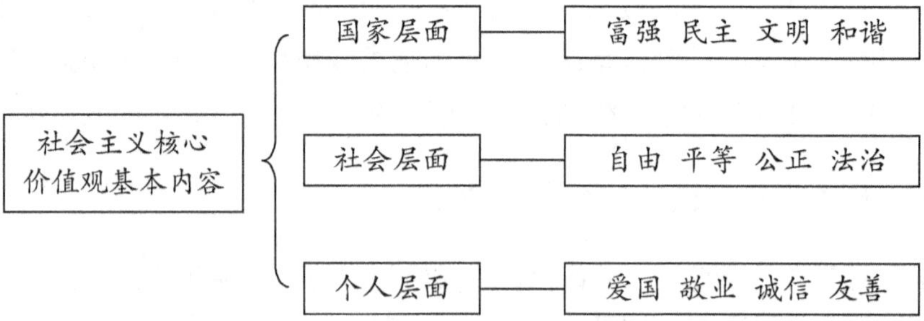

表 6.2 社会主义核心价值观体系

第五节 中国德育核心价值观体系及其逻辑

中国德育有着自己的核心价值观体系，一方面继承了中国传统价值观，另一方面也受社会主义意识形态的重要影响，最终形成了中国特色社会主义核心价值观体系。这既是当代中国社会中的主流价值观体系，也是中国德育的价值观的核心构成。

一、中国德育核心价值观的构成

从道德哲学角度上看，中国德育核心价值观在价值观理论基础上偏向于客观价值观，更为注重正义、平等、秩序等。在中国德育核心价值观的具体构成上，主要由两部分构成：

其一是社会主义核心价值观，代表着中国特色社会主义与中国传统道德伦理的结合，也是中国政治与道德在新时代的结合。

其二是中国传统核心价值观，以仁、义、礼、智、信为代表的中国文明传统核心价值观经过新时代的重新诠释，仍然是中国德育的重要构成部分。

社会主义核心价值观是道德与政治的结合，这也是对中国传统社会中的道德与政治紧密结合的社会哲学思维的继承与发展。在中国传统社会中，如仁、礼等价值观，既是道德，也是政治。孔子有著名的：“八佾舞于庭，是可忍也，孰不可忍也！”[①]按照周礼制定的礼法要求，应该是天子用八佾，诸侯六，卿大夫四，士二。季孙氏是鲁国三桓之首，把持着鲁国的国政，代鲁国国君主持大型祭祀。按照周礼，鲁昭公应用六佾，周朝天子才可用八佾。可是季孙氏却设置了八佾六十四人的大型舞乐队。所以孔子对此认为是不合礼法，是对周天子和鲁国国君的蔑视，既不道德，当然也触犯了政治礼制。所以这种礼法，既是道德，也是政治。

在今天中国的德育思维中，仍然有道德与政治相结合的思维倾向，古代对皇帝和朝廷的忠，今天则转换为爱国主义，是对国家和社会主义的忠诚，两者相当程度上，在道德与政治的逻辑上是一致的。社会主义核心价值观一方面结合了马克思主义和社会主义政治意识形态，同时也结合了时代的发展，如敬业、诚信等价值观，最终形成了今天中国主流核心价值观。

传统核心价值观则是中国德育核心价值观的文化底色。道德永远都是对社会传统的一种传承和扬弃，不可能存在一种对社会传统完全抛弃的道德，因为任何道德都是建立在已有的社会基础之上的。想抛弃原有的一切社会传统和习俗，如同鱼想离开水而在真空中遨游一样荒谬。所以，任何一个国家的德育，都是相当程度上建立在该国的文化底色上的。中国传统核心价值观既有着儒家伦理的浓重底色，同时还有着道家伦理和佛教伦理的调和，所以这决定了中国传统核心价值观既多元，又复杂，最终成为一种有张力的社会伦理体系，经受住了各个时代的冲击，并在长期发展的过程中，不断改革和更新，直到今天。

客观地看，中国传统核心价值观能够在不同的时代面对不同的社会局面，而进行自我修正，这种自我修正能力，也是一种典型的自组织的发展能力。整体上看，中国传统核心价值观既不教条主义，能够接受时代的冲击而不断自我调适，同时也不自我封闭，能够有效吸收其他文化或者宗教的优秀道德价值观，而对自身进行扬弃。这也是中国传统文化的生命力所在。从近代以来的历史可以发现，从鸦片战争之后的中国逐步沦落为半殖民地，儒学为代表的传统文化在全世界的眼中相当长的时间里面成为一种严重负面形象的存在。但仅仅一百多年，中国文化又重新站在了世界之巅，中国模式、中国道德、中国梦得到了全世界的尊敬。中国传统文化在近代以来重新诠释了中国传统哲学中的智慧力量。其背后，也正是中国文化和中国传统核心价值观的生命力所在。

社会主义核心价值观和传统核心价值观，两部分共同构成了当代中国德育

① 《论语·八佾》.

的核心价值观体系。在未来的发展中，两者将会成为一种新时代的中国价值观体系，如同传统中国的三纲五常一样的社会主流价值观体系存在。

整体上看，中国德育核心价值观的构成主要有三大特色：

其一是中国德育拥有中国传统价值观的文化底蕴，这也是中国德育核心价值观的文化底色。德育如果不具有文化底蕴，会变得教条和空洞。德育是不可能依靠一套简单的如同几何公式一样的价值观体系而实现其职能的，任何德育都需要在具体实践中体现其艺术性和感染力。中国德育站在中国深厚的传统文化底蕴的基础上，在德育艺术和德育环境上，具有明显的文化优势。

其二是中国德育核心价值观是一种社会主义意识形态指导的价值观体系，道德与政治相结合。既与中国传统德育的基本哲学相同，也注重时代发展的社会主义方向和马克思主义哲学基础。中国德育强调政治方向的正确性，注重解放哲学，强调对劳工阶层的解放，致力于一个民主、自由、文明的社会主义社会的目标建设。

其三是中国德育核心价值观注重个体与社会之间的和谐和平衡。这与西方自由主义价值观形成了鲜明差异。中国德育既重视个体的和谐发展，也重视社会的和谐建设，同时还注重社会的整体平衡，这既是一种社会主义建设的政治要求，也是与儒家思想中大同社会的理想、道家思想中的天人合一相适应的。在中国德育中，单纯个体的和谐发展是没有实质性意义的，因为个体的和谐也需要在社会中寻找其和谐的指向标准。

二、中国德育核心价值观的基本逻辑

当前的中国社会主义核心价值观有着自己的内在逻辑，这种逻辑既是中国社会范式的思维特点体现，也是中国社会发展路径的一种基本假设。

首先，价值观构成上的国家、社会和个体三位一体。中国社会主义核心价值观的首要逻辑是国家、社会和个体的价值观的三位一体。在中国社会范式中，并不能完全独立地将价值观的个体与社会和国家相割裂，三者统一于整体道德价值体系的建设。所以在国家价值观层面，有着民主、和谐的社会价值观，社会层面也有着自由、平等的个体价值观，三者的三位一体，是中国社会整体思维的体现，也体现了中华民族强调修身、齐家、治国平天下的道德发展路径。

在中国的社会范式中，国是家的扩大，个体是生活在家和国的共同体中的，这一点类似于亚里士多德所说的人是城邦的动物，在中国每个人都是属于家和国的，国家、社会、个体三者本质上是三位一体的存在。所以中国社会特别强调伦理道德，并非是简单地依靠法律维持社会的和谐。有学者研究发现，东亚的犯罪率远比美国低，其原因就在于东亚人的正义观念远不同于美国的正义理想，在东亚社会中行为规范的推动力量不是法律，而是社会的伦理。[①] 同时，儒家思想哲学强调行为合规矩、名位受尊重，提倡简朴、节俭的生活方式，要求为未来的幸福做出眼前的牺牲，并且谴责不顾子孙后代的人们。[②] 这种三位一体不只是体现在一个时间剖面，而是持续和长期的，这些都是个体、社会和国家在空间剖面和时间纵向上的三位一体的价值体现。

其次，价值观导向上的主流价值观倾向。中国德育核心价值观基本内容的逻辑之一就是社会倡导主流价值观，这是与西方社会范式差异明显的逻辑。中国社会一贯强调社会主流价值观，在以前是强调仁义礼智信的儒家伦理，今天则是社会主义意识形态与传统伦理结合的社会主义核心价值观。“社会核心价值观是国家、社会为促成和保障人的价值实现而做出的价值承诺，这种承诺应明确、集中地反映社会成员基于自己的价值存在所形成的通约或共识。”[③] 这种主流价值观的存在，促进了社会道德水平的提升，统一了社会的道德认识，有利于社会的整体和谐发展。而西方社会范式强调自由主义价值观，力求社会价值观的多元平衡和竞争，所以西方社会范式本质上敌视主流价值观。这客观上导致了西方社会内部的价值对立和矛盾。特别是自由主义的典范美国，既是一个自由的社会，也是一个极度危险的社会。这种危险的自由社会，并不是中国社会所愿意选择的。

再次，价值观建设上的个体与社会价值观和谐一体建设。中国德育核心价值观的社会道德建设路径是个体与社会价值观建设并重，统一于社会整体道德建设。这种道德建设的路径思维在伦理学上是社群主义伦理思维的体现，在意识形态上是社会主义社会建设的基本路径。从伦理学上看，“极为重视道德教诲和道德榜样的作用，这是中国的政治传统。”[④] 相对来看，西方社会建设的内涵并不是简单的民主与科学两项，还包括过度发展的个人主义、漫无限制的利得精神、日益繁复的诉讼制度等，但这些反而增加了社会的紧张，而且已引起西方人自己的深切反省。[⑤]

---

①［美］小R.霍夫亨兹、K.E.柯德尔著，黎鸣译.东亚之锋［M］.南京：江苏人民出版社，1995.133.

②［美］小R.霍夫亨兹、K.E.柯德尔著，黎鸣译.东亚之锋［M］.南京：江苏人民出版社，1995.149.

③ 李海星.社会主义核心价值观论要［J］.科学社会主义，2013（2）：91-94.

④［英］马丁·雅克著，张莉等译.当中国统治世界.中国的崛起和西方世界的衰落［M］.北京：中信出版社，2010.170.

⑤ 余英时.中国思想传统的现代诠释［M］.南京：江苏人民出版社，1989.4.

又次，价值观发展上的价值观建设与社会建设的共同进步。中国德育核心价值观基本内容的逻辑之一还在于道德价值观的建设与社会建设的共同进步。社会建设包括多维层面，但精神层面不可忽视。人民有信仰，民族才有希望，国家才有力量。社会的道德水平决定了社会的文明程度，所以社会层面建设中的价值观进步至为重要。两者的共同进步决定了中国社会发展的物质和精神的两个维度的共同发展，这也是社会主义社会建设的重要基础和前提。在这点上，中国具有悠久的重视文化和精神发展的历史传统。“在世界历史的大部分时间里，中国一向是整个东亚社会的文化巨人，其所扮演的角色，集西方人在文化上无限敬仰的古希腊罗马和作为现代欧洲文明中心而备受倾慕的法兰西于一身。”① 价值观建设今天也成了人类其他文明对西方社会范式反思的重要内容，历史学家汤因比指出：“社会不公、精神痛苦以及人类自然资源的浪费，乃是一个世纪以来西方世界工业迅猛扩张的意外后果；而且，原来崇拜西方工业的人越来越多的开始怀疑，为了从西方物质财富中分沾微不足道的份额，却要付出同样痛苦的代价，这种做法是否明智。”②

最后，价值观教育上的社会公正价值观环境建设与个体价值观自我建设的共同促进。中国社会主义核心价值观的基本内容注重个体价值观的自我建设，同时也高度关注社会与国家的公正价值观环境的建设，所以社会层面的自由、平等、民主价值观至为重要，也是培养个体健康的价值观的重要途径。社会公正同时也是社会主义政治意识形态的内在要求。中国的个体道德发展的一个基本假设是个体是在社会环境中的成长，所以外在的道德环境建设是影响个体道德发展的重要力量。从德育角度，中国德育强调对个体道德发展的防微杜渐，即强调防范个体可能的恶的倾向，所以会在个体发展的过程中采取正向引导，并注重对恶的防范。这一点是与西方自由主义德育相区别的，西方自由主义德育强调个体的选择自由，即使是个体选择恶，那也得尊重个体的选择。所以从西方角度上看，常常攻击中国的德育本身不道德，因为违反了自由原则。而从中国道德视角，西方式的自由主义德育是一种看着个体跳悬崖的冷漠。中国正是在注重对个体的德育发展，同时注重对社会整体道德价值观环境的建设中促进整个社会道德的建设。

---

①［美］吉尔伯特·罗兹曼主编，国家社会科学基金《比较现代化》课题组译．中国的现代化［M］．南京：江苏人民出版社 .2005.15.

②［英］阿诺德·汤因比著，刘北成、郭小凌译．历史研究［M］．上海：上海世纪出版集团，2005.380.

三、中西德育核心价值观的比较

中国与西方是两种起源迥异的文化范式，中国的文化范式源头主要是儒家文化，而西方的文化根源则是古希腊和罗马文化与基督教的结合。两者在核心价值观上的差异是显而易见的。每一种价值观体系都孕育于该种社会的历史文化的土壤之中，也是该民族的思想标记。中国传统的价值观的基本特点是社群主义倾向，强调德性论和仁政，注重和谐。而西方传统价值观体系的基本特点则是个人主义，强调法治，追求个体幸福，注重理性。①

在价值观的排序上，中西德育存在价值观的重要性排序的分歧。价值观的排序是人类社会中社会范式差异的重要原因。当代世界几乎任何一个社会中，排名前十甚至前二十的价值观具体构成几乎都没有质的差异。社会主义核心价值观中的所有价值观也都是人类社会普遍重视的重要价值观，但决定社会实质差异的不是价值观的种类，而是价值观的排序。“每一种价值秩序的形成都会形成一种价值观，有什么样的价值秩序就有什么样的价值观。”②简言之，价值观体系中的价值观排序导致一切都不一样。在西方社会范式中，自由被视为天然的首要价值观。在西方学者眼中，自由无可争议，是先验存在的真理，但这就是问题的根源。因为在其他社会，自由并不是无可争议的首要价值观。西方社会中其他所有价值观都需要服从于自由价值观，但在其他社会中，自由往往只是社会珍视的价值观之一。所以西方社会为了自由，可以牺牲社会和谐与安全。而在中国社会，自由需要服务于社会整体和谐发展。这就是社会范式差异的价值观原因，起点看起来差异微小，但最终在社会范式的现实实践中，差异巨大。

总体上看，中国的核心价值观更为强调个人的责任和义务，以及社会整体的需要，倾向于建构一个稳定和谐的、有着鲜明的主导核心价值观体系的社会。由此，出现了中国式的以社会整体需要为目标的社会本位道德价值观。而西方特别是在现代，基于对自由的信奉，极度重视个人的权利，以及尊重个体自身发展的主观愿望和自由权利，从而客观上实现了另外一种目标取向，即目标指向个人权利的个体本位的道德价值观。导致了两种社会中评判道德的不同的倾向和标准，中国倾向于从社会中整体的道德出发考虑，而西方则直接指向个体的需要，认为个体自由的就是对的。这两种价值观反映到德育中，特别是反映到德育中的核心价值观上面，中国则更为强调人与社会之间的关系，而西方则

---

① 魏素琳．中西传统价值观念比较［J］．湖北大学学报（哲学社会科学版），2001（3）：36-42.
② 张永芝．核心价值秩序与社会主义核心价值观［J］．教学与研究，2013（6）：47-53.

更为强调个人的自由权利。“以权利为基础的自由主义的支持者们认为，个人都愿意为个人自由和自主而接受暴力犯罪和社会、经济的不平等这样的代价。然而，在一个像中国那样的社群社会里，这种偏爱自由而不顾人身安全与经济公平的做法似乎显得极端。”①

同时，在对自由的理解上，中国对于自由并不特别看重，并不认同自由应该是首要的和最为重要的价值。而西方则刚刚相反，认为自由价值应该是首要的。在东方的核心价值观体系中的一种相对重要的价值观，成了西方社会的最为重要的价值观。“一个对个人主义和集体主义做跨文化研究的作者同样强调，与其他集体主义盛行的地方相比，在西方，个人主义占统治地位，该作者得出如下结论：‘在西方被视为最重要的价值，在世界范围内最不重要。’西方人和非西方人一再把自由主义认作西方主要的区分标志。”② 这无疑反映出两种文化以及文化背后的社会结构的明显差异。“当代民主理论的一个主要特色是以权利为基础的自由主义派生出来的，这就是把权利（right）摆在善（good）之上。”③

在对于民主、正义的理解上和尊重上，中国与西方是相同的。而在平等的尊重上，实际上中国比西方更为珍视。中国社会一直几乎不存在特权的世袭阶层，在秦汉之后，理论上任何人都可以成为王侯将相。

中西德育在具体核心价值观的构成上存在文化差异。在核心价值观的差异上，内容上的差异并不大，也即中国与西方社会对于人类的最为珍视的价值观的前十项或者前二十项几乎没有多少争议。同时对于民主、自由、平等、正义、爱等价值观的内在涵义的认识，差异也并不大。真正的差异实质上是在这几项最为重要的核心价值观的排序上，在最为重要的核心基础价值观上，中国与西方存在很大的差异。中国更为看重社会的整体利益，也愿意为了家庭或者社会而付出牺牲，这种在中国是被视为一种美德的。但或许在西方的价值观体系中则有着相反的解释，反而认为这种情况是社会对个体的压迫，通过对个体施加的责任，而强迫个体做出牺牲，这种牺牲本身就是非道德的。

中西方德育范式的核心价值观的差异，其实质是文化差异在社会中的体现。中国的儒家思想文化，一直成为中国大一统的文化中的核心组成部分，中国如

---

①［美］郝大维，安乐哲著、何刚强译．先贤的民主——杜威、孔子与中国民主之希望［M］．南京：江苏人民出版社，2004. 142.

②［美］塞缪尔·亨廷顿著，周琪等译．文明的冲突与世界秩序的重建［M］．北京：新华出版社，2002. 62.

③［美］郝大维、安乐哲著，何刚强译．先贤的民主——杜威、孔子与中国民主之希望［M］．南京：江苏人民出版社，2004. 46.

此之大的面积以及如此众多的人口，在历代战争中都面临着一个统一与分裂的选择，分裂意味着战争与混乱，所以在中国的文化中，所有的精英都有着一统天下，造福于民的伟大志向。这种理想正如西方的亚历山大和恺撒的志向一样伟大。在这种理念中，阐释修身齐家治国平天下的文化，自然会趋向于整体社会的角度，所以从这一视角维度看，中国的国家就是一个大家庭的概念。中国是一个大家庭，所有人都愿意为了其和平繁荣而努力。这种文化环境中，导致所有的价值观都趋向于社会本位道德价值观。

而西方社会与此很不一样，西方在古罗马之后，从来没有真正的统一过，小国之间长期无尽的战争，同中国的春秋战国时代一样。这种割据的文化必然导致社会个体的自由倾向，几乎没有多少人想过一统天下，更为注重的则是保持各个国家的文化特点，如西班牙、法兰西、德意志、英格兰等都有各自的历史文化传统。这种文化环境中产生的道德价值观可能相互冲突，即很难产生一种统一的文化，也没有一种权威的高端文化。基督教只是一种身份符号，但英格兰还是英格兰，德意志还是德意志，法兰西还是法兰西。这种环境很难产生中国式的大一统的文化理念。最终导致了西方文化中的相互竞争与多元的局面。反映到价值观层面，便形成了多元的个体本位的道德价值观体系。

中国社会本位的核心价值观是中国整体哲学的产物，而西方的多元价值观则是其多元的文化哲学在价值观上的反映。这两种不同的文化，从不同角度塑造了两种不同的但同样伟大的文化价值观。对于整个社会发展来说，中国式的核心价值观更为稳定、和谐与和平。这也是人类如果不想自我毁灭而需要的重要的哲学和价值观。西方式的核心价值观体系有利于个体自身的创造力，但对于整个世界来说，创造力的背后，也极可能是价值观的多元、无序、冲突，最终可能带来人类的整体不幸。从这一点来看，中国式的整体道德价值观对于人类的发展来说可能更为重要。

中国德育有着自己的德育目标体系，德育目标不仅是该种德育范式的现实指向，同时也是其内部的理论逻辑的发展结果。德育目标在很大程度上决定了社会发展方向的政治正确，当前一个需要高度警惕的观点就是：德育的现代化等同于德育的西方化。在德育中将现代化理解为西方化将会导致非常严重的问题。现代化并不一定意味着西方化，事实上当代部分国家在没有放弃自己的文化价值观的情况下，也同样实现了现代化，如新加坡、韩国等。① 李光耀曾经指出："英法两国分别让 40 多个前英国殖民地和 25 个前法国殖民地相继独立，并为这些国家制定西方式宪法，迄今已有 50 年了。不幸的是，它的结果在亚洲乃至非洲都很糟糕。就连美国，也无法让菲律宾殖民地，从 1945 年恢复自由 50 年后的今天，成功推行民主制度。" ②

在德育领域，政治家需要注意过度干涉可能会适得其反。"政治领导人傲慢地认为，他们可以从根本上重构他们社会的文化，这是注定要失败的。尽管他们能够引入西方文化的要素，他们却不能永远压制或消除本国文化的核心要素。" ③ 部分国家因为在文化和政治战略上的失误，导致国家成为文化上的精神分裂，产生了相当严重的问题。"政治领导人能够创造历史，但他们不能逃避历史。他们造就了无所适从的国家，但却不能创造出西方社会。他们使国家染上了一种文化精神分裂症，

---

①［美］塞缪尔·亨廷顿著，周琪等译．文明的冲突与世界秩序的重建［M］．北京：新华出版社，2002.70–71.

② 吕元礼．亚洲价值观：新加坡政治的诠释［M］．南昌：江西人民出版社，2002.372.

③［美］塞缪尔·亨廷顿著，周琪等译．文明的冲突与世界秩序的重建［M］．北京：新华出版社，2002.166.

这成为那个国家持久和确定的特征。"[①] 这种国家的代表有土耳其和墨西哥等。土耳其国内在文化上是世俗主义与宗教派别的矛盾，而墨西哥则是西方文化与拉美文化的冲突。

第一节　中国德育的德育目标体系的理论基础

中国德育的德育目标具有自己的特色，与西方自由主义德育不一样，中国德育的德育目标不限定于社会个体层面，还有着多个层面。总体上看，中国德育的德育目标体系可以划分为个体、家、国、天下四个层次。四个层次共同构成中国德育的德育目标体系。这种多层次的德育目标体系本身也是与中国的社群主义倾向的道德哲学相适应的。在中国，德育从来都不会仅仅局限于个体层面，如果不能延伸到家、国、天下，那么这种德育的境界或者道德层次就太低了。

一、传统儒家思想对中国德育目标的影响

中国德育在具体的德育目标层面受政治思想影响很大，传统中国主要是受儒家思想所影响，个体、家、国、天下的四个层次，就是儒家思想的经典论述。"古之欲明明德于天下者，先治其国；欲治其国者，先齐其家；欲齐其家者，先修其身；欲修其身者，先正其心；欲正其心者，先诚其意；欲诚其意者，先致其知，致知在格物。物格而后知至，知至而后意诚，意诚而后心正，心正而后身修，身修而后家齐，家齐而后国治，国治而后天下平。"[②]

其具体内涵如下：

其一，个人、家、国、天下本质上是相同或者相通的。希望天下太平、弘扬人间正道，先要治理好自己的国家；如果想要治理好自己的国家，先得管理好或者建设好自己的家庭；而要管理好或建设好家庭，先要修养好自己良好的品性；如果要想修炼品性，需要先端正自己的思想；要端正自己的思想，首先需要自己拥有真诚的意念；要意念真诚，先需要自己具有知识；而想要获得知识，则需要认识和研究世间万物。

其二，贯穿于个体、家、国、天下的是道德。因为中国社会强调事在人为，个体、家、国、天下的事情都是人事，而人事的关键在于道德。这也是中国传统以来以德治国、以德服人的源头和基本逻辑。

---

①［美］塞缪尔·亨廷顿著，周琪等译．文明的冲突与世界秩序的重建［M］．北京：新华出版社，2002.166.

②《礼记·大学》．

二、社会主义对中国德育目标的影响

当代中国德育的另外一个思想基础——马克思主义，同样对中国德育的目标体系有着重要影响。中国化马克思主义是马克思主义在中国的科学发展，其对于德育目标的具体影响主要有三个理论成果：

其一是毛泽东同志的社会主义教育目标论述。

其二是邓小平同志三个面向经典论断和四有新人经典论述。

其三是习近平总书记的“立德树人”和“五育并举”的重要论述。

（一）毛泽东同志的社会主义教育目标论述

毛泽东在《关于正确处理人民内部矛盾的问题》中指出：“我们的教育方针，应该使受教育者在德育、智育、体育几方面都得到发展，成为有社会主义觉悟的有文化的劳动者。”毛泽东的经典论述，是中国社会主义教育目标的第一次完整呈现。其内在逻辑和理论贡献主要有以下构成：

首先，其论述奠定了中国教育培养目标的社会主义方向。马克思主义自此成为中国教育的主体政治指导思想，马克思主义解放伦理成为中国教育的伦理基石，公平、平等、和谐等社会主义基本价值观成为了中国教育的价值观基础。这种政治对德育的指导性，也是与中国德育传统相适应的。中国德育历史以来，其内部构成都是道德与政治的紧密结合。道德决定政治本身的合法性，而合法的政治赋予德育现实力量。

其次，其论述继承了中国传统以来的以德为先的教育范式。中国自古以来强调仁政，注重内修其身、外修其政，西周以来就一直强调以德配天。中国教育方针中注重德、智、体全面发展，但以德为首，这是中国的社会传统，也是中国古代致力于培养圣贤的现代转换，德智体全面发展的个体从此成为中国教育的基本目标指向。

再次，其论述继承了马克思主义的人的全面发展的学说，同时结合中国儒家思想对个体的界定，提出了德智体全面发展的经典论述。马克思主义强调人的全面发展，中国传统则重视道德与智慧的结合的圣贤或者君子。但中国先秦时代，知识分子有着仁人志士和大丈夫的精神，“富贵不能淫，贫贱不能移，威武不能屈，此之谓大丈夫。”[①] 但封建社会的后期，在精神上有着明显的下滑，在人格精神上有一定的矮化，知识分子成了“手无缚鸡之力”的形象。这种知识分子的形象变化实质上对于体育有着一定的忽视，同时也不利于民族的强盛。

---

①《孟子·滕文公下》.

德智体全面发展继承了中国历史中的优秀传统，注重德才兼备，还注重以前所忽视的体育，这是一个重要进步。

最后，其论述界定了中国教育目标培养劳动者的精神高度。教育是培养统治者，培养贵族，还是培养劳动者，这是毛泽东的经典论述中的回答：培养的是有社会主义觉悟的有文化的劳动者。这是具有精神高度的目标设定。劳动创造了人本身，也是人类发展前进的基本途径，社会主义教育培养的就应该是为社会发展而贡献的劳动者，不是自以为高人一等的统治者和征服者。即使在今天，毛泽东培养劳动者的教育目标论断仍然闪耀着道德和智慧的光芒。

（二）邓小平同志三个面向经典论断和四有新人经典论述

邓小平三个面向的教育论断对中国德育目标影响很大。1983 年，邓小平为北京景山学校的题词：教育必须面向现代化，面向世界，面向未来。[①] 三个面向对中国教育发展影响很大，具体对德育目标的影响主要如下：

首先，三个面向提出了立足传统，面向社会发展的现代化。这个现代化不只是国家发展和科学技术的现代化，还包括人的现代化。德育不能仅局限在单一的难以考量的品德维度，其品德还需要实践践行，以服务于这个发展的时代。简而言之，爱国主义不能停留于言语上，还需要通过行动来实践。在这一过程中，人的现代化至关重要，而人的现代化的培养，就主要依靠学校教育。

其次，三个面向提出了立足中国，面向世界的眼光和视野。这既是国际理解的必要，同时也是打破中国传统以来的封闭思想的必须。中国文化传统上有着天朝大国的优越感，导致或者自傲或者自卑的心态。国际视野、世界眼光是中国走向世界、增进国际理解的必需，这也是中国德育目标的必然内涵。闭关锁国必然导致落后，学校德育必须赋予社会个体良好的世界眼光，正如中国传统中的天下观一样。

最后三个面向提出了立足当今，面向未来的要求。理解天下发展大势，把握世界发展潮流，所谓“家事国事天下事，事事关心”，并推进中国社会的建设和发展，这是中国德育培养目标的内在要求。社会个体不只是要理解这种发展，更重要的是要献身于这个伟大的发展时代，致力于中华民族的复兴，同时实现自身的人生价值。

1980 年，邓小平给《中国少年报》和《辅导员》杂志的题词提出了四有新人的教育目标：“希望全国的小朋友，立志做有理想、有道德、有文化、有纪律的人，立志为人民作贡献，为祖国作贡献，为人类作贡献。”邓小平的四有新人

---

① 邓小平．邓小平文选（第三卷）[M]．北京：人民出版社，1993.35.

的教育目标，充分体现了当代中国德育目标的全貌，对当前中国德育范式的具体实践影响深远。[1]四有新人作为四个层面，均与德育具有内在联系，涵盖了思想、道德、政治等多个领域。

首先，在思想层面，四有新人强调共产主义的理想信念，这是社会主义政治方向的坚守。人民有信仰，国家才有力量。一个民族在思想层面如果不能提升其水准，很容易因物欲横流而导致社会道德沦丧。所以思想层面的共产主义理想信念是中国学校德育中的重要维度，也是中国学校德育的政治方向的坚定要求。

其次，在道德层面，四有新人强调了中国教育培养的道德要求。这既是中国传统文化的延续，同时也是社会主义道德培养的要求。社会主义建设不局限于物质财富，还有精神财富领域。社会主义所追求的不只是物质文明，还有精神文明和政治文明。而这些精神文明和精神财富，很大程度上都是以道德为基石。所以培养社会个体高尚的社会主义道德是中国德育的基本目标。

再次，在能力层面，四有新人注重教育本身的才识要求。有德无才，难以实现社会主义建设目标，提升中华民族的科学文化素养，本身就是教育的指向目标。社会主义建设中不能依赖只有道德而在能力上却是平庸之人。一代人需要承担一代人的使命，在社会主义建设中，既需要道德，还需要才华和智慧。德育不能仅局限于道德培养，如果只限于道德和政治教育，很容易培养出古代中国儒生一样的只会读书而没有实务能力的人，所谓“百无一用是书生”。社会主义所指向的是德才兼备，既有坚定理想信仰，同时又具有卓越才华的社会主义建设者和接班人。

最后，在规范层面，四有新人提出纪律意识培养的重要性。中国历史智慧之一就是中国发展需要稳定和和谐，而这必须有良好的规范意识。古代中国有仁、义、礼、智、信五常的约束，在具体生活中强调礼义廉耻。这些是非常优秀的道德规范和社会矛盾处理的纲领。所以中国历史以来，在社区层面都有着良好的乡绅自治传统。这也是中国基层社会良好的社会治安和社会和谐的坚实基础。今天中国强调社会主义核心价值观，同时大力推进社会主义法治教育，其目的也在于通过规范教育，强调纪律意识和大局意识，最终提升社会个体良好的规则意识和现代契约精神。所以在学校德育中，规范教育、纪律教育必须是德育的重要内涵。

（三）习近平总书记的“立德树人”和“五育并举”重要论述

在德育领域，习近平总书记的重要理论贡献是“立德树人”，习近平总书记强调：“要全面贯彻党的教育方针，落实立德树人根本任务，发展素质教育，推

① 邓小平．邓小平文选（第三卷）[M]．北京：人民出版社，1993.28.

进教育公平，培养德智体美全面发展的社会主义建设者和接班人。”[①] 立德树人注重全程育人、全方位育人，这是一种时时德育、处处德育的重要德育思想。“要坚持把立德树人作为中心环节，把思想政治工作贯穿教育教学全过程，实现全程育人、全方位育人。”[②] 学校教育的根本任务在于立德树人，其内涵主要涵盖两个维度：其一是立德，即树立德业，建设道德的学校，为社会优秀道德风尚建设服务；其二是树人，即培养德智体美劳全面发展的社会主义事业建设者和接班人。

“五育并举”是习近平总书记在2018年召开的全国教育大会上提出的重要论述，在这次大会上，习近平总书记提出：“培养德智体美劳全面发展的社会主义建设者和接班人，加快推进教育现代化、建设教育强国、办好人民满意的教育。”[③] 德智体美劳全面发展即“五育并举”，是新时代指导学校教育发展的重要论述，“五育并举”重要论述重新提出劳动教育的重要性，注重劳动育人，培养社会主义建设者和接班人，这也是中国德育的社会主义性质的重要体现。

今天，中国社会主义进入了新时代，中国德育的指导思想是习近平新时代中国特色社会主义思想。习近平总书记站在中国特色社会主义新时代以德治国的战略高度，科学阐述了党的德育创新发展的一系列重大理论与实践问题，对中国特色社会主义新时代党的德育定位、核心战略、价值追求、战略重点、战略主渠道等作出了科学回答。[④] 在德育领域，习近平总书记的相关重要论述对中国德育的重要贡献主要有：

首先，在德育目标层面，习近平总书记提出了“五育并举”的新的德育目标，进一步强调了美育和劳动教育的重要性。习近平总书记高度重视美育，这也是与美丽中国建设有着重要联系的。

其次，在德育地位层面，习近平总书记高度重视学校德育，认为德育是事关培养社会主义建设者和接班人的重大问题，是“依法治国和以德治国相结合”[⑤] 国家治理现代化战略的重要支撑。习近平总书记高度关注思想政治教育工作，强调：“高校思想政治工作关系高校培养什么样的人、如何培养人以及为谁培养人这个根本问题。”[⑥]

---

① 习近平．决胜全面建成小康社会，夺取新时代中国特社会主义伟大胜利——在中国共产党第十九次全国代表大会上的报告［M］．北京：人民出版社，2017.45.
② 习近平．习近平谈治国理政（第二卷）［M］．北京：外文出版社，2017. 376.
③ 习近平．坚持中国特色社会主义教育发展道路 培养德智体美劳全面发展的社会主义建设者和接班人，［N］．新华社，2018-09-10.
④ 李杨、李康平．习近平德育思想探究［J］．思想理论教育导刊，2018（4）：20-24.
⑤ 习近平．习近平谈治国理政（第二卷）［M］．北京：外文出版社，2017.133.
⑥ 习近平．习近平谈治国理政（第二卷）［M］．北京：外文出版社，2017. 376.

再次，在德育方法论层面，习近平总书记提出了“把思想政治工作贯穿教育教学全过程”的全程育人、全方位育人的重要方法论。这种全程育人、全方位育人的方法论，是学校德育最重要的教育理念，要求学校在课程教学、校园文化建设、社会实践等领域，高度重视对学生的德育，实现时时德育、处处德育的德育氛围。习近平总书记指出：要努力构建德智体美劳全面培养的教育体系，形成更高水平的人才培养体系。要把立德树人融入思想道德教育、文化知识教育、社会实践教育各环节，贯穿基础教育、职业教育、高等教育各领域，学科体系、教学体系、教材体系、管理体系要围绕这个目标来设计，教师要围绕这个目标来教，学生要围绕这个目标来学。凡是不利于实现这个目标的做法都要坚决改过来。[①]同时，习近平总书记高度重视信仰和梦想领域的教育。“我们要弘扬社会主义核心价值观，弘扬以爱国主义为核心的民族精神和以改革创新为核心的时代精神，不断增强全党全国各族人民的精神力量。”[②]

最后，在德育内容层面，习近平总书记相关德育重要论述内容广泛，涵盖了中国梦教育、法治教育、家庭教育、社会主义核心价值观、人类命运共同体教育等多个维度。中国梦教育是习近平新时代中国特色社会主义思想的重要构成部分，也与德育深刻相关。习近平总书记强调：“要用中国梦打牢广大青少年的共同思想基础，教育和帮助青少年树立正确的世界观、人生观、价值观，永远热爱我们伟大的祖国，永远热爱我们伟大的人民，永远热爱我们伟大的中华民族，坚定跟着党走中国道路。”[③]社会主义核心价值观教育是学校德育的主要内容，“要坚持不懈培育和弘扬社会主义核心价值观，引导广大师生做社会主义核心价值观的坚定信仰者、积极传播者、模范践行者。”[④]在法治教育的定位上，习近平总书记强调：“治理国家、治理社会必须一手抓法治、一手抓德治，既重视发挥法律的规范作用，又重视发挥道德的教化作用，实现法律和道德相辅相成、法治和德治相得益彰。”[⑤]

整体上看，习近平总书记德育相关重要论述在理论特质上，主要有坚定的政治意识形态要求、坚实的德育文化自信、高度重视道德品质、高度注重理想信仰的德育价值、高度重视革命英雄主义等。

---

① 习近平．坚持中国特色社会主义教育发展道路 培养德智体美劳全面发展的社会主义建设者和接班人［N］．新华社，2018-09-10.
② 习近平．习近平谈治国理政（第二卷）［M］．北京：外文出版社，2017.36-37.
③ 习近平．习近平谈治国理政［M］．北京：外文出版社，2014.53.
④ 习近平．习近平谈治国理政（第二卷）［M］．北京：外文出版社，2017.377.
⑤ 习近平．习近平谈治国理政（第二卷）［M］．北京：外文出版社，2017.116.

第二节 中国德育目标的家国同构的基本结构

家国同构是理解中国德育和中国社会的重要思维结构。在中国，社会个体并不是以简单的原子形式存在于社会中，在基本的形态上，中国社会个体，是以分子的形式存在于社会中。也即，中国社会个体是以其社会身份和社会关系存在的，而这种社会身份和社会关系中，最重要的关系就是家庭。

一、家国同构与中国德育目标

只有理解了中国家庭，才能更为准确地理解中国社会的构成。中国社会的构成首先是家庭，家庭赋予了社会个体的社会性，同时也是社会个体生活、劳作和依靠的存在。家庭既是一个物质的存在，也是一个精神的存在。所以在中国，对家的眷恋，对故乡的情感，都是中国文化中最为感人的组成部分之一。家庭中有家长、有子女，家庭内部需要道德纲常约束和协调。不管是家长与子女，还是子女之间，都有着中国特有的明确的家庭伦常关系。所谓孝悌为本，主要就是指家庭关系的道德纲常。

家是缩小的国，国是扩大的家，这就是家国同构的基本逻辑。在国家的层面，传统中国主要是靠纲常伦理维持和协调，只不过孝悌变成了更大更广的三纲五常了。而在国家层面，君王所扮演的就是家庭中的家长的角色，而子民，则类似于家庭中的孩子。这种家与国相似的基本结构，赋予了中国人对社会的基本理解范式。

因为家国同构的思维结构，所以在德育中也是同样的逻辑。德育重视道德规范，学校中重视校纪班规，因为这些也是国家法律的雏形。按照中国德育的逻辑，如果在学校中不遵守校纪班规，那么在社会中也很难遵守国家法律。实践证明，这是具有实践智慧的真理。现代社会学研究揭示，青少年在未成年时期，其不良社会行为很容易导致反社会人格的倾向，并且其不良行为越早，其预后越危险。[①] 所以学校的校纪班规对于学生的成长来说，是一个非常重要的存在，这是一种基本的规则意识的培养。对社会规则的接受和尊重，是亲社会人格的重要人格构成。而敌视和破坏社会规则的，大多都是反社会人格倾向的表现。

二、家国同构的四个层次德育目标

中国德育目标有着自己的特色，其最主要的特色就在于目标是从个体不断

---

① 曾茂春、李辉.精神病态与反社会型人格障碍间的关系［J］.社会心理科学，2011（8）：60-64.

延伸到家庭和国家，这是一种偏向于通过个体的社会关系来综合评估个体的道德状况的德育体系。一个非常有趣的现象是，这种德育目标体系最终指向的治国平天下与马克思主义的解放伦理所建构的人类解放极为相似。从这个角度上看，社会主义在中国的成功有其内在的必然性，因为在伦理基础和理想社会两个维度，马克思主义与儒家思想非常相似。

中国德育范式的德育目标是分为不同层次的，并且越到后面的层次，其道德要求更高，道德范围更宽，在道德影响上更为深远。这在内在伦理维度既结合了中国儒家伦理，同时还贯穿了马克思主义的解放伦理，两者的结合最终通过社会主义核心价值观、集体主义、爱国主义等得以体现。

在个体层面，中国德育范式强调个体的修身，即正心、诚意、修身，用今天的德育概念来看，既包括道德规范的学习和内化，同时还包括健康三观的建构：即学生个体的人生观、价值观和世界观。在中国传统教育中，圣人人格是核心人格理想。[①] 中国古代还强调礼乐教化，要求个体掌握必要的社会礼仪和基本社交规则，以今天的视角看，这一要求同样非常重要，也即现代社会的文明礼仪。在中国学校德育中，文明礼仪是一个非常重视的考核维度，教育行政管理部门给学校所授予的荣誉之一就是：文明礼仪示范学校。

在家庭层面的德育目标上，中国致力于建构健康的家庭德育环境和和谐的家庭氛围。中国德育非常重视家庭的和谐与和睦，所以中国德育一直非常重视家庭教育。家庭教育既是中国人的最初的德育构成，同时也是其道德伦理基础的雏形，承载着社会个体德育的最初的职能。家庭教育所赋予社会个体的责任感、沟通技巧和和谐理念等，对社会个体的一生都是极为重要的。更为重要的一点，家庭教育以及社会个体未来的家庭道德决定了中国社会基本单位——家庭的稳定性。如果中国每一个家庭都不存在问题，那么社会自然也就没问题了，这是中国社会建构的基本逻辑。在中国德育中也同样如此，如果对每一个家庭的孩子的德育都成功，那么中国社会的个体德育也就不存在问题了。

在社会层面，中国德育范式的德育目标是建构一个和谐的公平正义的社会。如同儒家思想的理想——大同社会一样，老有所养，幼有所教。中国社会的德育目标不同于西方国家德育指向的自由社会，在中国理想的社会中，自由当然也重要，但远没有西方文化所认定的首要价值观的地位。中国社会的德育目标很大程度上规范了中国德育范式的实践，因为这种实践逻辑更多地指向现实社

---

① 石丽娟．中国古代教育哲学中的理想人格探析［J］．河北师范大学学报（教育科学版），2010（3）：16–20.

会的和谐与公正，是一种典型的实践理性，而与西方德育主要源于自由主义的理论理性有很大差异。在自由维度，自由主义德育范式建构下的社会比中国德育范式也许更为积极，但在安全维度和和谐维度则远不如中国德育范式建构的社会。因为对自由的极端迷恋，美国又被称为世界犯罪之都。“美国司法部司法统计局2010年10月13日的报告显示，美国12岁以上公民2009年共经历430万起暴力犯罪、1560万起财产犯罪和13.3万起个人盗窃犯罪，犯罪率为每千人17.1起。美国每年约有1/5的人成为各种犯罪行为的受害者，这一比例居全世界之首。”[①]追根溯源，这与美国的自由主义德育有深刻关系。

在国家层面，中国德育范式致力于建构一个富强民主文明和谐美丽的国家。[②]中国古代儒家思想的表述是治国，今天则更多的则是民族复兴，建设一个富强的国家，这也寄托着中国德育范式对国家积贫积弱导致的被侵略历史的深刻记忆。所以从这个角度上看，中国德育范式的目标是不断向外向上延展，不会简单地停留于个体道德完善的层次。以西方国家的视角来看，中国的国家富强和民族复兴的德育目标本身就不应该算为德育领域，而认为应该是政治领域。但在中国，这也是德育的范围，并且是较为高端的德育。

在世界层面，中国德育范式致力于建构一个国际理解、国际和平的世界，承接古代的平天下的理想，也即今天的“世界人民大团结”。[③]今天，习近平总书记提出了重要的“人类命运共同体”的重要国际和平思想：“构建人类命运共同体，实现共赢共享。”[④]这是一种深刻的并具有重要政治哲学内涵的思想。中国文化一直是一种和谐文化，这种和谐不只是内部和谐，还同时指向外部和谐和世界和谐。所以本质上说，中国德育范式是一种指向和谐和和平的德育。“几乎所有帝国都是凭借武力建立的，然而没有一个能够靠武力延续下去。若要长久统治世界，必须化武力为义务。否则统治者会为了统治耗尽精力，却无力塑造未来，而塑造未来才是政治家追求的终极目标。”[⑤]

今天世界战乱频发，特别是中东、非洲等地区，不同的文明之间的冲突、不同的宗教之间的矛盾，导致国家分裂、战乱频发、难民众多、生灵涂炭。中

---

① 中华人民共和国国务院新闻办公室.2010年美国的人权纪录［EB/OL］.（2011-4-10）［2011-4-12］http://www.gov.cn/jrzg/2011-04/10/content_1841245.htm.

② 习近平.决胜全面建成小康社会，夺取新时代中国特色社会主义伟大胜利——在中国共产党第十九次全国代表大会上的报告［M］.北京：人民出版社，2017.12.

③ 中国北京天安门城楼上的大幅标语，一边是：中华人民共和国万岁，另一边是：世界人民大团结万岁。

④ 习近平.习近平谈治国理政（第二卷）［M］.北京：外文出版社，2017.539.

⑤［美］亨利·基辛格著，胡利平等译.论中国［M］.北京：中信出版社，2012.9.

国德育范式指向的平天下的理想，仍然是这个星球上极为珍贵的历史智慧和财富。如何理解中国的和而不同的道德范式，仍然是中国德育范式所需要坚守和珍视的历史智慧。而这种平天下的德育目标，在中国德育范式中的存在，既有其必要，同时也是对人类社会的重大贡献。

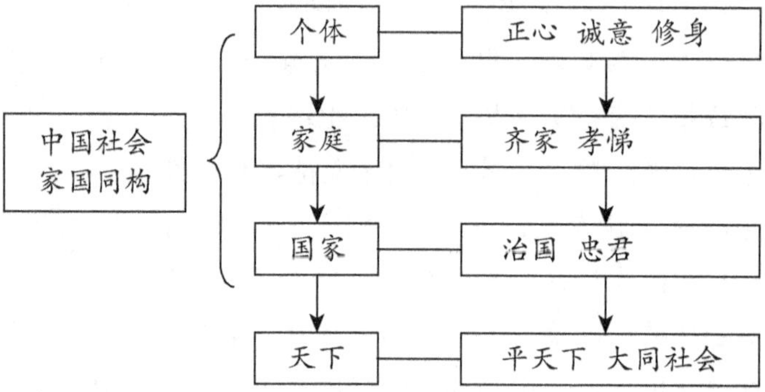

表 7.1 中国社会的家国同构

第三节 新时代的中国梦：中国德育目标的现实诠释

2012 年 11 月 29 日，习近平总书记在参观《复兴之路》基本陈列时提出了实现中华民族伟大复兴的中国梦。[①]2013 年 3 月 17 日，习近平总书记在十二届全国人大一次会议闭幕式时进一步指出："实现中华民族伟大复兴的中国梦，就是要实现国家富强、民族振兴、人民幸福。"[②] 中国梦一经提出，就引起了国内理论界的强烈反响，释放出强大的正能量和号召力，同时也引起了世界各国的广泛关注。中国梦是新一届中央集体提出的重大理论成果，是全党全国各族人民共同的奋斗目标，是当前学术界的重大理论课题。作为中国特色社会主义重大理论问题的中国梦必须尽快融入国民教育，培养具有中国梦的新一代社会主义事业接班人，坚持理想信念为重点，发挥梦想的力量，实现中华民族的复兴之梦。

学校德育是实践中国梦的重要领域，少年强则中国强，中国梦对学校德育具有重要理论价值和指导意义，同时也是中国学校德育目标的重要诠释。中国梦提出了梦想的力量，强调个体发展中的内动力，注重个体在民族复兴的伟大时代，通过自身的奋斗，寻找自身的人生价值。中国梦既是个体梦，也是民族梦，对中国德育具有重要影响和启示。

---

① 习近平．习近平谈治国理政［M］．北京：外文出版社，2014.36.
② 习近平．习近平谈治国理政［M］．北京：外文出版社，2014.39.

一、梦想的力量是青少年发展的重要内驱力

德育的目标和指向是培养具有健康道德品质和思想政治素养的青少年。人类独有特征之一就是人类具有希望和梦想，而梦想往往是一个人、一个民族、一个国家前进的精神动力。一定程度上可以说，一个民族梦想的高度，就决定了这个民族成就的高度。对于个体来说，个体的发展也取决于个体梦想的高度。所以，重视和培养梦想的力量，是中国梦理论对中国德育的首要理论价值和启示。

任何德育范式都有着自己的德育路径和理念，人类社会中有强调道德规范的德育范式，也有强调自由发展的德育范式，但在自由和规范之间，德育需要正视梦想的力量。梦想的力量在于既能够让个体审视自身的发展空间和发展目标，这是自由的维度，同时也让个体审视自己在时代和社会特定空间和时间维度上的责任，这实际上就是规范的维度。两者通过梦想的力量，让个体理解规范的理性，也免去自由的虚妄，同时带给个体强大的内驱力，让个体发展之路成为个体的追逐梦想的幸福之路。这就是中国梦给予学校德育的基本启示之一。

具体对中国梦来说，中国梦并不是一种普通意义上的梦想，而是在当代特定时代的思想和政治的目标指向和高度融合，是中华民族努力追求的共同理想。[①]中国梦不只是追求物质财富和经济发展，同时也是对民族复兴的追求。简而言之，中国梦既蕴含中国精神、中国文化，也是中国核心价值观的现实体现。中国梦既有着对形而下的个体富裕和国家富强梦想的实现，也有其强大的形而上的精神层面的追求。而将中国梦教育纳入学校德育，激发青少年梦想的力量，在个体发展的过程中建构自己的人生梦和民族的复兴梦，成为青少年个体发展的强大内驱力，就是学校德育的重要任务和使命。

二、德育必须承担时代的责任

一代人需要承担一代人的使命，德育必须承担时代的责任，这是中国梦理论对中国德育的理论价值之二。人并非生活在自我想象之中，“人的本质不是单个人所固有的抽象物，在其现实性上，它是一切社会关系的总和。”[②]德育在时间维度，需要审视自身的时代责任和使命。换言之，德育不能仅仅局限在德育自

① 公茂虹．解读中国梦［J］．思想政治工作研究，2013（3）：9–10.

②［德］马克思．关于费尔巴哈的提纲［A］．恩格斯．路德维希·费尔巴哈和德国古典哲学的终结［M］．北京：人民出版社，1971. 52.

身的逻辑基础上，不能仅仅基于伦理学和习俗的基础上而定位自身，必须从社会时代发展的维度定义自己的时代使命。德育本身应当是有自身社会目的的，这个目的不仅仅是德育逻辑的推演结果，还必须落实到时代的需要。当然这个需要应该是指向社会的正向发展，是社会健康发展的需要。

人类社会的发展，从德育角度上看，也是一种道德修正和批判发展的过程。这既是道德自身发展的结果，也是时代发展的结果。在革命年代，德育需要鼓舞民族士气，保家卫国，为民族独立和反抗帝国主义、殖民主义而斗争。而在今天的和平年代，则应该转化为民族复兴而奋斗。既强化整个社会的时代使命，也扩展个体的发展空间和可能，让个体在实现自己的梦想的同时，推动民族复兴之梦的实现，这是中国梦给予学校德育的重要启示。

中国社会有着骄傲的历史，“按发展和成熟的几乎任何一项标准来衡量，中国至少在2000年内如果不是唯一领先的文明社会，也是领先的文明社会之一。中国人在治理一个幅员辽阔而人口众多的社会方面，既无堪与平，更无出其右者。”① 从历史和文化角度上看，中华民族一直具有伟大的梦想，“中国文化产生之初，就有百姓昭明和万邦协和的梦想，民惟邦本、其命惟新、天下为公三大理念，不仅是与梦想伴生的文化要素，也是促使梦想实现的文化精神。”② 而在今天，当代中国已经走向文化自信、理论自信和道路自信，实现中华民族伟大复兴的中国梦必须走中国道路、弘扬中国精神、凝聚中国力量。对当代中国来说，“中国梦是中国社会终极目标在当代的精辟概括和形象表达，体现了中国气派、中国风格，不仅具有独特的中国魅力，而且是对美国梦的超越。”③

学校德育不能仅仅指向学校生活，还必须融入鲜活的当代中国社会发展的使命与梦想，以中国梦教育为重要内容，推动学校教育为民族复兴服务，在此过程中，培养德智体美劳全面发展的中华民族新一代。

三、德育需要从国家视角定位自身的使命

德育需要有自身的政治倾向，有必要从国家视角定位自身的历史使命，这是中国梦理论对中国德育的启示之三。德育本身是否应该具有自己的政治倾向，换言之，德育本身是否包含或者承担政治教育的责任，这一直是德育理论界的重大理论分歧。在西方国家，德育基本只指道德教育，也就是德育主要被限定

① [美] 吉尔伯特·罗兹曼主编，《比较现代化》课题组译．中国的现代化 [M]．南京：江苏人民出版社，2005.1.

② 聂保平．中国历史文化中的中国梦源流与支撑[J]．毛泽东邓小平理论研究，2013(7):27-30.

③ 江畅．中国梦与中国社会的终极价值目标 [J]．道德与文明，2013 (4) :13-19.

于道德教育的范围。而在中国，德育传统上就是包含政治教育在内的具有广泛意义的大德育。德育概念背后的分歧有着历史文化传统的差异，比如西方有着强大的宗教教育，在一定程度上强化了政治中立，而中国的道德传统范式则是：修身、齐家、治国、平天下的路径。简而言之，中国道德的高阶则是政治，所以中国有着强大的德育内容宽泛的传统。比较而言，中西两种德育范式都有着自身的哲学、社会和教育逻辑，不能判定孰优孰劣，因为德育范式本身就是与该社会的历史文化、社会结构相契合的。但抛开这些分歧来看，西方国家的学校教育中仍然有着鲜明的政治意识形态教育，爱国主义是全世界学校德育的共同内容，而西方国家的自由主义意识形态则在学校教育中随处可见。

对中国社会来说，“极为重视道德教诲和道德榜样的作用，这是中国的政治传统。”[①] 纵向来看，道德与政治的结合在中国具有相当悠久的历史，道德与政治的结合是中国社会政治文化的重要特色，在学术界被称为德化政治或伦理政治。[②] 德育不能简单弱化政治教育，当然，学校德育需要审视政治教育本身的道德性，如果政治教育内容本身是道德的，符合社会发展方向，那么这种政治教育在学校教育中的存在就有价值。中国学校德育需要强化自身的国家视角的使命，协调社会价值观，强化社会主义核心价值观教育，增强爱国主义教育，推进中国梦教育，培养民族的复兴之梦，同时在这个前提基础上，做好德育自身的工作，提升德育自身的艺术性。一个无视国家发展理想的德育，不管多么道德，都是不道德的，因为道德本身，就应该是推动人类社会发展的，离开了社会正向发展的评定视角，道德就无所谓道德与非道德了。

四、优秀的德育应该注重个体与社会的和谐定位

德育具有必然的社会性，社会道德规范的存在本身就是德育存在的基本前提，但不能因为这一点而否定了个体的存在状态和存在意志。德育的存在需要两个前提性基础：其一是社会道德价值观的存在，其二是德育的对象——青少年学生的存在。前者的存在导致德育有着教育和规范化的需要，这一点往往也是德育呆板、枯燥的倾向；后者的存在导致德育有着自由的倾向，同时也是德育失效或者有效的可能的基础。优秀的德育应该是个体与社会的和谐定位，这是中国梦理论对中国德育的重要启示之四。

---

①［英］马丁·雅克著，张莉等译．当中国统治世界：中国的崛起和西方世界的衰落[M]．北京：中信出版社，2010.170．

② 王秀华．毛泽东对中国德治传统的继承与超越［J］．现代哲学，2006（3）:25-30.

中国一直是一个社群主义社会，强调个体与社会的和谐，这一点是与强调个人成功的美国梦存在明显分歧的。“儒家思想哲学强调行为合规矩、名位受尊重，提倡简朴、节俭，要求为未来的幸福做出眼前的牺牲，并且谴责不顾子孙后代的人们。”[①]但另外一个现实问题是，中国今天面临着过度的个人主义的冲击。“当代的中国梦蕴藏着一个古老的哲学主题，即个体与整体的关系。处于转型期的当代中国一方面以国家富强、民族振兴、人民幸福作为整体的价值追求，但另一方面又不得不面对个人主义、拜金主义、攀比之风在本土的滋生。”[②]结合个体梦与民族梦，注重个体与社会的和谐发展，是中国梦对中国德育的实践的重要启示和要求。

社会本身是个体的集合，当然这种集合是一种有机的结合。在一个社群主义社会，德育的危险倾向之一就是过度重视社会的需求，而可能忽视或者压制个体的追求。但社会的和谐本质上是构成个体的和谐，德育不管怎么宽泛地从社会视角定位，但一个必然的真理构成就是，德育必须通过对个体的教育实现自身的使命。也即，德育的面对对象永远都是个体，没有具体存在的社会和社群。也即德育中社会和社群只是一种理念和意象上的存在，现实德育中并不存在社会的具体物。所以德育对个体梦想的尊重，也是对社会整体和谐发展和社会梦想的尊重。学校德育在实践中，必须高度关注个体的道德存在，关注个体的梦想空间，为其提供必要的帮助，同时提升个体的可能发展空间，在社会维度为个体的梦想营造一个正义的道德的社会空间，协调社会和个体二维的矛盾，最终实现个体与社会的协调发展。

五、德育需要实现对现实的超越

德育本身是一种现实的存在，同时要高度关注的是，德育的内容具有明显的滞后性。也即，德育的内容都是社会在一定时期形成的道德规范，这些社会规范本身就具有明显的滞后性，同时也有着保守性倾向。这就必然导致德育在具体实施中，总有着刻板的一面，而缺乏灵活或者是开放的视角。这也是学校德育的本质属性之一，是学校德育需要自觉认识的一面，否则德育就容易过度保守，过度关注社会现实的存在，而导致德育缺乏梦想，缺乏理想，缺乏对学生个体的自由的重视。学校德育需要实现对现实的超越，关注个体的梦想，这

① [美] 小 R. 霍夫亨兹、K.E. 柯德尔著，黎鸣译．东亚之锋 [M]．南京：江苏人民出版社，1995.149．

② 傅艳蕾．个体与整体之辩：“中国梦” 的当代哲学意蕴 [J]．社会主义研究，2013（4）：7-11.

是中国梦对中国德育的重要启示之五。

现实的存在既是历史的延续，同时也是未来发展的基础。简言之，现实本身应该具有历史和未来两个维度，德育不能仅仅关注历史维度的道德规范的传承，还必须关注个体和社会的发展梦想，在历史和未来之间实现发展的协调，并成为一种具有未来视角的存在。德育的理想性是德育必须具有的一种存在品质，不能仅仅关注现实，过度现实主义的德育将可能陷入物质主义的泥潭，同时也招致德育的枯燥和学生个体的反抗。德育应该是鲜活的存在，这种存在既需要学生的自由的发展，更需要梦想的力量。德育的现实性是德育本身的存在基础，但德育的梦想才是德育发展的未来空间，也是德育发展的动力源泉。德育既需要重视对学生的教育和改造，也需要关注对德育自身的批判和改造。

中国梦对德育的另外一个重要意义在于，德育需要注重对民族发展的现实超越，不能仅仅为了一时的利益而丧失精神独立和民族梦想。近代各国发展的历史表明，“其他国家的领导人有时企图摒弃本国的文化遗产，使自己国家的认同从一种文明转向另一种文明。然而迄今为止，他们非但没有成功，反而使自己的国家成为精神分裂的无所适从的国家。”[①] 近代以来，国力的衰弱导致民族自信心的危机，但“中国人即使是在最为困顿的时代，内心中从来没有放弃过对文明中心的高贵追求，从来没有放弃过对天下的思考”。[②] 中华民族一直重视民族精神的独立性，这种对现实的超越和对梦想的追求一直是中华民族前进的重要动力。

中国梦给予学校德育以精神动力，德育在发展的过程中，需要有对未来梦想的追求，并结合现实，给予学生梦想的空间，提升德育的艺术性和魅力，最终实现德育整体发展与进步。对人类社会发展来说，中国梦是区别于美国梦与欧洲梦的人类社会的一种新的社会梦想范式，其本身就是对人类社会多元发展的重要贡献。中国的道路自信、理论自信、制度自信、文化自信不只是适用于社会政治领域，在教育领域也同样需要四个自信。

第四节　中国德育的德育目标体系

在中国德育中，个体道德被视为低阶的个人道德，政治道德被视为高阶的道德，两者都是中国德育中的重要存在。个人道德被视为政治道德的基础，政治道德则被视为个人道德的发展，这是中国社会的重要历史智慧。所以在中国，

---

① [美] 塞缪尔·亨廷顿著，周琪等译. 文明的冲突与世界秩序的重建 [M]. 北京：新华出版社，2002.353.

② 强世功. 政制发展之谜（下）——香江边上的思考之十三 [J]. 读书，2009（2）:49-55.

道德很大程度上是可以泛化的，不管是社会什么领域，都可能与道德问题相关。

这种道德与政治的一体化，不能简单地断定是存在问题的，因为其内在的逻辑是：中国将道德作为政治的基础，同时将政治视为弘扬道德教化的强有力的工具，最终在整个社会中推行道德仁政，从而实现道德与政治的完美结合。如果不道德的政治控制了社会，那么这种不道德的政治最终会因为其道德基础的问题与缺陷，而失去政治的正当性，从而失去执政能力。所以表面上看，中国道德被政治控制，事实上却是，中国政治的基础是道德，其正当性由道德予以判定。也即，政治由道德控制。这是中国社会中的政治与道德的关系的反转，表面上政治更有力量，而事实上，具有终极力量的却是道德。这一方面赋予了中国德育以力量，同时，这种道德与政治相结合的德育，另一方面也赋予了中国德育以重大责任。

最终呈现在中国德育范式的德育目标体系中，德育目标不是单一的道德层面，而是呈现于多个维度，同时也不仅局限于个体层面，还呈现于家、国、天下等多个领域。中国德育范式的德育目标体系如下：

首先，在道德维度，中国德育范式要求个体建构儒家思想传统道德和社会主义道德，两者的结合是社会主义核心价值观。社会主义核心价值观既是对中国传统道德的继承，同时也是社会主义新时代的道德发展。儒家思想传统的仁、义、礼、智、信等道德价值观仍然是中国德育中的重要道德目标内容。对中国传统精华的继承，这一点在今天仍然是中国社会的基本共识。同时社会主义核心价值观吸收了社会主义历史运动中的重要道德，吸收了西方社会文化中的道德精华，结合中国传统，并契合时代发展要求而形成的道德体系。具体而言，社会主义核心价值观中的平等、自由、民主体现了社会主义的政治属性。敬业、诚信、友善体现了中国传统伦理价值观的要求。道德维度的培养目标，既体现了中国传统的圣贤的德才兼备的德的要求，同时也是马克思主义解放伦理的体现。

其次，在政治维度，中国德育范式要求培养个体社会主义政治方向，建立共产主义理想信念，同时德育指向实现人民幸福、民族复兴、国家富强的政治现实目标。政治维度一方面是中国道德与政治紧密结合的传统思维范式在德育目标中的体现，同时，也实质性地决定了中国德育的重要社会地位。政治维度的德育目标实质上分为两个层面：其一是政治方向层面，是指向社会主义意识形态的建构；其二是现实政治层面，指向中国社会主义现代化的实现，指向民族复兴大业。两者既是精神层面的政治文明建设，同时也是现实层面的政治实践的要求。在具体的德育中，中国政治还利用自己的动员力量和行政力量，帮助学校德育建立和谐社区和安全校园，这些既是政治在德育的影响，同时本身也在力图培养青少年对于优秀政治文化的一种认同。

再次，在哲学思想维度，分为两个层面，其一是在道德思想层面，个体需要建构个体、家、国一体的思想；其二是在哲学思想层面，推进个体社会主义解放伦理哲学思想的教育。前者继承了中国传统社会中的“天下兴亡匹夫有责”的思想，后者则是坚持正义、和谐、平等、民主等社会主义解放伦理的现实需要。在德育目标的思想上仍然是两个主体思维：其一是内外兼修，强调道德修身与为社会主义服务的结合，又被表述为“为人民服务”；其二是家国同构的思维，强调个体对家庭的责任、对民族的责任、对国家的责任。这两种思维都统一到社会主义社会的建设与改革发展之中。

这种思维上的目标，同时也体现了中国社会的两个特点。其一是个体通过各种社会关系定位自身，或者是用社会关系确定道德程度；其二是德性论的特点，强调行为与品行的内在统一，行为是思想的外显，思想是行为的源头。

最后，在社会层面，中国德育范式指向建构和谐、公正的社会主义社会。社会主义社会追求共同富裕，在内部要求和谐共处，在社会的价值取向上要求公正。和谐既是中国传统社会的历史智慧，也是当代中国的客观需要。中国古代追求大同社会，社会主义的终极理想是建构共产主义社会，两者都是中国社会建设的理想目标，承载着中华民族的社会理想。而在现实层面，实现国家的物质层面的极大丰富，难度可能并不算大，难度更大的在于如何建构一个精神高贵、道德高尚、制度正义、政治文明的社会主义社会。所以在未来的中国社会中，中国德育所承担的责任更为重大而艰巨。

在道德、政治、思想和社会四个维度所构成的目标体系中，道德维度的德育目标是基础，政治维度的目标是方向，思想维度的目标是保障，社会维度的目标是集中统一体现。道德维度的目标确保社会个体本身的基本素养，也决定了社会主义建设中的基本质量，因为社会都是由社会个体构成的。政治维度的目标确保政治方向的正确，实现社会力量的整合，并赋予个体对社会主义政治文明的情感。思想维度的目标是贯穿始终的精神存在，责任意识和家国意识，能够最大限度地激励个体的奋斗精神和社会情感。而社会维度则是德育最终的目标：幸福和和谐的社会建构。这也是道德维度、政治维度和思想维度的目标的共同集中体现。

第八章　中国德育的方法论构成

德育理论研究不能回避方法论的研究，方法论是德育实践和理论建构的重要基础性构成。德育不是公式或者概念，在具体的道德问题处理中，还需要方法论的支撑。方法论作为德育思维、德育方法、德育观念等的基础，在德育理论和德育实践中都扮演着重要的角色。

第一节　德育实践和德育理论的方法论差异

德育实践一定存在背后的德育理念和德育方法论，但德育实践的方法论和德育理论的方法论两者可能存在分歧和差异。德育实践更强调现实性，而德育理论则有着追求理论理性的倾向。两者的差异本身既是一种现实存在，同时也是德育实践的鲜活性和生命力的重要体现。

一、德育实践与德育理论方法论的可能分歧

德育理论研究，毕竟是标准的社会科学研究，所以受西方学术研究范式影响很大。强调假设、规律、逻辑体系，所以有着明显的形而上学的特征，至少有着抽象性和归纳性的特点。强调对德育实践的分析，强调对社会的分析，最终倾向于建构一个体系化、结构化的德育理论体系。这种体系化的理论体系是建构在道德形而上学的基础之上的，其优点在于能够将一个松散的德育各个部分组合成一个严谨的体系，并有利于从整体上把握德育。但缺点也极为明显，因为这是建立在一个基本假设之上的——德育是存在基本规律的，这是第一个假设，第二个假设是所有的德育规律都是能够被研究和探索的。

第一个假设事实上并非可能，德育存在基本规律吗？社会是不断变化的，社会构成的个体也是在不断地变化，社会的所有个体也在变化。可以这样推论，德育

在社会中的某一个片段或者剖面可能有规律，但是就发展而言，这种规律可能在不断变化，也许这种规律本身就是不存在的，也是我们难以探索的。第二个假设也有着同样的问题，所有的德育规律都是能够研究和探索的吗？每个个体都是不一样的，每个社会也都有着不同的文化背景和习俗，所以简单地认为德育规律能够被研究也可能只是一种假设而已。

二、德育实践方法论中的德育理念

在具体的德育实践中，基于实践范式的差异，其背后有着德育理念的重要分歧。德育理念对于德育本身的定位有着重要影响，其核心影响在于对道德和个体的定位。不同的德育理念，对于道德定位存在很大差异，如传递论的道德理念更注重道德的保守主义，而人本主义的道德理念则更重视道德与个体的适宜度。德育理念最终作用到德育实践中，形成了不同的德育实践方法论的重要差异。目前整体上看，主要有宗教道德虔诚论、道德文化传递论、人本主义德育论与科学主义的德育理念等，这些德育理念对德育实践的影响很深。

宗教道德虔诚论认为，德育的核心任务是将宗教中的道德教义灌输给社会个体，这一过程既是神圣的，也是不用质疑的。这种德育理念中的德育实际上就是宗教教育的一部分，并且会呈现在具体的学校中，今天的德国、英国的部分学校教育中仍然存在宗教教育，而伊斯兰国家中，也有大量国家存在宗教教育。这种德育实践中，神性高于人性，宗教教义和宗教崇拜是基本的方法论。

文化传递论认为，德育的核心任务是传递社会上占主导地位的价值观念与道德要求，通过各种教育教学方法将前人积累起来的道德经验与价值观念传递给下一代，并使之成为其内心的道德信条和行为准则。[①] 文化传递论的德育理念是一种明显的世俗主义取向的德育，也是目前世界各国的学校德育的主流。文化传递论决定了德育本身与文化传统紧密相关，在其基本方法论维度，道德规训和现实主义是其基本特点。

人本主义德育论认为，道德是人类根据自己生存与发展的需要而创造出来的，所以它应该成为维护和促进人们谋求幸福和自由生活的手段，而不能成为束缚人们发展的障碍。人本主义德育注重个体自由，强调主观价值观。在具体的学校德育中，强调把受教育者视为道德创造的主体，德育过程要以满足受教育者个性发展的需要为中心。人本主义德育是西方学校德育中的主流。自由主

---

① 张铁勇 . 关于德育理念的追问——当前几种德育理念的分析与思考［J］. 理论学刊，2004（8）：90-93.

义是人本主义德育在方法论上的基本特点。

科学主义的德育理念强调实证，试图以科学的方法解决德育中的各种问题。这种德育理念认为，人们的道德观念与道德行为习惯的形成是有规律可循的。一个人道德行为的产生，并不是根源于意图、动机、人格等等主观的东西，要培养人的道德行为，关键在于发现、控制和利用可以使人行善的种种环境条件，并能对这些条件加以控制。[①] 一定程度上说，这是一种决定论的德育哲学。决定论强调事物之间必有规律，凡事有果必有因，有结必有解。所以在德育中，也认为只要发现德育规律，一定能够培养有高度道德水平的个体。当然，这种科学主义的德育理念一方面能够促进德育理论的发展，同时也可能导致德育理论本身的过度强势,最终可能导致理性的悲剧。决定论是科学主义德育在方法论上的主要特点。

三、中国德育实践中的方法论

中国德育在实践中，深受实用主义的影响，也可以说这种实用主义是中国社会和中国政治所希望的，但最终却成为了德育实践维度的重要理念，成为了中国学校德育非常明显的实践性特征。当然这也可能是受儒家思想的思维特点影响的缘故。儒家思想的思维特点具有典型的实用主义和现世主义倾向。儒家思想经典《论语》中有著名的"子不语怪、力、乱、神"[②]，只思考现实社会中的问题，并且重点只分析与社会政治相关的事情，所以导致中国整个社会思维上都有这种实用主义方法论倾向。

中国德育实践几乎在每一个时代，都有着明显的与社会现实的密切结合的倾向。在传统中国，中国德育强调的是三纲五常，是服务于社会的秩序和社会的政治需要。当代中国，中国德育强调的是社会主义核心价值观和思想政治教育,仍然是指向社会的秩序和社会的政治需要。这种与社会现实联系紧密的特点,无疑证明了中国德育实践的典型的实用主义方法论的基础。

具体在德育实践中,修身为本,是中国传统德育在个体道德发展上的方法论。孔子的弟子有子说:"君子务本,本立而道生。"[③] 这句话生动地反映了孔子的方法论思想。[④] "知行相长与修身为本是从不同角度对中国传统德育方式方法的理论概括。前者所强调的是道德认知与道德实践的结合；后者所强调的是德育的根本

---

① 张铁勇．关于德育理念的追问——当前几种德育理念的分析与思考[J]. 理论学刊,2004(8): 90-93.

②《论语・述而》.

③《论语・学而》.

④ 张书丰．中国传统道德教育的理论体系［J］. 当代教育科学，2006（11）：1-7.

之所在。”[①]

就具体的德育实践范式来说，中国当代德育受苏联德育理论影响极大。一定程度上可以说，当代中国学校德育体系是以苏联为学习范本的。在新中国建国初期，主要沿袭了战时共产主义道德这样一种政治化的道德理论作为德育的指导。[②]苏联的伦理学是典型的规范性伦理学，认为伦理道德主要用于调节人们行为规范，所以把规范性作为道德的本质特征，德育被视为教给学生知道正确的事情、做正确的行为。这种典型的行为主义德育范式也通过中国德育对苏联的学习而转换到中国德育实践中，所以即使在今天的中国学校德育中，仍然强调规范和学习。

第二节　中国德育传统中的方法论

德育并非是德育内容、德育方法的简单叠加，德育作为一种现实的体系化构成，必然有其有机构成的脉络。这种脉络一方面将所有的德育内容、德育方法贯穿到一起，同时也给予德育实践者和德育理论工作者一种明显的有独特倾向性的思维范式。虽然德育理论和德育实践的方法论之间可能存在差异，但方法论对于德育实践和德育理论的重要性是一致的。

一、中国德育传统中的思维

我国传统的德育活动有其背后的德育方法论，对传统德育的现代转换，必须对其进行方法论上的解析。中国传统德育背后的方法论最重要的结构范式是家国同构。家国同构不只是在德育内容上极大地影响了中国德育，还在德育的方法论维度深刻影响了中国德育。

在中国传统德育中，所有社会个体都需要从家国同构的结构中去理解个体的社会性，也即德育中更为重要的是从家国同构的结构中去理解个体，而并非从个体出发去理解家国。换句话说，中国德育中对个体道德的定位、对个体道德内容的选择，都是从家国的视角，去选择和决定个体的道德存在和道德发展。在具体社会生活中的道德行为的选择依据，也是从家国的维度作为道德评判的标准。中国德育中的善恶，离开了家国为代表的社会，实际内容都可能变得比较空洞。所以中国社会中有着著名的“勿以恶小而为之，勿以善小而不为”，这

---

① 张书丰．中国传统道德教育的理论体系［J］．当代教育科学，2006（11）：1-7.

② 陈泽河、戚万学．中国德育的历史命运及现代转换［J］．山东师大学报（社会科学版），1995（3）：60-68.

种为与不为，其选择的标准和出发点都是以家国为指向。

相对来看，西方近代以来更多的是从个体出发去定位其社会性构成，个体具有更多的自我选择权力。所以，中国传统德育方法论与西方相比较，存在明显的德育方法论的起点差异。在中国德育中，个体的社会性是由家国等关系所构成，个体并没有完全自由选择权。这一点类似于古希腊的思维，亚里士多德说："人是城邦的动物（人类在本性上，也正是一个政治动物）"。[①] 因为在城邦之外，非神即兽。[②] 所以中国个体是家国的构成成员，离开家国，个体就成了孤魂野鬼。这种方法论，即使是在今天的中国德育中，仍然是一种真理式的构成。所以相对西方原子化存在状态的社会个体来说，中国个体首先是一种社会群体性的存在。这既是中国传统德育的方法论的核心构成部分，也是中国德育的基本假设的重要构成部分。

二、传统德育方法论的影响

中国家国同构的社会结构不只是表现在道德规范的构成上，在道德的范围和层次上，还必然将家的道德推及到国，这实质上导致了中国道德与政治之间界限的模糊。以伦理学和政治学的视角看，道德在个体层面是个人道德，道德在家的层面是家庭伦理，道德在国家层面则相对复杂，因为道德在国家层面所呈现的既有道德，也有政治。如中国社会中对国家和民族的忠诚，既是一种道德的存在，也是一种政治的存在。但在中国传统方法论中，道德与政治在很多领域都是一体的，不需要分开，也不必分开。换言之，在中国，没有无政治的道德，也没有无道德的政治，道德与政治在相当程度上是同一的。[③] 用今天的学术语言概述，就是道德政治化，政治道德化。如三纲中的君为臣纲，既是道德，也是政治，五常中的仁、礼，也既是道德，又是政治。在道德价值观中，如果必须清晰区分出政治与道德，在中国德育中是难以实现的。

家国同构的方法论基础决定了中国传统社会道德强调家庭伦理，社会中注重家庭血缘关系。这在古代社会管理能力不足的情况下，极大地提升了整个社会的凝聚力，同时也极大地提升了社会个体和家庭对抗社会危机和自然危机的能力，所以其对于社会建设的积极意义不言而喻。这种注重家庭人伦关系的道德教化，同时也成为维系中华民族生存和发展的重要精神动力。因为按照中国社会传统来

---

①［古希腊］亚里士多德著，吴寿彭译．政治学［M］．北京：商务印书馆，1965.7.

②［古希腊］亚里士多德著，吴寿彭译．政治学［M］．北京：商务印书馆，1965.9.

③ 陈泽河、戚万学．中国德育的历史命运及现代转换［J］．山东师大学报（社会科学版），1995（3）：60-68.

看，中华民族本身就是一个大家庭，社会个体需要致力于这个大家庭的和谐建设。家国同构，同时加上政治道德中的以德配天、敬德保民等思想，强化了德育的政治的正义性。客观地看，中国德育将道德与政治紧密结合，共同促进，一方面确保了中国政治的道德性，道德成为评判政治正义的基础；另外一方面德育借助政治的力量，扩大了道德的影响力和受众，这也是有利于社会道德发展的。

当然，家国同构的方法论的负面性也非常明显。① 社会毕竟是由社会个体构成的，对社会个体可能存在一定程度上的忽视，可能会导致见林不见树。具体来看，可能有以下问题趋向：

其一是社群取向的社会道德虽然有效地维系了国家和家庭秩序，但同时也必然会削弱个体的自由和创新精神，导致整个社会有着明显的过度保守主义倾向。社群取向的社会道德其指向主要是社会秩序和社会和谐，在这种过度指向客观价值观的方法论影响下，对个体本身的自由和个性，都必然会有意无意的忽视。因为本质上讲，个体的个性和自由，对社会的秩序和和谐是存在一定的冲击性的。这也是中国传统社会的真实写照：和谐，安全，但社会活力明显不足，在社会创新和发展上表现相对不佳。

其二是社会更为重视的是从社会和家庭定位个体，强调德育的外向性，对个体的道德反思和自我建构有所忽视。社群取向和家国同构影响下的德育，更为重视的是个体在社会行为中的责任和义务，强调个体行为选择的外向性，而对于个体内心的要求，则有着明显的忽视。虽然中国社会中也有着慎独、吾日三省吾身等道德方法，但这种方法所指向的仍然主要是个体的社会行为。如何理解个体自身的道德反思和道德反省问题，提升个体自我道德建构的能力，明显是中国德育中所需要加强的领域。

第三是道德与政治的结合，在政治正向的时候较为完美，但如果政治失去正义性，就可能压制道德，将德育作为社会压制的重要工具，这可能实质上削弱了德育的道德性。这也是中国道德与政治一体的德育的可能问题倾向。因为中国政治在中国社会中本身的强大影响力，并且这种影响力主要是通过强力机构实施的，政治在中国社会中是一种独大的结构，并没有宗教或其他社会机构形成结构性制衡。所以这导致中国政治在正义的时候，确实能够大幅提升德育的影响力，并且会重视教育对国民的影响，即建国君民，教育为先。但如果政治本身在道德性上存在问题，而社会中又没有形成其他结构性制衡，则可能导

---

① 陈泽河、戚万学．中国德育的历史命运及现代转换［J］．山东师大学报（社会科学版），1995（3）：60-68.

致政治对德育的捆绑。虽然最终道德会纠正政治的错误，但中国社会这种纠错主要是通过革命实现的，相对来说这种纠错机制的社会代价太大。

第三节　中西教育哲学在方法论层面的重大差异

德育的方法论研究，还必须高度关注其母体的教育哲学。在现实的教育研究中，教育哲学与教育科学往往被混为一谈。事实上，两者存在明显的差异和分歧。“教育哲学一方面是建立知识、理解力和教育目的作为社会制度的观念体系，另一方面是阐明教育概念的意义。”[①] 教育哲学主要研究教育的根本假设与终极价值，而教育科学则主要研究教育现象和教育规律。

教育研究不能仅仅满足于对教育科学的研究，同样需要关注教育哲学。教育科学不能回答和建构教育的根本假设与终极价值，对此的建构是教育哲学。在教育领域，要理解一个社会的教育范式的逻辑与智慧，必须要追溯其基础性的教育哲学。

雅斯贝尔斯在《大哲学家》里提出“四大哲学范式”。[②]因为苏格拉底述而不作，所以在一定程度上，我们可以用柏拉图的作品阐释苏格拉底的哲学。作为对东方中国影响最为深远的孔子，与对西方世界影响最为深远的柏拉图，两者的哲学差异很大，思维范式分歧明显，在教育哲学上同样存在重大分歧。研究和理解西方国家与中国教育范式的差异，不能仅仅满足于从现实的学制、课程、教学、政策、法律等角度分析，这些如同长江入海口的江水一样，难以分辨其来源。要深入理解长江，我们需要正本求源，从源头追寻长江的奔流路径。教育也同理，历代以来的教育哲学积淀，最终已经成为现实教育范式的内在构成，我们需要在理解大哲学家们的教育哲学分歧的基础上，去明晰中西教育哲学背后的逻辑与智慧，以推动中国教育的改革与发展，并促进教育的国际理解。

一、现世主义思想下的孔子经验主义教育哲学及其教育路径

“孔子思想着眼于现世，肯定的是一种社会守则，而不是来世的救赎。”[③] 孔子的哲学世界具有明显的基本特征：其一是现世主义，主要关注人类现实世界中

①［英］德·朗特里编，陈建平等译．西方教育词典［M］．上海：上海译文出版社，1988.233.
②［德］卡尔·雅斯贝尔斯著，李雪涛等译．大哲学家［M］．北京：社会科学文献出版社，2010.64.
③［美］亨利·基辛格著，胡利平等译．论中国［M］．北京：中信出版社，2012.11.

的人与事;[①] 其二是经验主义，强调从社会经验出发，去理解世界和社会的运行。这两点是孔子哲学区别于其他哲学的最为重要的特征，也是孔子的哲学贡献之所在。“在孔子思想中，影响最为深远的、一以贯之的预设是：不存在任何超越的存在或原则。”[②] 这种现世主义和经验主义的思维范式，仍然是今天中国社会文化思维范式的主体，在教育哲学上也是如此。所以中国教育非常关注社会需求、社会秩序和社会和谐。

从其思维范式出发，现世主义的孔子哲学在教育上具有明显的社会现实性目标，即建设一个大同世界，“老有所终，壮有所用，幼有所长，矜寡孤独废疾者，皆有所养，男有分，女有归。货恶其弃于地也，不必藏于己；力恶其不出于身也，不必为己。是故谋闭而不兴，盗窃乱贼而不作，故外户而不闭，是谓大同。”[③] 要求社会精英与平民和谐相处，强调家庭的和谐。这个教育的社会目标所指向的，是用社会的关系和谐来定位教育的社会目标和个体目标，这是有别于西方教育哲学的。孔子的教育目标的独特之处，即建立了一个以社会成功来定位教育成功的模式，这是人类历史上的伟大创举。正如前文所分析的，任何教育都存在一个终极价值的判断，这个终极价值不可能通过科学建构，而只能通过哲学和宗教建构。孔子则将社会和家庭作为教育的终极判断价值，开创了社会本位的教育哲学，这是中国延续至今的社会主体教育哲学。

简言之，中国教育习惯于从社会定位个人，将个人视为社会的有机构成部分，这种思维范式，在一定程度上是中国社会的先验性的价值判断定位依据，在教育中是一种先验真理般的存在。当然这种存在不存在对错，也不存在科学与逻辑的缺陷，只是一种先验的存在，如同基督教中的上帝存在的命题一样。基督教中，世间一切都源于上帝，而“上帝存在”是基督教中一个不证自明的前提。

因为现世主义的教育目标，为了促进社会的和谐，孔子极为重视道德与伦理。在一定程度上，孔子哲学主要是伦理哲学，而在孔子的伦理哲学中，其现实德性是其最主要的特征。现实德性指的是现实社会中存在或者追求的具体道德，这种道德不是源于理性世界的建构，不是源于哲学逻辑的推演，而主要是源于社会现实生活。所以孔子特别强调仁、义、礼、智、信等现实的道德价值观，并不盲目追求真、善、美一类的理性价值观。因为在孔子的哲学中，首先是承认现实世界的存在，承认现实社会中的各阶层的存在，即使在理论上能够对社

① [德] 马克斯·韦伯著，洪天富译．儒教与道教 [M]．南京：江苏人民出版社，1993.181.

② [美] 郝大维、安乐哲著，蒋弋为等译．孔子哲学思微 [M]．南京：江苏人民出版社，2012.5.

③《礼记·礼运大同篇》.

会重新建构，但在现实社会治理中，则必须首先正视这种现实的阶层与人群的存在，然后在可能的路径和道德价值观的提升上做出努力。

所以从这个角度上看，孔子的教育哲学也是改良的，也可以被称为改革的，至少不是革命的。这种改革与改良可能会被理论理性视为庸俗，但必须承认的是，这种改革与改良更可能是能够真正改变社会、提升社会质量的哲学范式。理论理性倾向于相信一个或几个天才的努力，以改变或者统治世界，但孔子哲学的忠告则是：现实存在的世界本身就存在自身的逻辑和智慧，我们首先需要承认和认同这种智慧，然后去试图改良或者改变。其背后的逻辑或许就是这样的：我们现实世界的一切，都是经过历代以来的人类中的智者不断修改和改革，每一件事情或者社会结构中，都实质性的蕴含着历代智者的智慧和天才，并且是在长期的社会实践中修改而逐步演变的，所以任何希望用一个或几个人的智慧，试图去完全推翻这种智慧的历史性结晶时，至少需要高度慎重。

基于经验主义的视角，孔子教育哲学具有丰富的教育智慧，其教育智慧既包括教育哲学的精华，也包括教育实践经验，前者的典范代表如“有教无类”[①]，后者如“温故而知新”[②]。所以孔子的教育哲学在很大程度上是由形而下的教育实践经验构成的。“在孔子的思维方式中我们看不到对于事物本质的探讨，他一直以来都未曾把关注重点放在形而上的理论上，而是放在具体情境、人物的教育说理方面。”[③]孔子的经验主义的教育智慧，是具有丰富的现实生命力的，并且是尊重现实教育的既存事实的，其“不愤不启，不悱不发”[④]“见贤思齐、见不贤而内自省也”[⑤]之类的现实教育智慧，闪耀着人类智慧的光芒。这种经验型的智慧，是人类社会中永恒存在的一种真理范式。

在现代西方哲学范式中，大多将经验视为低于理论理性，并认为经验缺乏严密逻辑体系。柏拉图认为理性和经验是两个不同的活动领域：存在的和生存的领域，经验是理性苍白的影子。[⑥]事实上这仅仅只是理论理性的视角。理论理性有着追求理性美的一面，但却可能忽视了现实世界的天然美的存在。

基于现世主义的教育目标，经验主义的教育智慧，孔子教育哲学的重要构

①《论语·卫灵公》.

②《论语·为政》.

③ 江颖颖.孔子与苏格拉底的思维方式对中西方哲学传统的影响[J].哈尔滨市委党校学报，2011（2）：11-14.

④《论语·述而》.

⑤《论语·里仁》.

⑥［美］郝大维、安乐哲著，蒋弋为等译.孔子哲学思微[M].南京：江苏人民出版社，2012.19.

成是实践理性。孔子不追求超越现实可能的天堂，更重视的却是眼前的大地和社会。“孔子的关注点是人类及其所处的世界，由此他发展出可以说是代表他根本知识的一些思想。这些思想所涉及的首先是人性；其次是社会秩序的必要性；再其次是我们思维的基本方式，真理的根源与分支问题，根源的无制约性以及表象的相对性问题；最后乃是统摄万物并且同万物都有关联的一以贯之的太一。无论在什么样的场合，孔子在本质上所关心的都是人类及其社会。”[①] 所以从这个视角看，孔子更多的是一位伟大的实践家，而不是仅仅只满足于书斋和理念世界的理论家。孔子为了恢复理想中的文王周公时期的道德世界，编写《诗经》《尚书》《礼经》《乐经》《周易》《春秋》六经，成为中国后世最重要也是最基本的教育内容。通过编写的书籍去改变现实世界，这是孔子的伟大社会目标和伟大改造社会路径。后世张载所言：“为天地立心、为生民立命、为往圣续绝学、为万世开太平。”[②] 孔子正是如此做的，虽然终其一生，并未实现其理想，但其“虽不能至，但心向往之”的楷模形象，本身就构成了孔子教育哲学的重要构成部分。

简言之，孔子并不把自己设定为一位构造理想世界的理论家，更多的将自己定位于改造现世的实践者。“子不语怪、力、乱、神”[③]，这一点构成了后世中国教育哲学的重要渊源，所以中国教育大多注重实践改造。“孔子想要借助于教育在他的世界中塑造人类，并使这一世界按照他预设的永恒秩序发展。他期望在世俗的条件下，使人类存在的自然理念获得实现。他认为这是可行的，因为世界本身处在道之中，并遵循着道的典范，而不是以功利性和实用性作为其存在的目的。”[④] 从这一角度上看，孔子教育哲学是脚踏大地的，并且以此作为存在的基本判断价值源泉。

基于孔子的经验主义思维范式，孔子详细地描述了教育的基本路径，如“学而不思则罔，思而不学则殆”[⑤]“敏而好学、不耻下问”[⑥]“知之者不如好之者，好之者不如乐之者”[⑦] 等具体教育方法。在其最为重视的道德伦理领域，孔子创造性地提出了由己到家，再扩展到社会和天下的独特的道德伦理观，即格物、致

①［德］卡尔·雅斯贝尔斯著，李雪涛等译．大哲学家［M］．北京：社会科学文献出版社，2010. 141．

②张载．张载集［M］．北京：中华书局，1978.320.

③《论语·述而》．

④［德］卡尔·雅斯贝尔斯著，李雪涛等译．大哲学家［M］．北京：社会科学文献出版社，2010. 196．

⑤《论语·为政》．

⑥《论语·公冶长》．

⑦《论语·雍也》．

知、正心、诚意、修身、齐家、治国、平天下的社会道德范式，这种道德发展范式在很大程度上成为了中华民族的心理模式。今天中国教育中的道德到政治、个体到社会的基本教育路径也是依据此逻辑。[①] 这种面向现世社会，注重实践智慧，最终建构尘世中的天堂，是孔子的教育哲学的世界意义，也是其独特构成。"子以四教：文、行、忠、信"，[②] 四者中后三者均直接指向现实社会。孔子不仅关心社会公共秩序，还关心人的尊严，关心一种建立在美好、崇高和神圣意义上的文化。[③] 与此相对应的，柏拉图追求的是理念世界，基督耶稣追求的是虚无缥缈的天堂，而释迦牟尼追求的则是众生皆无的涅槃世界。相对来说，孔子的现世哲学可能更与人类现实社会接近。

二、理念世界中的柏拉图理性主义教育哲学及其教育范式

柏拉图哲学为人类开创了一个新的世界：理念世界。其创造性可谓震撼性，柏拉图哲学认为在可知可感的现实世界之外，还存在一个可知可探的理念世界，而现实世界仅仅是理念世界的投射。[④] 这种追求现象背后的理念、现实背后的真理的哲学范式，是人类历史上的石破天惊的伟大哲学创造，给了人类无穷的想象空间。

基于其理念世界的基本判断，柏拉图哲学具有典型的理性主义色彩，如果说孔子更在乎的是现实世界，手指大地，那么柏拉图则是追求理念世界，仰望星空。"柏拉图的理念和形式完全不依赖于宇宙，相反，却为宇宙的创造提供模式。"[⑤] 柏拉图哲学不局限于可感的现实世界，也不拘泥于人类的固有经验，而是致力于建构一个理论中甚至理想中的世界，而《理想国》就是其理论建构成果之一。自此之后，人类哲学范式摆脱了现实世界的局限，而进入无边无际的理念空间。直到今天，人类的思维范式都没有脱离柏拉图的哲学范式的外在边际。所以怀特海所述：西方两千余年的哲学，都是对柏拉图哲学的一系列注解。[⑥]

具体到教育哲学上，柏拉图哲学有诸多突破和独特之处。首先在教育的终

---

① 冉亚辉．我国义务教育阶段德育新课程现状及其评析——以人教版义务教育阶段德育教材为样本［J］．教育与教学研究，2010（6）：96–100.

②《论语・述而》.

③［美］赫伯特・芬格莱特著，彭国翔等译．孔子：即凡而圣［M］．南京：江苏人民出版社，2010.57.

④［古希腊］柏拉图著，郭斌和、张竹明译．理想国［M］．北京：商务印书馆，1986.268–269.

⑤［美］郝大维、安乐哲著，蒋弋为等译．孔子哲学思微［M］．南京：江苏人民出版社，2012. 5.

⑥［美］保罗・埃尔默・摩尔著，苏隆译．柏拉图十讲［M］．北京：中国言实出版社，2003. 前言.

极价值判断上，柏拉图有别于孔子的现世主义，而将教育的判断标准定位为理性。其教育哲学首先设定理念世界中的教育的原则、规律，然后将这种原则规律作为现实教育实践的判断标准。从这一点上讲，柏拉图的理性主义的教育哲学是独裁主义的，将理念世界视为绝对正确，不管现实教育实践的具体构成，而将其终极判断标准强加于现实教育。今天西方的自由主义教育哲学的渊源就是柏拉图哲学，自由主义教育哲学将理念世界中的教育自由，强加于现实中的教育实践，将一切有违背教育自由的教育实践都打上了“非法”“不道德”的标签，这种由理念世界到现实世界的教育哲学，有其强硬的一面，同时也有着理想主义的一面。

在具体的教育目标上，柏拉图教育哲学充满了理想主义。在一定程度上，柏拉图的“理想国”就是他的超越经验的先验的“理念国”。[①]“《理想国》的目的是企图建立一个实现正义原则、善的理念、等级有序的和谐社会。”[②]在理想国中，柏拉图设定了哲学王的存在，让政治权力与聪明才智合而为一。[③]哲学王是柏拉图教育的个人培养目标的极致，而理想国则是柏拉图教育的社会目标的极致。哲学王的存在，是典型的理念世界的教育哲学的表现，人类现实世界中根本不可能存在哲学王，哲学王只可能是柏拉图对哲学家的想象和隐喻。哲学王并不具有现实逻辑性，如哲学王如何产生，如何培养，哲学王的竞争失败者如何处理，都是很麻烦的难题。并且哲学王本身就是一个独裁体。理想国的结构则是人类社会中的统治者、贵族和平民的三分法，但这种三分法如何具有现实理性，则是一个巨大的问题。谁当贵族，谁当平民，这不是一个愚蠢的问题，因为这是人类社会现实中的终极难题。

与孔子的大同世界不同，柏拉图对理想国的现实生活没有具体描述，仅仅提供一个横断的剖面，但人类社会终究是有其现实的社会生活的。这种理想主义当然有其思维范式上的真理性，因为这让人类脱离了现实的局限，而延伸到了无穷的理念世界。简而言之，无限扩大了人类的思维空间和想象力，所以在很大程度上，柏拉图哲学是一种看上去很美的哲学。但人类需要这种超越平凡和现实的美，没有这种对现实的超越，人类社会或许就太无趣了。所以这一点，是过度现世主义的孔子哲学，以及今天的中国社会思维范式需要学习的。

如果说孔子哲学更重要的是追求善，力求打造一个道德世界的话，那么柏

---

① 刘良华．柏拉图与亚里士多德教育哲学的差异［J］．教育研究，2012（12）：114–119.

② 刘丹枕．论柏拉图《理想国》的蓝图——兼与孔子的德治思想比较［J］．贵州大学学报（社会科学版），2006（6）：16–23.

③［古希腊］柏拉图著，郭斌和、张竹明译．理想国［M］．北京：商务印书馆，1986. 215.

拉图哲学更在乎的是追求真与美。追求真主要体现在对现象背后的理念的追求，这种追求是永恒的，所以柏拉图哲学更在乎的是真，是一种更贴近现代自然科学范式的哲学。追求美则是，柏拉图哲学致力于建构一个富于美感的世界，其理想国的核心，仍然是一个符合美学的世界，这种美是一种哲学上的美，理念世界的美。所以在教育上，孔子更在乎的是道德伦理，强调人类现实社会秩序背后的道德因素。而柏拉图更在乎的是理念，强调一个秩序化的社会结构，注重通过结构化的社会建设保障社会秩序。与此相对应的，孔子在乎社会中一切人的教育，包括平民的教育，而柏拉图则主要只在乎哲学王和贵族的教育，对平民的教育几乎不感兴趣。

在具体的教育路径上，孔子提出了一系列的教育经验和方法，强调由己及人的教育范式。但柏拉图则对此并无多少兴趣，建构的七艺的教育内容，其主要内容是贵族阶层的教育内容，内容的指向是为了统治社会。相对来说，孔子的教育内容更具有普遍性和现世性。柏拉图教育哲学的一些具体的举措如儿童的集体培养等，基本上只具有理念世界中的真理性，没有现实世界的可操作性，这点也是柏拉图教育哲学理想主义的充分体现。如果教育范式仅仅依据理念世界的设想，那么事实上在教育实践上是难以实施的，但这一点既是柏拉图教育哲学的魅力，也是其缺陷所在。因为其超脱现实世界，所以对于凡尘之中的人来说，柏拉图教育哲学具有新鲜感和理想性，至少可供想象。

柏拉图的教育基本假设上，也区别于孔子。孔子强调有教无类，虽然孔子提出过“生而知之者上也，学而知之者次也，困而学之又其次也，困而不学，民斯为下矣”①,但孔子仍然强调“有教无类”②。柏拉图的黄金气质、白银气质、铜铁气质，将人三分，分别对应哲学王、贵族和平民，③实际上剥夺了平民的教育发展的可能。所以依据此，柏拉图哲学的一个重要假设就是教育是发掘人的天赋，这一点是与孔子教育哲学巨大差异的一个基本判断。西方教育后世主要继承了这一假设，更为强调个体的天赋，这既是人类教育哲学的一个重要成果，但同时也充满了争议，因为在很大程度上，让平庸的人类个体失去了教育希望。从这一点上讲，柏拉图教育哲学有其粗暴的一面，同时也不了解人的尊严的重要性。④

因为柏拉图哲学更多的不是对现实主义教育的抽象，而是源于想象中的理

①《论语·季氏》.
②《论语·卫灵公》.
③［古希腊］柏拉图著，郭斌和、张竹明译．理想国［M］．北京：商务印书馆，1986.128-129.
④［德］卡尔·雅斯贝尔斯著，李雪涛等译．大哲学家［M］．北京：社会科学文献出版社，2010.262.

念世界中的教育范式，所以柏拉图教育哲学充满了创造性，在对人类教育理想的想象层面，柏拉图教育哲学充满了美感。如果说孔子的教育哲学就像一位智者的经验陈述的话，那么柏拉图的教育哲学则是天马行空，无拘无束。这也是人类社会的一种向往，因为自由本身，也是人类所希冀的领域。

三、历史影响与现实分歧：基于雅斯贝尔斯的视角

孔子的教育哲学构成了中国社会对教育的基本想象和假设，其现世主义和经验主义是中国社会范式的基本构成，也是今天中国教育实践中的主体思维。孔子以其六经和《论语》，奠定了后世中国教育的基本内容，建立了中国社会的理想模型，同时也设定了中国教育的基本路径和方法。孔子正如一位生活中的智者一样，用其普通人都理解的话语，向后世指引了他心目中的教育，并构成了中国社会对教育的基本理解。

柏拉图的教育哲学更重要的是在思维空间上无限扩展了人类的想象，其理念主义是人类思维世界的飞跃，是革命性的突破，从此让人类脱离了现实世界的局限。从这一角度上看，柏拉图无愧于人类的导师。亚里士多德的教育哲学更趋近于孔子，强调经验主义，尊重社会现实，虽然在这点上，亚里士多德更接近普通人类，但无损柏拉图的伟大。

雅斯贝尔斯所理解的，柏拉图和孔子开创了人类两种思维范式，两者都是伟大的人类哲学。柏拉图的理念主义倾向于抽象思维和怀疑精神，其洞穴隐喻对西方后世影响巨大，[①] 孔子的经验主义则偏向于实用主义和保守主义。柏拉图奠定了西方对事物背后的理念、现象背后的本质的本能追求，孔子的经验主义则导致中国文化思维限于经验主义之中，在创新性和反思批判能力等方面稍显不足。[②] 柏拉图的理念世界让人类的发展具有了无限空间，后世的基督教和伊斯兰教，其哲学范式事实上仍然是柏拉图式的，即现实世界背后的理念世界的二分法。这种二分法可以无限延展到人类的所有领域，包括物质世界和精神世界，所以其思维范式的革命性是石破天惊的。

具体到教育上，柏拉图教育哲学开创了西方世界对教育的想象。柏拉图用理念主义建立了一个理想国，其特点自然是理论理性优先。[③] 直到今天，西方教育的基本思维范式仍然是理性主义，强调理论理性，注重从理想的理论世界建

---

① [古希腊] 柏拉图著，郭斌和、张竹明译．理想国 [M]．北京：商务印书馆，272–276.

② 冉亚辉、包翠秋．柏拉图的理念主义与孔子的现世哲学：中西方思维原点比较论析 [J]．理论月刊，2012 (4) :44–46.

③ 刘良华．柏拉图与亚里士多德教育哲学的差异 [J]．教育研究，2012 (12)：114–119.

构教育世界，然后再推演到现实教育，所以西方教育创造了多种教育理论，时时强调教育改革，整个教育发展多变多元而混乱。而中国教育，基于孔子的教育哲学，强调教育的经验主义和现世主义，强调一切服务于现实教育实践，教育理论相对单一，但具体教育实践则充满活力，功夫重在论外，[①]整体教育相对统一而稳定。两者不存在孰优孰劣，都是人类社会的伟大教育哲学，建构了人类的教育理想，并服务于人类的教育实践发展。

第四节 中国德育体系中的方法论

虽然在理论维度和实践维度存在一定的差异，但整体上看，中国德育体系中的方法论仍然具有明显的内在逻辑性。德育体系中的方法论，一方面是伦理习俗传统在教育中的体现，另一方面也是文化思维在德育领域中的投射。

一、整体主义

整体主义本身应该是德育理论研究的重要构成方法论，因为德育本就是建立在整体主义的基础之上的。失去了整体倾向，道德就不是道德了，因为道德本身就是人类社会中的整体倾向或者整体承认的一种价值规范体系。失去了这种整体趋向或者主流倾向，道德就自我消解了。即使是今天的西方道德，虽然走向了后现代主义，但仍然承认所谓的人类普世价值观。这种所谓的普世价值观，一定程度上也是整体主义方法论的影响结果。中国德育中的整体主义相对西方来说，在集中性上更为强烈，在结构性上更为紧密，并在实际德育中影响广泛而深刻。

当然，这种整体主义是一种现实的存在，既有积极意义也有消极意义。在积极意义上，中国伦理学中的整体主义强化了社会的整体性，加强了社会的凝聚力，这是中华民族历经数千年而愈挫愈勇、愈挫愈坚的重要原因。即使历经近代一百多年的屈辱，今天中华民族同样再度复兴，王者归来。从消极意义上看，这种整体主义过度重视社会和国家的需要了，在一定程度上消解和压制了个体个性和社会创造力。“中国传统文化的基本价值取向就是人伦本位，用人伦厘定人格，把个体消融于整体关系之中。”[②]在具体的中国德育实践中，“中国的学校教学在外在形式上是非常严肃、拘谨和凝重的，其过于追求目的性、计划性、组织性、统一性和规范性，条条框框太多，极少有灵活性、随机性、应变性和

① 叶澜．课堂教学过程再认识：功夫重在论外［J］．课程教材教法，2013（5）：3-13.
② 赵志毅．论传统德育方法论的现代转换［J］．教育研究与实验，1996（3）：17-20.

幽默感。”[①]

二、本质主义

一定程度上说，中国德育范式有着本质主义的思维倾向，特别表现在德育理论研究中。中国德育受本质主义的影响很深，最重要的表现是：“认为提高人的道德觉悟、思想水平重要的在于找到人的本质、人的思想道德发展的规律，做到了这一点就可以实现对人一劳永逸的把握。”[②]

本质主义实质上是哲学中的决定论在德育中的体现。具体表现有：第一，德育学者试图探究一般的德育本质及各种具体德育活动的本质，并把这设定为德育研究的主要任务。第二，在具体德育实践中，把生活世界中丰富的德育案例利用各种理论、运用各种途径归结为某一本质或现象。第三，德育研究的主要力量用在对诸如德育本质、德育规律的研究上，德育本质论争成为学术争鸣的主要形式。[③]

具体来看，德育方法论的本质主义在中国社会方法论中有两个理论基础性构成：其一是中国道家思想，其二是马克思主义。中国道家思想是建立在一切都有“道”的基本假设的基础上的。道很类似于古希腊的逻格斯（Logos）。逻格斯在古希腊被定义为宇宙事物的理性和规则，冲塞于天地之间，弥漫无形。马克思主义是一种伟大的哲学体系，其哲学辩证法事实上也是人类史上伟大的创造，强调一切事物都有其背后的终极真理。这两者都对中国德育的本质主义有着重要支撑作用。

三、实用主义

实用主义是中国社会的主体思维范式，所谓学以致用。荀子强调：“知之而不行，虽敦必困。”[④]认为知行必须统一，学以致用。所以今天中国德育中仍然注重具体的道德规范和社会交往规则，其主要原因也在于其实用性。“儒家思想的目的是要创立文明的秩序和历史，它不可能信奉千年至福的学说，而是信奉实现可选的人生。”[⑤]当前中国德育中的重要理论流派——生活德育，其中很重要

---

① 扈中平、刘朝晖．关于中西教育观的比较与思考［J］．教育评论，2002（1）.10-13.

② 魏传光．本质主义德育及其批判［J］．探索，2010（2）：118-121.

③ 魏传光．本质主义德育及其批判［J］．探索，2010（2）：118-121.

④《荀子·儒效》．

⑤［美］约瑟夫·列文森著，郑大华等译．儒教中国及其现代命运［M］．桂林：广西师范大学出版社，2009.263．

的一个领域也是其实用主义的取向。虽然道德规范的实用是德育必须承担的义务，但过度的实用主义，也导致中国德育缺乏对人类终极价值和伦理的深入思考。这种德育中的实用主义的优势在于结合了社会需要,有利于社会道德的普及。其缺陷则是可能影响了中国社会道德伦理规范的深度，并可能导致社会道德价值观的保守，而缺乏一定程度上的浪漫主义。

中国德育理论的方法论对于中国德育的发展具有重要的意义。传统的实用主义的方法论导致中国德育总是逃避不掉社会的需求，同时也停留于简单的现世主义基础之上。对于德育整体的分析、归纳、探索并不积极。所以这种德育范式导致中国德育实践一直处于一种过度的实用主义和世俗主义，并且在发展上事实上也走入了死胡同。

中国德育理论研究采纳的是偏向形而上倾向的方法论，至少在德育理论体系的自觉、基本概念的分析和建构、德育范式的建构、德育假设的追寻等方面有了非常重要的进步。德育理论上的形而上倾向和德育实践上的实用主义倾向之间存在着方法论上的重要差异，虽然这种差异一定程度上可能导致德育理论和实践之间的紧张，但必须承认，这给了中国德育实践发展新的思维和空间。所以中国德育理论的方法论表面上看可能与德育实践相异，但对于中国德育实践的改革和发展有着重要的方法论和哲学范式的意义。

四、主知主义

在具体的德育范式上，中国德育方法论偏向于德育内容，也是典型的主知型德育。内容型德育主要强调对受教育施加系统、计划和有步骤的影响，以此使受教育者掌握社会中主流的思想道德的知识、内容和观点，其主要模式是传递一接受模式。与此相对的是过程型德育模式，主要强调德育的方法、过程，不重视德育的内容，在一定程度上抗拒德育内容，因为认为重视德育内容的德育模式是灌输，本身就是不道德的。在西方此种模式较为流行，比较典型的有价值澄清理论模式、价值分析模式等。从这一划分维度，中国德育模式是典型的德育内容模式。

主知主义的德育方法论，在积极意义上，能够快速高效地让受教育者实现掌握道德伦理体系的基本内容，在教育效率上无疑很高，在德育的普及性上也非常优秀。但其消极性的一面则在于，这种主知主义完全把社会个体视为德育活动中的客体，缺少对社会个体的差异性和个性的关注，对道德发展过程的特殊性和差异性也相对忽视，是一种效率较高，但在德育过程上存在明显缺陷的德育方法论。

五、发展主义

发展主义是中国社会源于道家思想的一种德育方法论，强调事物发展中的辩证法，力求以一种发展的眼光审视和判断眼前的一切事物。在中国德育范式中，审视一种行为的道德与否，或者决定一个德育行为是否实施，都要求一种发展的视野，这种发展的视野体现在两个层面：

其一是时间层面，强调一切道德判断都应该建立在对未来的社会发展视角上。如爱家乡是一种正面的道德价值观，但如果过度强调爱家乡，就可能导致地方主义，最终危及国家安全。所以，以发展的视角看，爱家乡的教育需要具有一定的限度。

其二是空间层面，强调道德判断需要扩展到他人、地方、社会和国家甚至世界层面。如面对乞讨行为，施舍还是不施舍？中国人会习惯性地推论到，如果施舍，会潜在地鼓励乞讨行为，导致乞讨人员增多，这些人不务正业，反倒对社会发展不利。

发展主义的德育方法论，对中国德育在理论上和实践上都影响很大。在德育理论层面，德育研究将任何道德行为都必须逐步提升到家、国、天下的维度去理解。所以中国伦理学或政治学，相对于其他文化中的伦理学或者政治学，在历史视野和世界眼光维度，是具有天然优势的。这也是中国社会惯常注重的一种战略视野。在德育实践维度，德育工作者会习惯性地对社会个体以小见大，注重个体道德行为的可能发展后果，以及对历史和家国维度的可能影响，在发展性和预判性上具有明显优势。当然，问题就在于，这种任何社会行为都需要提升到历史维度和家国维度的方法论，导致中国德育负担太重，在道德发展上不够轻盈，瞻前顾后太多，在道德改革上步伐过度缓慢，社会趋于明显的道德保守主义，并且习惯于把一切事物都与道德相联系。

这种发展主义的德育方法论，导致中国德育范式中非常强调防微杜渐，也是力求以发展的眼光审视个体的行为。发展主义导致中国德育执行者必须具备历史眼光和发展视野，对中国德育本身的发展来说强调稳重和社会责任意识。但因为顾虑太多，也导致中国德育在发展中步履蹒跚。

第五节　中国德育的思维范式

德育范式的形成具有背后的思维范式的影响。一定的社会大都有整体倾向的思维范式，这种思维范式如同美术作品的底色一样，对社会中的一切行为、群体和个体都有着影响。这种影响并且是潜意识和整体倾向的，如同水对于生活其中的鱼一样，如果鱼不能跳出水面，很难理解水的存在。社会个体不跳出社会文化环境，也很难理解这种德育思维范式的存在。

一、教育中的思维范式

德育是学校教育的重要构成部分，所以无论是德育理论还是德育实践，都处于教育的整体影响中。教育的思维范式对于德育的影响力，是不容置疑的。如教育哲学对于教育行为、教育个体、教育方法、教育内容的影响，这种影响都会触及德育。而近代以来的西方浪漫主义的兴起，人文主义的兴盛，对教育中的公平、平等、自由都有着深刻的影响和强力推动，最终反映到德育中，是表现于德育内容中对自由、平等、正义等价值观的重视。在德育方法中，强调个体的主体性和自由度，同时强调学生个体的尊严和权利。在德育发展上，更倾向于个体的自我建构型的发展范式，摆脱了传统意义上的拘谨、控制性的个体发展范式。所以理解德育范式中的思维范式的背景和构成，是德育理论自我审视的重要维度。

人类的思维对事物的间接反映，是人类借助于已有的知识和经验，已知的条件推测未知的事物。思维具有明显的概括性，表现在思维对同样一类事物非本质属性的摒弃，以及对事物共同本质特征的反映。思维主要可以分为三类：感性思维、逻辑思维、理性思维三种。感性思维主要是指人类在直接接触外界事物时感官的直接感觉。逻辑思维是人类的一种独有思维能力，是主要以抽象概念为形式的思维，主要依靠概念、判断和推理进行，也是人类最基本也是运用最广泛的思维方式。理性思维是在感性基础上经过思维的分析和综合，达到对事物多方面属性或本质的把握。

思维范式则是指某一类人群或者民族所具有的在思维上明显的结构性特征倾向，是该群体所共同拥有的，并习惯性或者潜意识采取的主体思维结构。如美国人明显的实用主义思维范式，德国人习惯性的理性主义思维，英国人强烈的保守主义思维范式。思维范式对一个国家的教育和德育都具有强大影响力，在思维上，德育思维范式是决定于该社会的主体思维范式的。

二、中国德育中的思维范式

当代中国德育的思维范式受马克思主义重要影响，在思维上有着明显的马克思主义辩证法的重要思维特点。中国传统德育在内容上，主要受儒家思想影响，但在思维范式的结构上，受影响最大的则是道家思想。道家的思维在积极性的一面，给了中国德育范式一种体系化、辩证法、强调联系的思维特征。这些思维特征对于中国整个社会的思维影响都很深刻，在诸多领域具有积极意义。但在消极性的一面，道家思维的也对中国德育范式带来了一定的负面影响，特别是简单的二元对立、过于追求简单主义、在科学思维上的深度不足等方面，均有着非常严重的消极性。

具体来看，中国德育范式中的思维范式主要有以下重要构成：

中国德育范式的思维范式之一是规训化思维范式。中国德育传统中有着强烈的规训化的思维范式，其缘由主要在于教化者历史以来的较高地位。虽然规训在德育中有着存在的价值，但其思维范式仍然有着巨大的负面影响。中国社会中个体修养的目的常常在于自身超越他人，其背后大多有着功利的色彩。正如中国政治中经常强调道德者得天下的政治哲学，这导致道德发展的目的可能不仅仅是慎独。“表现在教化关系中，传统的传道、授业、解惑的教化姿态，使得作为教化者的知识人总是有意无意地把自我设定为他人道德的设计者、仲裁者，从而以道德优越者、高位者的姿态把自身理想的道德图景理直气壮地加之于他人。这种道德高位者的姿态的或隐或显地延续，直接导致传统教化的规训理路在现代性教化的历程之中依稀可见。”①

基于这种规训的思维范式，导致实际德育的结果中，这种规训化德育中的社会个体“习惯于被动、服从，缺少主动创造、开拓进取的伦理品质，奴性意识或隐或显地存在我们今天的生命事实之中”。②这一点也清晰地表现在相同的文化范式的社会中，如日本人，也习惯于被动和服从。规训化的思维其背后的最大问题是，这种道德教化并不可能实际给出个体发展的道德答案，在具体的社会生活中，没有任何人能够给别人标准答案，也永远不会有这种标准答案。实际上这种规训化的德育范式是一种现代主义的德育，其优点在于规范、高效和整齐，其缺点是过度机械和教条。

中国德育范式的思维范式之二是知性德育思维。中国德育范式在思维上有着明显的知性取向，所以今天中国德育被诸多学者视为一种知性德育。知在中国社会中有着众多含义，最基本的是：德性之知与知性之知。前者指道德认知，后者则指人的认识和才能。而知对德的影响在中国德育中主要呈现为两种途径：其一是道德认知，其二是道德智慧。前者告诉社会个体应该做什么，后者则告诉社会

---

① 刘铁芳．从规训到引导：试论传统道德教化过程的现代性转向［J］．湖南师范大学教育科学学报，2003（6）：8-14.

② 刘铁芳．从规训到引导：试论传统道德教化过程的现代性转向［J］．湖南师范大学教育科学学报，2003（6）：8-14.

个体在道德矛盾和社会现实中如何实现和实践道德。但在此过程中，知对德的影响是决定性的，一般都认为没有道德认知，道德就是无源之水、无本之木。

在中国的德育传统中，德在社会和教育中均占据首要地位，其主要原因不仅在于知性德育，还在于中国漫长的学术伦理化的倾向。中国古代的学术研究主要局限于儒家思想的伦理哲学之中，并通过科举得以巩固和加强。在中国社会中，德育是塑造人的灵魂的工程，在任何学校教育中，德育都是灵魂和重点。虽然这种重视更多地表现在对道德知识的重视上，虽然知性德育具有其必然的负面性，但至少也有一个重要的成就就是：在中国社会，几乎任何人的道德认知都是没有严重障碍的，即使是社会个体作恶，但其内心仍然知道自己错了。这种德育成就事实上也相当伟大。所以相对来看，中国社会中的变态狂相比西方社会来说，其比例微小得可以忽略不计。

中国德育思维范式之三是功利主义的德育取向。中国德育在思维上具有明显的功利主义倾向，其优势在于德育可以与社会发展相联系，可以为社会建设服务，其缺点则在于，这种德育很容易成为政治的附庸，很容易导致德育缺乏自身的正义性。所以西方学者,也高度注意到中国德育具有明显的工具主义倾向。“道德教育经常与政治教育联系在一起，并用德育一词表述，并经常与意识形态教育和政治教育相混用。德育在中国往往作为一种重要的工具支持学校和社会中的社会主义价值倾向。”①

功利主义德育倾向的重要原因在于中国社会强调学以致用。从孔子开始，直到今天，学以致用几乎是中国的社会哲学思维的核心构成部分，这一点很类似美国的国家哲学——实用主义，所以中国德育很难有强大的追求形而上的动力和力量。中国德育在实践中，强调社会利益与主体方向，战乱时期追求救国，和平时期强调治国平天下。这种功利化的德育倾向的背后是结果论伦理学，即评定一个事件、行为等的道德性，不重视该行为的动机，而极端重视该行为的后果，并不是针对该个体的后果，而是该行为对社会群体的后果。所以这种伦理思维所追求的就是：要求选择能够给最大多数人带来最大利益的行为。

中国德育思维范式之四是延展性思维。延展性思维是中国社会思维范式的重要组成部分，中国社会对个体的行为的评价总习惯性提升到一个新的高度或者扩大到新的范围。如中国社会对一个工作人员的品德评价总习惯性延展到他在该单位的地位、能力、人际交往，甚至扩展到他的家庭、家族和家乡等。最终导致对

①Wing On Lee.Ideopolitical shifts and changes in moral education policy in China［J］. Journal of moral education .2005（4）: 413-431.

一个人的评价或者一件事情的评价过度复杂，而不能相对单纯的就事论事。

在德育中也是如此，对一个德育方法或德育内容的选择，总习惯性地扩展到社会、政治、法律、民族、世界等其他维度，导致德育本身需要承受许多并不属于德育或者教育领域的压力。延展性思维导致中国德育在实施中的复杂性，同时也实质性造成了中国德育评价的多元性。在积极方面，延展性思维促使中国德育能够有效地结合社会其他领域的要求而审慎进行德育实践，并把德育放在一个复杂的社会环境中进行改革与发展。在消极方面，延展性思维导致德育思考问题过多，并习惯性地把简单事情复杂化。

中国德育思维范式之五是中庸思维。中庸思维源于儒家学说，同时也与道家思想基本相似。子程子曰："不偏之谓中，不易之谓庸；中者，天下之正道，庸者，天下之定理。"[①]孔子思想中有一种深刻的中庸特征，"内在的美德和外在的文雅保持适度的均衡。"[②]相对来看，西方社会和印度文明中，哲学家和宗教领袖通常处事绝对，强调逻辑和数学上的绝对。[③]孔子则是一个相对主义者，按照社会和人文的思想方法考虑问题。所以在现实生活中，儒家思想强调寻求妥协和中间道路的模式。"喜怒哀乐之未发，谓之中；发而皆中节，谓之和。中也者，天下之大本也；和也者，天下之达道也。致中和，天地位焉，万物育焉。"[④]

中庸思维在中国德育中是一种让其他文化难以理解的存在，导致中国德育在具体的德育实践中存在很多似是而非的、难以把握的德育智慧。即使是仁、义、礼、智、信这样的在中国几乎是亘古不变的道德价值观，在德育中的仍然有着不同的适用范围。如仁爱，适用正确的时候是道德的价值观，而适用不当时，则可能变成为"妇人之仁"。义也如此，朋友之义、君臣之义，都是中国社会中广为尊崇的道德价值观，但适用不当时，也可能变成为意气用事，成为愚蠢的义。另外中国社会中的重要道德价值观——忠，适用正确的时候是社会尊重敬仰的行为，而适用不当时，则可能被视为逆天而行，归于愚忠。

---

①《中庸》.

②［美］费正清等著，陈仲丹等译．中国：传统与变革［M］．南京：江苏人民出版社，1992.47.

③［美］费正清等著，陈仲丹等译．中国：传统与变革［M］．南京：江苏人民出版社，1992.47.

④《中庸》.

第九章　中国德育的基本社会假设

每一种德育范式都有其理论体系的社会假设，这是该种德育范式的重要理论基础性构成。社会假设对德育的社会目标、德育的社会意识形态、德育指向的社会结构等领域有重要影响。整体上看，德育可以分为与个体相关和与社会相关的两大领域，而德育中与社会的相关领域基本都是建立在基本社会假设之上的。

第一节　社会假设与社会范式

每一个社会都有该社会的基本社会假设，这些社会假设涵盖了该社会在形而上层面的社会理想、社会个体的理想人生目标，以及社会的基本结构等。“离开了参与社会生活，学校就既没有道德的目标，也没有什么目的。”[①] 作为对社会个体系统实施社会化的学校德育，在面对社会假设和社会范式时，很大程度上扮演的只是一个执行者的角色。

一、社会假设与德育

社会假设本身是一种社会对自身的前提性预设，这种预设是社会的基本结构和基本规范，包括实体的政治结构和虚体的精神结构。在社会假设的实体结构领域，以下构成部分对社会影响巨大：其一是政治结构，政治结构既包括区域划分的基本原则，也包括权力范围与权力制约关系等。这些在很大程度上构成了国家内部的权力结构关系。其二是宗教或者文化结构，宗教或者文化结构不仅是虚体结构，还包括实体结构，如寺庙、教堂、教区、文庙、祭坛等，这些在很大程度上通过实体赋予

①［美］约翰·杜威著，赵祥麟等译．学校与社会·明日之学校［M］．北京：人民教育出版社，2005.140.

了该社会的宗教仪式和文化想象。如中国的天安门就具有特殊的政治含义。比较的视角看，“中国没有产生过西方意义上的宗教，中国人的世界是自己创造的。虽然中国人称自己的价值观具有普世意义，但仍源于本国。”[①]

在虚体的精神结构领域，社会假设对社会影响非常强烈。主要表现在：其一是道德价值观体系，如中国古代的三纲五常的道德价值观体系，西方基督教道德体系，很大程度上就直接构成了社会道德的基本内容和指向。其二是群体认同，包括族群认同和国家认同等，这种群体认同的结构决定了该社会的结构的紧密或松散，甚至很大程度上决定了该社会是统一的还是分裂的。精神结构上的统一将是实体结构统一的核心基础，没有精神结构上的统一，实体结构上的统一将是不稳固的。中华民族在精神领域是相对统一的，这也是中国在历史上大部分时间一直是一个大一统国家的根本原因。而精神领域上的分裂意识很多时候，可能比实体结构上的分裂可能更为危险和持久。如著名的英国脱离欧盟的公投，最终投票结果是脱欧，产生这种结果的最重要因素之一就是英国历史悠久的岛国意识，在内心深处并不认同欧洲的大一统，所以英国一直以来都是欧洲分裂的促进者和支持者。

而作为德育中最主要的构成部分——道德来说，道德本身就是人类的一种精神活动或者精神构成，是对人类社会和世界的一种理解和诠释，也是一种人类主观上的一种自我理解与把握。所以道德反映的更多的是该社会对人类社会交往的一种理想假设。这种假设既需要符合该社会的基本社会假设，也需要符合该社会的现实需要。所以道德既是一种理想的精神体系，也是一种相对现实的规则体系。这种理想精神体系和现实的规则体系当然也会导致矛盾和冲突，甚至导致社会个体在具体行为选择中的困惑，但没有理想的社会是无趣的，不承载现实需要的道德也只会导致四处碰壁。这种“应是与实是、理想与现实的矛盾运动，构成了人类的道德活动，不断推动人类向至善方向前进，也使每个个体不断自我完善，自我升华”。[②]

对于德育来说，实体的社会结构给予了德育以支持和支撑，虚体的社会结构则赋予了德育重要的构成内容。实体的社会结构是虚体的社会结构的一种现实表现，而虚体的社会结构也对实体的社会结构构成精神上的支撑，两者都对德育具有重要影响力。

---

①［美］亨利·基辛格著，胡利平等译．论中国［M］．北京：中信出版社，2012.9-11.
②鲁洁．道德教育的当代论域［M］．北京：人民出版社，2005.36．

二、社会范式与德育

从社会结构角度，学校体系是由社会建构起来的对下一代系统实施社会化的机构，当然这种社会化既有着传承，还有着创新的可能。但要理解社会对学校的要求，不能仅仅理解学校自身的逻辑，还必须联系学校的社会地位和职能去考虑。[①]不同的社会范式对德育的要求存在很大的差异。在中国古代，学校教育的基本内容就是儒学，而儒学的内容主要局限于道德伦理。从这个角度上看，中国教育传统以来就有着鲜明和强烈的道德要求，既是对个体的道德要求，同时本身也体现了社会的道德逻辑。这种教育所指向的社会，也是儒家治理下的理想社会。在传统中国，治理国家更主要的不是法律，而是道德。对于官员和政治来说，最适合中国的就是儒家的道德学说。[②]

因为儒学的世俗化倾向，所以儒学的教育主要是由学校教育承担，而不是依托宗教教化。这样的社会范式决定了中国传统以来就是一个世俗化社会。但社会范式还有着宗教型社会，如基督教和伊斯兰教影响的很多国家和地区，在社会范式上就有着强烈的宗教化倾向。在宗教型社会中，社会道德传承的基本职能并不一定主要由学校承担，因为该社会范式中的道德主要源于宗教，这就决定了宗教在社会中的中心地位。如在基督教的国家中，教会具有明显的宗教道德中心的地位，并且是社会中的道德权威的现实呈现。在这种国家中，学校教育在德育上的地位远低于世俗化社会中的德育地位。而在部分伊斯兰教国家中，伊斯兰教决定了道德价值观的正确与错误，学校只是一个执行者，并且不能违背伊斯兰教的教义。

社会范式还通过结构化的社会意识形态约束和塑造社会，这种社会意识形态对德育的影响也可能较为强烈，如印度的种姓制度，其对社会的道德价值观的影响，是其他国家和社会无法想象的。社会范式通过结构化的道德价值观体系、结构化的道德规范，最终形成对德育的结构化影响。

第二节　中国德育的社会基础

中国社会范式与其他国家差异较大，经过对中国历史和文化的系统研究，著

---

① [美] 约翰·杜威著，赵祥麟等译．学校与社会·明日之学校 [M]．北京：人民教育出版社，2005.138.

② [美] 约瑟夫·列文森著，郑大华等译．儒教中国及其现代命运 [M]．桂林：广西师范大学出版社，2009.34.

名美国汉学家郝大维和安乐哲断言："一是中国从来都是而且将继续是一个社群社会；二是实现中国人民的正当欲望需要提倡一种社群社会的民主形式，而这种社群社会的民主形式与当前支配西方各民主国家的自由主义民主模式是有抵触的。"[①] 社群社会的范式，决定了中国德育的社会基础的基本特点和构成不同于西方社会。相对来看，中国德育是一种更倾向于追求社会和谐和社群伦理的德育。

一、中国政治在德育中的相对优先性

因为中国社会范式的世俗性倾向，这决定了中国政治本身在中国社会构成中的相对强势地位。在宗教型社会中，宗教还可以平衡政治的权力，在世俗化社会中，政治是没有争议的结构中心。因为德育本身的重要性，以及德育在很大程度上诠释和定义了政治正确，所以中国政治历史以来都极端重视对德育的控制，并且在具体的德育中，一般都把政治放在相对优先的地位。在中国古代，常言忠孝不能两全，但德育中的具体道德要求却是在两者之间更应该优先选择忠君。

在现实德育层面，政治在中国德育中的存在，在中国几乎是一个不容争辩的事实。一方面，这种结构赋予了德育极高的社会地位，在中国学校教育相关法律法规和重要政策文件中，都是直接将德育定义为中国学校教育的核心。中国共产党十九大报告中强调：学校教育要落实立德树人根本任务。[②] 但另外一方面，这又可能导致现实政治对学校德育的较多干预，可能影响学校教育教学秩序。如在地方基层政府层面，会出现因为政治需要而要求学校参与的政绩工程和形象工程等。基于地方政府所代表的政治在基层社会中的强势地位，对政府的相关要求，学校几乎是难以反对的。

世俗化倾向的社会范式决定了中国政治本身在道德结构中的重要地位，这是学校德育所必须面对的。如何在这种结构中，注意政治教育内容本身的正义性和正确性，才是中国德育应该关注的重点。

二、中国家庭伦理对中国德育的基础性

对中国家庭的认识，是理解中国社会和中国德育的一把钥匙。中国家庭一方面赋予了社会个体对社会和世界的基本认识，同时也让个体理解了社会结构和社会运行的基本逻辑。中国家庭伦理强调秩序，所谓长幼有别，家庭中具有

---

① [美]郝大维、安乐哲著，何刚强译．先贤的民主——杜威、孔子与中国民主之希望[M]．南京：江苏人民出版社，2004.9.

② 习近平．决胜全面建成小康社会，夺取新时代中国特色社会主义伟大胜利——在中国共产党第十九次全国代表大会上的报告[M]．北京：人民出版社，2017.45.

一定的家长制的结构。这种家长制不能用今天的民主价值观去简单否决，因为中国传统社会中家庭本身一般都是大规模的结构，三世同堂甚至四世同堂，这种大规模的家庭结构，能够形成强大的合力，在社会生存中具有明显的优势。

这种大规模的家庭，内部难以避免的会产生很多矛盾和冲突，也有着可能很复杂和很麻烦的利益分割，所以必须有权威的家长仲裁。从这个角度上看，在大家庭中，权威的家长制不可避免，并且是合理的。这种大家庭，是中国社会的一个缩影，也是家国同构的体现。所以家庭伦理中的和谐、平衡、尊重权威、强调秩序等，就成为了中国德育的必然选择内容。“对孔子来说，正是在家庭中，人们才能学会拯救社会的德性，因为家庭不是依赖于强制，而是借助基于家庭纽带的宗教、道德、情感的凝聚力，人们接受权威并付诸实施。”[①] 从这个角度上看，中国家庭伦理既是对社会个体的道德启蒙，同时也是中国德育的天然基础。

今天中国德育的巨大挑战之一就是大量的留守儿童的问题。其中最主要的问题就是这些留守儿童一定程度上缺失了家庭结构和家庭伦理，并缺乏必要的家庭保护。不管是心理上，还是精神上，都可能导致其道德发展上的问题。认识家庭伦理的重要性，是理解中国德育逻辑的重要基础。

三、道德价值观本身的辩证性

因为中国社会在思维上受道家哲学影响极大，这一点也影响到了中国道德与政治哲学。阴阳互生、五行相克等哲学思维，导致中国道德伦理呈现出辩证倾向。在中国道德价值观体系中，没有任何一种道德价值观是绝对的，都需要结合时势和现实而进行选择和甄别。忠诚也可能是愚忠，侠义也可能是义气用事，凡事都有着过犹不及，是否过还是不及，就需要智慧判断了。所以，从这个角度，中国的道德价值观不只是需要坚守，还需要智慧。

法律在中国社会现实生活中一直都很重要，但在中国人的思维中，法律大多被归为治国的一种工具，而个人道德才是社会的基础。在中国传统社会中，整个社会被儒学牢固地连结在一起，所以儒学实际上既有着法律的作用，也有着类似于宗教的作用。[②] 即使是儒学，在中国的历史发展中也在不断演变，特别是理学的出现，就吸收了道学、佛学和阴阳五行的学说。这种强调不断发展、在现实中智慧运用的道德伦理体系，本身就充满了辩证法。当然，这也增加了

---

①［美］本杰明·史华兹著，程钢译．古代中国的思想世界［M］．南京：江苏人民出版社，2004.71.

②［美］费正清等著，陈仲丹等译．中国：传统与变革［M］．南京：江苏人民出版社，1992.16．

中国德育本身的复杂性和难度。

四、中国道德构成的复杂性

自中国社会传统以来对社会思想的一种主流表述就是三教九流。三教指的是儒家、道家和佛教，九流则是指的中国自春秋战国时代开始的阴阳家、墨家、农家等等。这种三教九流的社会流派，决定了中国社会在很大程度上并没有基督教、伊斯兰教之类完全一统的宗教道德价值观体系。这种道德构成的复杂性，导致中国社会流传一句俗语：到哪山唱哪山的歌。这种强调地域、派别的道德差异，是中国道德构成的一种现实状况。

中国道德构成的复杂性，还在于中国民族众多，有56个不同的民族，每个民族都有自己的文化特色和价值观特色。虽然在今天世界越来越平的时代，道德价值观有着趋同的倾向，但在道德价值观领域的差异仍然显著地存在于中国社会中。道德构成的复杂性，一方面给了中国德育在发展中的创新和多元化可能，另外一方面，也必然给德育增加了难度。特别是家庭教育中的道德价值观对个体的影响力非常强大而稳固，对于学生已有的家庭教育实现的价值观和思维倾向，学校德育很大程度上只能顺势而为，想改变家庭教育中的道德价值观偏差，难度较大。当然，这种道德构成的复杂性，同时也赋予了中国德育的重要责任，因为学校德育必须用统一和整体的德育赋予中国社会在基本道德价值观上的一致性，这样才能确保中国在基本道德价值观的层面上保持必要的一致性和和谐，最终实现一个和谐和统一的社会建构。

第三节 静态平衡与动态平衡：两种不同的社会哲学

中国社会强调秩序和和谐，为了追求秩序，在社会范式上强调控制，所以在很大程度上，中国社会是一种静态平衡的社会范式。这种静态平衡，一方面赋予了中国社会良好的基本秩序，同时也相对制约了中国社会创新发展的空间。

一、静态平衡的社会范式

任何社会都有其内部的平衡哲学。平衡是社会内部有序化的必要和必须，因为社会资源、权力、关系、发展等领域均存在矛盾，所以社会内部必须有平衡原则，对现在和未来的平衡，对竞争和和谐的平衡，对权威阶层和平民阶层的平衡等等。在平衡的基础上才能够有效建构社会的结构，最终形成社会的基本结构化秩序。

中国社会实际上是一种典型的静态平衡。这种社会静态平衡指的是中国把社会作为一个静态的横剖面，在这种静态的剖面上建构权力结构、关系结构、经济结构、教育结构和道德价值观结构等等，并且这些结构之间会形成一种明确的、单向的控制关系，最终期望这种控制关系构成为一种社会平衡。比如中国单位中，都会有标准的一把手、二把手、三把手等，其权力会覆盖该单位的所有社会层面，包括业务、人事、财务、工会，甚至小区管理等等，无所不包。简而言之，在这种静态平衡的社会范式中，一切事务均归属于一个机构或者一个人的管理。这种单位的管理范式可能推演到地方政府和全国，其结构都是大同小异。

这种静态平衡的优势在于，能够给社会带来很好的秩序，并具有明显的控制倾向，社会整体集合性较好。当然其负面性也是很明显的，那就是这种静态平衡的社会范式中社会个体的自由空间明显受到限制，创新性严重不足。因为一切事情都有领导或者机构管着，个体很难突破原有的条条框框，而所有的领导都是从低级职位到高级职位的，其听话哲学非常严重，并过度注重控制性，导致性格软弱，社会的创新性和勇气整体不足。从发展角度上看，静态平衡的社会是存在一定问题和缺陷的。但从秩序角度上看，静态平衡社会相对安全和和谐，这是静态平衡社会的相对优势。

二、动态平衡的社会范式

动态平衡的社会范式在人类社会出现较晚，静态平衡是人类社会传统以来的主要社会范式。动态平衡的社会范式指的是社会中各种力量相对均衡，自由发展，在发展中会逐渐形成一种平衡状态。这种平衡状态不是设置的，而是在自由竞争的过程中自然形成的，同时这种平衡也会因为社会发展而变得不平衡，但在新的一轮发展中，各种力量仍然会形成新的平衡，所以这种通过不断的竞争建构社会平衡，最终指向一种动态平衡的社会结构。

动态平衡的社会有几个前提性条件：其一是社会的传统权威的相对退位。因为人类传统以来的社会都是由传统权威控制的，如部落长老、政府、宗教等。动态平衡的社会，其前提就是这种权威被削弱或者退位，才能给其他各种社会力量的自由竞争角力提供前提。其二是社会存在多种力量，这些力量分分合合，但能够基本形成一种平衡。这些社会力量之间既有合作，也有竞争，当然也有消亡。其三是社会能够接受并习惯这种动态平衡，动态平衡是需要时间和空间的，这种时间和空间很多时候甚至是漫长的，但社会需要有足够的宽容和耐心。

动态平衡的社会最初出现在西方欧美国家中，一个重要的前提性社会结构就是西方基督教与世俗王权的平衡。两者之间的相互制约，能够给予社会必要的空间，其后兴起的自由主义则将这种动态平衡的社会哲学烙上了政治正确的地位。动态平衡在今天已经成为了西方社会的一个社会传统和惯例。

动态平衡的社会的优点在于社会个体的自由空间明显具有优势，个体的社会活动不受太多制约。本质上说，这种动态平衡的社会主要是一种自由竞争的社会，而不是一种控制型的社会。在创新性上，动态平衡的社会具有明显的优势，整个社会更有活力和勇气。

三、差异与分歧

总体上说，静态平衡和动态平衡的社会各有其优势所在。“以血统为基础，以家族为中心，追求社会整体秩序的中国传统制度，和以个人为中心，以权利与义务为界限，追求自由的西方近代制度，在不同的价值系统中，本来就很难分清孰优孰劣。”[①]但需要注意的是，两者的根本差异是社会基本假设的差异：静态平衡社会哲学追求的是一个和谐的秩序社会，社会更趋于和谐和和平。动态平衡社会哲学则是追求的自由竞争的社会，强调社会的自由和发展。这两者的差异本身是不可能完全调和的，所谓熊掌和鱼，不可兼得，只能选择其一。

在基本分歧上，则是对社会的终极目标设定的差异。静态平衡的社会哲学对于人类自身的稳定性当然存在优势，但这是一种发展缓慢的社会。动态平衡的社会哲学追求自由和发展，能够很大程度上促进人类社会的发展，但也许这种快速发展会导致人类社会的混乱。但两者的发展或许都是人类需要的，未来最重要的是如何平衡这两种不同的社会哲学追求。人类社会过度静态平衡，发展缓慢，也不一定就意味着安全，或许科学技术的落后也可能导致人类被外星人灭绝，如同欧洲殖民者对美洲原住民的行径一样，那也是沉甸甸的历史教训。

第四节　中国教育中师道尊严的社会逻辑

中国的师道尊严，有着自身的历史文化逻辑，同时对中国德育影响深远。在历史上，自孔子以来，中国就有着极为强烈而且深厚的尊师重教文化传统。在中国传统社会中，一个人的前程与仕途，主要取决于对儒学经典的掌握，而对儒学经典的学习主要来自于教师的传授，同时，儒学经典中本身就有着尊敬师长的基本社会伦理道德规范，这一切都导致了中国教师具有较为尊崇的社会地位以及相当正面的文化形象。

---

① 葛兆光．中国思想史（第二卷）［M］．上海：复旦大学出版社，2007.462.

一、师道尊严的基本内涵

师道尊严本出自《学记》，“凡学之道，严师为难。师严然后道尊，道尊然后民知敬学”。师道尊严指教师受到尊敬，所传授的道理、知识、技能才能得到尊重，后多指为师之道尊贵、庄严。师道尊严并非强调教师在学生面前的权威，也不是强调教师对学生的专制，而仅仅指社会、学生应该尊敬教师，教师的职业地位应该得到必要的保障。师道尊严不仅仅是对学生和社会的要求，同时也是对教师的道德和学识的严格要求。我国教育界部分人认为师道尊严并非现代教育理念，师道尊严指向教师与学生之间的不平等，但事实上师道尊严与师生平等和教育民主并不矛盾，只是建立在师生相互尊敬的基本伦理下。

需要强调的是，中国文化中强调师道尊严，并非仅仅局限在对具体教师的尊重，而是对于教师职业“传道授业解惑”的尊重。李子建教授对香港学生课堂的研究认为，“人们通常假定，教师中心和学生中心是截然对立的，这对西方学者来说尤甚。然而，在华人文化情景中，这种非此即彼的二元观点并不适用。”[①]

近年来我国的去“师道尊严”实际上是部分人盲目学习西方教育的恶果。教师文化与社会文化紧密相关，在我国盲目推行西方式自由主义教育并非明智之举。作为国之大器，教育的发展和借鉴需要一种文化的自觉和文化比较的视野。教师社会职能角色本身是社会历史文化的产物，在不同的社会，教师有着不同的文化烙印，教师身份在不同社会背景下有着并非一致的身份职能与地位。

二、中国教育中的师道尊严的德育逻辑

中国一直存在师道尊严，而西方教育中为何没有师道尊严？历史是一个答案，社会文化是一个答案，社会结构是另外一个答案。在与西方教师文化的比较中，或许能够发现西方教师没有师道尊严的文化逻辑。在英美国家，教育一直地位极低，正如英国作家萧伯纳的话：“有能者做事，无能者教书。”[②] 在这种社会观念下，教师地位一直很低，被社会认为能力低下。美国教育权力归属于州政府。[③] 州政府大多视教育为自身财政支出累赘，在教育经费的预算上力图精简。在最初美国教育的历史上，教师的身份极不确定，大多都是临时性的工

---

① 李子建等．课堂环境对香港学生自主学习的影响——兼论教师中心与学生中心之辨［J］．北京大学教育评论，2010（1）：70–82.

②［美］埃伦·康德利夫·拉格曼著，花海燕等译．一门捉摸不定的科学：困扰不断的教育研究的历史［M］．北京：教育科学出版社，2006. 英文版序．

③The Federal Role In Education［EB/OL］.http://www.ed.gov/about/overview/fed/role.html，2010–3–16.

作。出于经费的考虑，美国各州政府大量招收女性从事教师工作，主要原因就是女性教师的工资要求远低于男性，一般仅仅相当于男性教师的50%左右，这种情况持续了相当长的时间，导致美国的教师队伍大部分都是女性，即使在今天仍然如此。在1919年女性教师竟然达到了不可思议的85.9%。① 在历史上美国女性地位很低，这就给美国教师标上了一个牢固的女性的标签。在很大程度上，美国社会认为教师是"女人的事情"。② 地位较高的高校教师不是以教师的身份，而是以学者的身份和头衔而得到社会的尊重。1981年的一个关于教师报告中，大部分教师觉得如果有第二次选择职业的可能的话，他们不会选择教师职业。③"在公众眼中,美国教师被看作是懒惰的和无能的。"④"美国的文化传统则是挑战权威。美国的孩子，从小就接受这种教育，在学校里也以向老师挑战为骄傲。老师和学生在很多时候都是平等的，师生之间没有所谓的'师道尊严'。教师职业也和社会其他职业一样，没有什么特殊性。这一点上，美国教师的社会地位比中国教师的要低。"⑤ 教师只能成为所谓的"平等中的首席"，美国教师既得不到社会的尊重，也得不到学生的尊重，这种文化难以产生师道尊严。

在社会结构方面，西方国家内部大都有强大的宗教机构，宗教占据社会的道德权威，而学校仅仅只是教育知识的机构，在道德上学生更倾向于教会，这直接剥夺了教师的职业的高尚性。从总体上看，美国教师的社会地位实际上比中国教师低。

在社会文化方面，中国是一个强调和谐的社会，而和谐的社会在于个人的和谐、家庭的和谐和国家的和谐，师道尊严的意义就在于："国将兴，必贵师而重傅；贵师而重傅，则法度存。国将衰，必贱师而轻傅；贱师而轻傅，则人有快；人有快而法度坏。"⑥ 在社会结构方面，中国没有强大的宗教信仰，社会道德传承主要依靠的仍然是教育和教师，所以中国教师除了传授知识之外，还必须承担德育的使命，这与西方教师差异很大。中国教师是学生全方位发展的导师，而西方教师主要职责仅仅只是教学。中国师道尊严的逻辑就在于此。基于社会的

---

①［美］埃伦·康德利夫·拉格曼著，花海燕等译．一门捉摸不定的科学：困扰不断的教育研究的历史［M］．北京：教育科学出版社，2006.16.

②［美］埃伦·康德利夫·拉格曼著，花海燕等译．一门捉摸不定的科学：困扰不断的教育研究的历史［M］．北京：教育科学出版社，2006.4.

③ Tyack, D. Cuban, L. Tinkering toward utopia: A century of public school［M］.Harward college，1995.33.

④ Tyack, D. Cuban, L. Tinkering toward utopia: A century of public school［M］.Harward college，1995.37.

⑤ 杜菁琳．中美教师的出身、地位和待遇比较［J］．科学大众，2007（1）：34.

⑥《荀子·大略》．

结构，中国教师承担的是智育与德育的使命，而西方教师主要承担的只是智育。中国教师必须强调道德使命，而西方社会的道德权威在教会和教堂，教师不需要承载中国同行的道德使命。

三、师道尊严的冲击与展望

教师自身是社会文化的产物，同时也执行社会化功能。教师角色自身的社会属性，取决于社会结构、社会文化，以及社会自身的历史惯性。不同的社会文化背景，造成了相对弱势的美国教师，也铸就了地位较高的中国教师，其分歧的根本原因，正在于其背后的社会结构和文化。如果将美国教师提升到中国教师的地位，估计是美国社会难以忍受的，但如果将美国教师的地位强加于中国教师头上，那么中国教师也是承受不了的，同时中国社会将受到巨大伤害。中国教师是社会道德、社会文化传承的载体，而如果将仅仅着眼于一个普通的知识传授者的别国教师的经验、政策照搬到中国来，肯定会导致中国教师的心理危机。这既可能深深伤害中国教师，同时也可能深深伤害整个中国社会的道德结构与文化体系。因为中国的社会道德、文化以及社会基本秩序都需要中国德育职能的强力实施，这需要教师地位的必要保障。教师自身的职责、地位是社会文化历史以及社会现实结构的反映，教师自身的定位，必须适应社会文化背景的需要。在教师职责的定位上，不只是需要参考别国的经验，同时也必须思考其他国家的经验是否适应于中国社会。

教育发展上的改革是必需的，只是在这一过程中，绝对不能采用简单的拿来主义，而是需要冷静思考、客观比较，思考不同的教育文化和教师身上的文化符号，以及社会背后的文化理念，是否适合于我们社会。

师道尊严是中国社会的历史文化逻辑的结果，并非洪水猛兽，是中国教育文化的重要组成部分，也是儒家文化圈的教育特色，如日本、韩国、新加坡都极为强调师道尊严。师道尊严并非与现代教育理念冲突，作为一种中华文化珍视的价值观，作为一种中国社会结构必要的教育传统，有必要重新审视。师道尊严不仅仅是对中国教师职业的尊重，更为重要的是，是对于中国教育的尊重。

第五节　中国德育范式基本社会假设与社会逻辑

教育本质上是一种传承，这种传承决定了教育的存在是一种现实的决定，而不是一种面对未知的全新创新。“生存在这个世界上的每个人，总是面对着一个先于他而存在的、无可选择的具体的历史存在。人不能脱离这种具体的历史存在而生存，为此，它对于人来说就是一种完成了的规定性，它赋予人以实然性。”[①] 教育既是一种规定性的具体体现，同时也在相当程度上体现了该社会的基本假设和基本逻辑。

一、中国德育范式的基本社会假设

在个体本位倾向和社会本位倾向两者之间，中国德育有着明显的社会本位倾向。这一点的背后原因毫无疑问来源于中国德育的社会基本假设。中国德育的社会基本假设是：个人是社会的构成体，但社会是人的归宿和责任所在，个体的所有社会属性都是建立在社会性的基础之上的，离开社会性的个体是没有意义的。道德的高级阶段指向社会，局限于个体的道德仅仅是低级的道德层次。

中国德育范式的基本社会假设主要有以下构成：

其一是对社会的构成的假设，认为社会是个体的集合，但并不把个体视为社会的根基，而是将社会视为一个整体，个体应该倾向于服务或者服从社会，并非社会服务于个体。这一点与西方社会假设有明显区别，西方社会大都把社会个体视为社会存在的基础和目标。

其二是社会性是个体的社会属性，并且是个体的归宿和责任。中国基本社会假设认为个体的社会性是个体的本质，失去了社会性，也就失去了个体的存在价值和意义。

其三是道德的高级阶段是指向社会的。这一点对于中国德育影响极大，也即道德在个体身上的发展方向必须是由个体向社会扩展的。如果仅局限于个体的道德，那么只是低级的道德层次。高级的道德层次必须指向社会层面，这最终决定了中国德育总是倾向于最终的社会维度——对政治的关注。

二、中国德育范式的基本社会假设的逻辑

中国德育范式的三个基本社会假设中，第一个假设决定了中国社会的思维逻辑，即中国社会的道德、政治思想等的基本思维基点是社会。所以中国的典籍中大多都强调社会整体的和谐，所谓凡事都需从天下黎民苍生出发去决定。这种思维逻辑一定程度上有利于社会的整体发展战略，但事实上也对个体的权利存在一定程度上的忽视。

第二个假设决定了德育中的个体的社会存在状态。中国个体认为社会性才是个体的基本本质，所以中国德育在这一领域对个体的个性和天赋是有所忽略

① 鲁洁. 道德教育的当代论域［M］. 北京：人民出版社，2005. 8.

的。在中国社会中，社会个体也是通过自己的社会关系去定位自己的道德选择，不同的社会关系导致在道德选择上存在明显的差异。离开了家庭关系、同学关系、同事关系、工作关系、同乡关系、朋友关系等社会关系，中国社会个体甚至都可能不知道如何定位自己的存在意义和价值，更难以抉择自己的具体行为选择。

第三个假设决定了中国德育中个体的道德发展路径，即从个体走向社会。在中国文化语境中，个人的道德称为品德。品德包括人品和道德，虽然人品主要指个体，道德主要指与他人的行为，但两者事实上在中国很多时候难以区分。而社会层面则更为复杂，既有道德，也有政治，所以中国社会在潜意识中，认为政治也是德育的重要构成部分，既要忠君，也要孝悌，前者是政治，后者是家庭伦理。所以在中国社会思维中，道德与政治两者几乎是一致的，难以割舍。

整体上看，中国德育的社会逻辑的背后是中国社会的文化传统，以及中国社会范式的自组织发展特征，两者在相当程度上支撑了中国德育的社会逻辑，并给予了中国德育的充分自信。

在中国文化传统方面，中国的家庭孝悌文化、中国的熟人社会、中国的关系文化、中国的家国同构等，这些都是对中国德育的重要影响因素。不管这些在实际的德育实践中表现是否明显，但在中国的社会中，一直以来都具有强大的影响力。当然，近代以来因为国力的衰弱，导致很多人误解和轻视中国传统文化，事实上，西方学者也客观地指出："半个世纪来的实际情况，包括中国自己 1978 年后对市场力量的开放，有力地表明，中国人以往数百年的经济发展滞后，原因在于政治因素和糟糕的经济体制，而不在于文化本身。"[①]

对比的视角看，中国与西方社会在社会道德领域的基础性根源也存在差异。道德伦理体系必然要追寻自己的基础性根源，这涉及道德伦理体系自身的合法性的重要问题。中国与西方道德伦理的基础性根源有着重大分歧：中国道德伦理的基础性根源是血缘，而西方道德伦理的基础性根源则是宗教。[②]

另外，中国社会范式也有着自己的自组织特征，在道德伦理领域也同样如此。"这种自组织性，既表现为社会的人伦秩序的既定性，又表现为个体在社会伦理秩序中的自我定位，同时还表现为这种血缘的伦理秩序，透过伦理的中介，向社会与国家扩充延伸，形成社会的自组织。"[③] 与西方将宗教设为伦理道德价值观的根源相比较，家庭血缘关系的本源设定，在伦理基础上更为现实，也更具有

---

①［美］杰弗里·萨克斯．对新的经济发展社会学的几点看法［A］．塞缪尔·亨廷顿．文化的重要作用——价值观如何影响人类进步［C］．北京：新华出版社，2002.77.

②赵庆杰、刘曙辉．伦理的价值本源：宗教还是血缘［J］．道德与文明，2007（1）.49.

③赵庆杰、刘曙辉．伦理的价值本源：宗教还是血缘［J］．道德与文明，2007（1）.49.

人文性，当然也相对缺失伦理道德的神圣性，所以中国伦理道德价值观具有明显的现世主义色彩。中国道德伦理的自组织还表现在内容走向体系化，并且借助道家思维等中国文化思维进行选择和重组。所以中国道德伦理一方面内容整体变化不大，但却能够在不断细微变化中维护了从秦汉以来的中国社会中的基本社会生活秩序。

相对来看，西方当代社会假设存在着重大危机，从深层的精神层面看，近代西方社会随着宗教信仰的暗淡，特别是后现代主义的盛行，用以解释世界、统整价值观的普遍意义系统被分解。在杀死上帝之后，每个人都成为自己的上帝。每个人都在建立自己的价值观系统和意义世界，这样导致西方人不需要从某种共认的终极、历史的传统和普遍的习俗中去获取价值观的资源，所凭借的只是他自己的经验。事实上这是一种情感主义道德，无所谓道德，只看自己的主观好恶。人们匆匆离开一切历史与文化的依托，摒弃一切先在与共在成为一种时尚，价值观也就在这种时尚中断裂。①

需要注意的是，目前西方的动态平衡的社会范式和中国的静态平衡的社会范式都有自己的内在缺陷：西方社会范式是自由且不稳定的，中国范式可能和谐但过度秩序化。当然，这两种社会范式内部都有人类安居乐业所必需的两种价值基础：自由和秩序。两者从来都是人类社会存在的重要基础。自由带来活力，但也可能充满危险；秩序带来和谐，但也可能导致僵化。所以，未来人类社会的发展，或许是两者的必要的平衡，自由的活力与秩序的和谐相结合，“从而产生一种适用于全人类的生活方式——这种生活方式将不仅使人类得以继续生存，而且还能保证人类的幸福安宁”。②但从人类社会的整体视角上看，人类社会在基本道德价值观维度，必须要取得一定的共识，以成为人类社会整体和平和发展的基础。完全走向后现代主义的多元化社会并非人类的理想选择，因为人类社会几千年的历史，绝大部分的战争和冲突，都是文化价值观的冲突。如果人类足够明智的话，在基本社会假设上，需要有必要的道德价值观领域的共识。

---

① 鲁洁．道德危机．一个现代化的悖论［J］．中国教育学刊 .2001（4）.7-13.

②［英］阿诺德·汤因比著，刘北成、郭小凌译，历史研究［M］．上海：上海世纪出版集团 .2005.393.

中国社会中的德育与政治联系非常紧密，这一点可能与西方德育范式存在一定差异。德育与文化的紧密联系，则是世界德育的通例。在亚里士多德的笔下，道德与政治也紧密结合。每一种社会团体的目的总是为了追求善业，“既然一切社会团体都以善业为目的，那么我们也可以说社会团体中最高而包含最广的一种，它所求的善业也一定是最高而最广的：这种至高而广涵的社会团体就是所谓的城邦，即政治社团（城市社团）。”①

中国德育范式的实践，在中国社会中有着重要的政治基础和文化基础的支撑。研究德育实践一般不会忽视这一点，但德育理论研究往往容易忽视这一点。中国德育与政治的紧密联系，一向是中国社会的惯例。在德育理论研究中不能简单地将此推定为不合理而不列入研究领域。这种处理既是对现实德育实践的无视，同时也忽略了其背后的政治智慧和德育智慧。中国社会在政治领域具有非常强大的实践理性。“中国最突出的成就之一是在一种漫长的历史过程中发展了人类社会史上最为完善的复杂政治组织形式。令人确实感到非常惊奇和瞩目的是一种统一的施政制度在如此早的时代就得以扩大到一个如同欧洲一般辽阔、其人文的差异也足以和欧洲相媲美的大世界中。”②同时，政治在中国社会和中国德育中的地位，也是与其他国家传统存在重要差异的。德育研究既需要纯粹理性，也需要理解现实中的实践理性。

---

①［古希腊］亚里士多德著，吴寿彭译．政治学［M］．北京：商务印书馆，1965.3．

②［法］谢和耐著，耿昇译．中国社会史［M］．南京：江苏人民出版社，1995.24.

第一节　中国德育的政治基础

中国德育受到儒家思想的现世主义的影响，所以德育的传统也是儒家思想的入世思维，而这种思维无论如何都难以避开现实社会中的强大力量——政治。“政治目的是最高的善，它更多的着眼于造成公民的某种品质，即善良和美好的行为。”[①]从这个角度上看，中国德育与政治的紧密结合有其必然的缘由。另外，中国社会中政治还有着影响力极为强大的结构性特征。“中国社会中政治功能的发展及其较所有其他领域（军事、宗教、经济）的功能所占的绝对优势，是中国最典型的特征之一。”[②]

一、入世与出世：中国社会中两种不同的政治哲学

中国传统社会德育注重对道德心性的修炼，强调用规范化的道德伦理体系来规约人们的生活，以此达到稳定社会秩序的目的。当代中国德育也延续着同样的逻辑。“在社会稳定方面，都强调法律、为了社会利益而牺牲个人、道德以及传统文化等教育。”[③]

中国传统德育不只是追求内在的成为圣人、君子之道，还有着儒家思想天然的入世精神。同样，中国传统德育中还深受道家思想影响，道家思想是一种明显的出世哲学。后世的佛教也对中国德育影响很大，而这也是一种区别于儒家入世精神的弃世哲学。弃世与出世相比较，弃世更为厌弃凡尘俗世，所以是一种更深程度的出世，在本章中，将这种弃世归入出世中的一种，只是相对于道家思想来说，出世程度更为彻底。

要理解中国社会中的出世和入世，首先要理解“世”的涵义。在出世和入世中，世指的是凡尘俗世，这是一个佛教的概念。在佛教中，除了凡尘俗世之外，至少还有内心世界和涅槃世界。当然，在道教中，还有山水田园世界。出世指的是一个人不再关心凡尘俗世中人们普遍追求的功名、权位、财富等，希望过一种超脱世人的生活。相反，入世则是指一个人需要关注现实生活，并在现实生活中通过建功立业、积极进取实现自己的人生价值和历史地位。

具体来看，儒家的修身、齐家、治国、平天下，是一种典型的入世哲学，

---

①［古希腊］亚里士多德著，苗力田译．尼各马可伦理学［M］．北京：中国人民大学出版社，2003.16.

②［法］谢和耐著，耿昇译．中国社会史［M］．南京：江苏人民出版社，1995.25.

③Gregory P Fairbrother.Citizenship Education in a Divided China, 1949-1995［J］.Asia Pacific Journal of Education, Vol. 24, No. 1（March 2004）pp. 29-42.

这也是中国传统政治的主流哲学。入世既包括立德、立言、立功的行为，也包括积极进取的精神。但任何一个社会的成功者都只是小比例的，入世的政治哲学很可能给个人带来失败的精神创伤，这就需要出世哲学的抚慰。

中国社会中的出世哲学主要是两部分构成：其一是中国传统的道家思想，以老子和庄子为代表，包括后期的陶渊明等山水田园的文学作品，也明显受道家思想的主要影响。其二则是中国秦汉间传入的佛教，因为佛教中的轮回思想，所以建构了一个涅槃的世界，这也是与凡尘俗世相隔绝的世界。涅槃中不存在高尚与低贱，即使是道德高尚，也是佛教中的追求名声之欲和苦。在严格意义上，出世的哲学中，无所谓道德不道德，个体更关注内心，而不关注社会。相对而言，道德本身，就是一个现世的社会概念和社会规范体系。

归去来兮，田园将芜胡不归？既自以心为形役，奚惆怅而独悲？悟已往之不谏，知来者之可追。实迷途其未远，觉今是而昨非。舟遥遥以轻飏，风飘飘而吹衣。问征夫以前路，恨晨光之熹微。

乃瞻衡宇，载欣载奔。僮仆欢迎，稚子候门。三径就荒，松菊犹存。携幼入室，有酒盈樽。引壶觞以自酌，眄庭柯以怡颜。倚南窗以寄傲，审容膝之易安。园日涉以成趣，门虽设而常关。策扶老以流憩，时矫首而遐观。云无心以出岫，鸟倦飞而知还。景翳翳以将入，抚孤松而盘桓。

归去来兮，请息交以绝游。世与我而相违，复驾言兮焉求？悦亲戚之情话，乐琴书以消忧。农人告余以春及，将有事于西畴。或命巾车，或棹孤舟。既窈窕以寻壑，亦崎岖而经丘。木欣欣以向荣，泉涓涓而始流。善万物之得时，感吾生之行休。

已矣乎！寓形宇内复几时？曷不委心任去留？胡为乎遑遑欲何之？富贵非吾愿，帝乡不可期。怀良辰以孤往，或植杖而耘耔。登东皋以舒啸，临清流而赋诗。聊乘化以归尽，乐夫天命复奚疑！

——陶渊明《归去来兮辞》

相对出世的消极而言，入世则是推动中国社会发展的重要精神力量。这也是儒家思想中“达则兼济天下”的精神。入世注重个体献身于社会事务，强调建功立业、忍辱负重、精忠报国。虽然功名、权位、财富这些确实是入世的附属品，但中国人的真正意义上的入世则是指治国平天下。这种入世精神一直是支撑中华民族繁荣昌盛的重要精神力量。

入世注重社会现实实践，强调个体本身的能力和道德。出世则注重个体内心修养，强调个体的反省和自我修炼。入世能够在个体人生发展中树立远大理想，培养个体的人生动力和精神力量。出世则能够在个体失败和挫折中为个体抚慰心灵，治疗精神创伤，为个体和社会带来宁静和和平。所以中国人在顺境中，会选择入世的政治哲学，力争建功立业，青史留名。而在逆境或者绝境中，会选择出世的政治哲学，强调不如归去，回归田园山水，甚至可能栖身于寺庙或者道观。出世和入世两种精神，两者共同成为中国人的精神世界的重要构成。诸葛亮在《诫子书》中写道："非淡泊无以明志，非宁静无以致远"。中国历史中的入世的典范有秦始皇、汉武帝、唐太宗、左宗棠等人的政治功业，孔子、董仲舒、朱熹、王阳明等人的学术伟业。而出世的典范则有老子的飘然离去、庄子的梦蝶、陶渊明的"采菊东篱下，悠然见南山"等，两者共同构成了中国社会的精神世界。

不管从何种角度上看，中国这种内在与外在相结合、注重个体和谐和社会和平的政治哲学都是伟大的。所以套用现代西方德育范式的学术语言，简单地把政治从中国德育中剔除是不合适的。"坚持从道义上赢得政治权威并通过捍卫道德学说来表现这种权威，这对中国政治的运作是个根本的因素。"①

中国传统以来的政治，实际上呈现为两个层面：其一是哲学层面的中国政治，即中国政治哲学；其二是现实层面的中国政治，即政治实践。中国的现实层面的政治，并不等同于西方国家的政治科学。西方的政治科学主要是研究政治的运行、权力制衡、政治结构等的社会科学。中国现实层面的政治，则主要是一种政治实践，是具体的现实社会层面的政治运行。两个层面的政治，并不是简单的政治哲学决定政治实践这种关系，在具体的政治运行中，呈现出极为复杂的关系。所以，如果不认识到这一点，笼统地认定中国政治对中国德育的决定性影响，很可能导致结论混杂和自相矛盾。

二、德育背后的中国政治哲学

政治本身指对社会治理的行为。西方政治一词主要源于古希腊，主要指城邦中的城邦公民参与统治、管理、参与、斗争等各种公共生活行为的总和。中国政治古代有：有"道洽政治，泽润生民"。② 政治一词主要由两部分构成："政"主要指国家的权力、制度、秩序和法令；"治"则主要指管理人民和教化人民。

具体来看，哲学层面的中国政治，其主要来源理论基础有两个维度：

---

①［美］詹姆斯·R.汤森、布兰特利·沃马克著，顾速、董方译．中国政治［M］．南京：江苏人民出版社，2007.32.

②《尚书·毕命》.

其一是中国化马克思主义，具体为中国特色社会主义理论体系，当前是习近平新时代中国特色社会主义思想。中国特色社会主义理论是当前中国社会发展和建设的政治指导理论。作为一种社会主义理论，既延续了马克思主义的理想性和科学性，同时也结合了中国社会主义的社会发展基础和发展特色。中国特色社会主义理论是当前中国社会的核心政治理论，也是当前中国的重要政治意识形态，在很大程度上决定了中国社会对社会发展的自我判断标准，以及对现实政治的评价依据。其对中国德育的影响重大，在德育内容、德育目标、德育方向、德育价值观等诸多领域均决定了中国德育的基本范式和基本构成。

其二是中国儒家思想传统。哲学层面的中国政治，还有着另外一个来源，即中国儒家思想传统。儒家思想是中国社会对政治的传统以来的评价依据，同时也在相当程度上决定了中国社会对政治的期望和判定。孔子强调仁爱精神，要求政治实施仁政，同时通过三纲五常的具体规范化的政治和道德来赋予中国社会对政治的判定依据和行为准则，最终构成了一个现世主义、追求治国平天下的政治哲学。即使在今天，儒家思想的政治哲学仍然在潜意识层面决定了中国政治的深层意识形态，今天作为社会主义政治哲学重要构成的“为人民服务”，仍然可以从中看到儒家思想的爱民的影子。“古代中国人把为公众服务看作是一种道德责任，把传统强调的礼仪看作是结合社会的力量，看作是由身份和广泛的条文所表达的官方严格的命令，所有这些古代的特征都深植于现代东亚经济再生的核心之中。东亚的共产党员也都热情地效忠于他们的组织。”[①] 儒家思想的影响力还在于对具体政治人物的标准的设定，这种影响力同样是强大的，更是潜意识的。“按照中国传统，圣人应具有内圣外王的品格，中国哲学的使命就是使人得以发展这样的品格。因此，中国哲学讨论的问题就是内圣外王之道。”[②]

而具体在现实层面，中国政治仍然有其自己的逻辑。其非常重要的一个逻辑就是，中国现实实践层面的政治，自古以来都非常强调法家的思想，在政治的统御和管理上，力求实现法家的法、术、势等要素和途径。这一点，在实质内容上，很类似于西方的政治科学，简而言之，是实践上的政治的运行科学。马基雅维利的《君主论》和中国韩非的法家论著，两者在相当程度上是一致的。马基雅维利认为君主必须同时效法狐狸和狮子，既有狮子般的力量，又有狐狸般的狡猾，这样才能有效统御部下，既有兽性，还要有智慧，并且不用遵守信义。

① [美] 小 R. 霍夫亨兹、K.E. 柯德尔著，黎鸣译 . 东亚之锋 [M] . 南京：江苏人民出版社，1995.57.

② 冯友兰著，赵复三译 . 中国哲学简史 [M] . 北京：新世界出版社，2004.8.

"君主既然必须懂得善于运用野兽的方法，他就应当同时效法狐狸与狮子。由于狮子不能够防止自己落入陷阱，而狐狸则不能够抵御豺狼。因此，君主必须是一头狐狸，以便认识陷阱，同时又必须是一头狮子，以便使豺狼惊骇。"[①] 韩非的法术势也几乎不讲仁义道德，其目标仅仅在于统御国家。"明君之道，臣不得陈言而不当。是故明君之行赏也，暖乎如时雨，百姓利其泽；其行罚也，畏乎如雷霆，神圣不能解也。"[②]

最终中国政治在内在结构上构成了外儒内法的结构，这一结构本身就存在相当大的矛盾。儒家思想是理想主义的，注重中国政治的终极目标和理想路径，是一种浪漫主义的政治哲学。而法家则着眼于现实政治中的难度，必然采取一些过度力量化的措施，是一种现实主义的方法和路径。所以，中国的实际政治是一种儒家思想的理想主义和法家思想的现实主义相结合。即使是采取法家的权威压制，也仍然要符合儒家的道德教化。著名汉学家谢和耐指出："普遍被认为是强制权和主宰权的政权在中国则如同是生气蓬勃和整顿秩序的本原，即使这种观念未排除使用暴力和粗暴干预也罢。但那里的强暴始终附带有思想改造。"[③]

中国传统政治中的法家、道家和儒家思想，构成了一个具有明显自组织特征的复杂系统。法家的主要贡献在于政治组织能力，在现实层面提升了中国社会的组织系统性。但道家思想则强烈反对政治，同时却是一种中国社会的建设性力量，其意义主要在于文化和思想领域。而儒学则扮演了一个中庸的角色，既涉及政治领域，也涉及文化领域。"儒学在政治领域，与法家思想一道在官僚制度和君主制度的关系方面，塑造了中国的政治。儒家学说同时又和道家学说（以及后面的佛教）一道塑造了中国的文化。"[④] 所以中国社会的实际基础性支撑思想是儒家思想。

政治本身的发展有着一定程度上的两难：政治如果过度理想主义，注重德化治理，最终可能会导致政治效率的低下和社会的混乱不堪，但这种政治哲学和实践模式确实符合大部分人的政治理想和现实向往，能够占据道德制高点，因为几乎没有人喜欢受别人统治和严格管理。而如果政治过度现实主义，则可能会导致社会内部矛盾过度激发，招致社会个体的反感，同时也导致对社会道德理想的远离，最终导致政治失去自身的正当性和正确性。中国政治一直游离于

---

① [意] 尼科洛·马基雅维利著，潘汉典译．君主论 [M]．北京：商务印书馆，1985.83–84.

②《韩非·主道》．

③ [法] 谢和耐著，耿昇译．中国社会史 [M]．南京：江苏人民出版社，1995.26.

④ [美] 约瑟夫·列文森著，郑大华等译．儒教中国及其现代命运 [M]．桂林：广西师范大学出版社，2009. 343.

这两者之间，但两者都赋予了中国政治以力量。理想主义的儒家思想给了中国政治以理想和目标，现实主义的法家政治思维则给了中国政治以实践经验和组织力量。

第二节　社会主义教育范式及其基本构成

中国德育的教育政治哲学的基础是社会主义教育政治哲学，具体表现为社会主义教育范式。社会主义教育范式基本决定了中国德育的政治目标和政治理念。

共产主义理论是关于无产阶级解放的条件的学说，[①] 共产主义社会是全人类解放的伟大社会理想。社会主义是共产主义的低级阶段。[②] 社会主义既是一种政治模式，也是一种意识形态，同时还是一种正在历史发展中的人类社会实践。社会主义在诸多方面给予了人类社会发展的精神力量和革命性的社会实践。在政治领域，社会主义高举解放全人类的伟大理想；在精神领域，社会主义提升了人类追求平等和民主的层次；在教育领域，社会主义也以其解放伦理，极大地改变了近代以来人类教育的发展路径和发展范式。

社会主义教育范式是指以社会主义政治意识形态为核心，而建立的一系列的社会主义社会中的教育相关理论与实践的集合体。因为中国社会现实语境中社会主义教育主要指对社会个体的社会主义意识形态教育，所以本书采用社会主义教育范式的概念。

一、社会主义教育范式的历史轨迹

马克思主义从未远去，自诞生以来，就在人类历史发展中影响深远。社会主义价值观在当代已经进入了人类社会的各个层面，不管是物质层面，还是精神层面，社会主义都有着全方位的影响力。即使是在欧美为代表的自由主义社会中，社会主义也在社会福利、社会保障、劳工政策、公共利益等诸多层面深刻地影响着社会。而在教育领域，社会主义教育范式从其最初诞生开始，一直是人类社会中教育领域中的重要存在。

社会主义对人类教育发展的推动力量是巨大的，在教育目标、教育理念、教育价值观、教育路径等诸多领域，社会主义深刻影响了人类社会的教育发展方向。社会主义教育范式的重要特征在于打破了人类社会历史上基于身份、财

---

①［德］马克思、恩格斯著，中共中央马恩列斯著作编译局编译．马克思恩格斯选集（第 1 卷）［M］．北京：人民出版社，2012.295.

② 邓小平．邓小平文选（第三卷）［M］．北京：人民出版社，1993.252.

富而形成的受教育权限制，强力推进了教育的全民性、普及性和公共性，其教育目标鲜明地指向个体的解放和人类社会的解放。指向个体解放是基于打破了曾经强加于个体身上的因为身份限制、财富要求、社会地位、教育等级制等而实质性被剥夺的普通民众的受教育机会，从而为所有民众赋予了天然的不可剥夺的受教育权。指向人类社会解放是强调教育本身的价值不是为了个体的社会资源和地位的竞争，个体接受教育的目的是为了更好地服务于社会，或者说为社会创造更大的价值和贡献。

在《共产党宣言》中，马克思、恩格斯提出了工人阶级夺取政权后的十项措施，其中第十项措施就是关于教育的经典论述："对所有儿童实行公共的和免费的教育。取消现在这种形式的儿童的工厂劳动。把教育同物质生产结合起来等。"[①] 社会主义教育范式致力于推进个体的自由发展，在马克思和恩格斯的经典论述中，共产主义社会的实质是："在那里，每个人的自由发展是一切人的自由发展的条件。"[②] 社会主义注重个体的全方位的解放，而个体全方位的解放必须建立在教育的基础上。"唯一实际可能的解放是以宣布人是人的最高本质这个理论为立足点的解放。"[③] 社会主义教育范式服务于个体的解放，这是一种实质性的尊重人性的教育范式。

在苏联的社会主义实践中，列宁有较多关于社会主义教育范式的重要论述。基于十月革命之后俄罗斯的经济文化的落后局面，列宁对于俄罗斯的教育发展，提出了许多经典论断："教育不能不联系政治"，这是强调教育本身的政治性质和政治方向，要求教育在发展中必须贯彻社会主义方向，进行社会主义教育。"教育和生产劳动的结合"，这是强调社会主义教育范式本身培养劳动者的教育目标。提高教师的地位是"用不着证明的真理"，这既是强调教师在教育中的极端重要性，同时也强调教师是社会主义劳动者的群体构成部分。[④]

在我国的社会主义发展中，毛泽东同志对社会主义的教育有着重要指示，其社会主义的教育的经典论点主要有：其一，社会主义教育事业必须由党来领导，具体体现在政治、组织和思想上的领导。这是强调社会主义教育的政治方向，并注重在教育发展中的政治领导。其二，教育必须为社会主义政治服务。这是

---

①［德］马克思、恩格斯著，中共中央马恩列斯著作编译局编译．马克思恩格斯选集（第1卷）［M］．北京：人民出版社，2012.422.

②［德］马克思、恩格斯著，中共中央马恩列斯著作编译局编译．马克思恩格斯选集（第1卷）［M］．北京：人民出版社，2012.422.

③［德］马克思、恩格斯著，中共中央马恩列斯著作编译局编译．马克思恩格斯选集（第1卷）［M］．北京：人民出版社，2012.16.

④ 谷少杰．列宁社会主义教育思想述论［J］．辽宁教育行政学院学报，2015（4）：29-33.

强调教育要为社会主义建设服务，推进中国社会主义事业发展。其三，社会主义教育的目的在于培养全面发展的劳动者。这是对教育目标的重要阐述，教育要致力于培养社会主义劳动者。[①]其四，社会主义教育必须要有群众观点，要与社会实际结合，与人民的生产实践结合。这是强调社会主义教育的群众路线和教育的普及性。[②]

社会主义教育范式最初解决了受教育权的法理问题，宣布了一切人均具有平等的受教育权。其后通过社会生产力的发展，通过物质财富保障了社会中个体的受教育权的实质性执行，也即从法理层面逐步过渡到社会实践层面，这是社会主义教育范式的历史性发展的重要成绩。从这个角度上看，社会主义教育范式既是一种教育领域的政治意识形态，一种伟大的教育思想，还是一种正在发展中的社会教育实践。

二、社会主义教育范式的基本构成

社会主义教育范式不只是一种实践范式的存在，一种教育理论的存在，还是一种教育精神和价值的存在。整体上看,社会主义教育范式主要有以下基本构成:

其一，社会主义教育范式通过社会关系定位个体教育发展的基本人性假设。与自由主义通过个体的自由发展定位个体的基本假设不一致，社会主义教育范式将人性基本假设定位为个体的社会关系。马克思指出：人的本质是一切社会关系的总和。[③]这一方面确定了个体的社会性的重要性，同时也是对自由主义将人性定义为简单的个体自由相区别。社会主义教育范式高度重视个体的社会性，在教育过程中非常重视个体的社会主流价值观的教育，强调必要时的社会规范，强调个体的社会实践教育，强调个体身上的社会和谐精神的培育。社会主义教育范式强调教育目标是社会主义建设者和接班人，致力于教育让人民满意。这种通过社会关系定位个体教育发展的人性假设，不再将个体人性假设设定为抽象的自由，能够提升个体的有效社会化。

其二，社会主义教育范式设置了和谐全面发展的个体教育发展路径。社会主义教育范式并不绝对追求自由主义教育中的自由发展，而强调个体和谐全面发展的教育发展路径。个体和谐发展指的是个体的情感、价值观、知识与能力

① 张俊宗．毛泽东对社会主义教育事业的探索［J］．科学社会主义，2010（3）：39–42.

② 郑大华、任青．探索发展人民教育之路——毛泽东社会主义教育思想的主题［J］．教育研究，2013（12）：4–9.

③［德］马克思、恩格斯著，中共中央马恩列斯著作编译局编译．马克思恩格斯选集（第1卷）［M］．北京：人民出版社，2012.135.

等诸多领域的和谐发展。这种和谐一方面指个体内在组成部分的和谐，也包括个体与社会其他个体和社会的和谐。人的全面发展是社会主义教育范式的基本追求，要求学生在德、智、体、美等方面都得到发展。① 具体而言，个体全面发展指的是个体在道德伦理、智力智慧、体育体质和审美情感等领域的全面发展。社会主义教育范式强调个体的主流社会属性，而社会主流属性需要个体全方位的发展。这种发展的全面性既是社会主义教育范式的本质要求，也是与欧美为代表的自由主义教育范式相区别的。西方自由主义教育范式强调一切尊重个体自由发展权利，但社会主义教育范式则注重社会主流价值观和主流判断在个体成长中的重要性和标准性。

其三，社会主义教育范式具有高度尊重学生天赋，实现个体各尽所能的教育理念。社会主义教育范式高度尊重学生的个体天赋，注重学生发展的个性化和创造性，以实现共产主义社会的理想：各尽所能，各取所需。“不言而喻，要不是每一个人都得到解放，社会也不能得到解放。”② 社会主义要通过各种措施，使社会全体成员的才能得到全面发展。③ 社会物质财富、精神财富是建立在社会成员的共同奋斗的基础上的，而这种奋斗还需要社会成员的天赋和能力。所以社会主义教育范式的重要指向就是为学生最大才能的培养、天赋的发挥和理想的实现创造条件。社会主义社会中，生产劳动给每一个人提供全面发展和表现自己的全部能力的机会，生产劳动不再是奴役人的手段，而成了解放人的手段，劳动从一种负担变成了一种快乐。④ 社会主义教育范式还高度尊重学生的创造性和创新性能力的培养，让学生在未来社会发展中，通过对个体最大能力的发挥的同时，实现自己的社会价值。

其四，社会主义教育范式采取了自由发展与必要学校教育规范引导的教育方法论。社会主义教育范式所指向的不是简单的或者单独的个体发展，还包括社会整体和谐。所以在教育方法论上，社会主义教育范式既珍视个体自由发展的权利，但同时保留了必要的外在的学校规范教育的权利。社会主义社会鼓励学生勤奋努力，同时也承认个体之间在成长过程中的才能和品德的差异，并且

---

① 顾明远．从新民主主义教育到社会主义教育——纪念中国共产党成立90周年［J］．教育研究，2011（7）：3-10.

②［德］马克思、恩格斯著，中共中央马恩列斯著作编译局编译．马克思恩格斯选集（第3卷）［M］．北京：人民出版社，2012.681.

③［德］马克思、恩格斯著，中共中央马恩列斯著作编译局编译．马克思恩格斯选集（第1卷）［M］．北京：人民出版社，2012.308.

④［德］马克思、恩格斯著，中共中央马恩列斯著作编译局编译．马克思恩格斯选集（第3卷）［M］．北京：人民出版社，2012.681.

按照这种差异给以区别对待，尽可能使每个人按不同的条件向社会主义目标前进。[①]在核心教育理念上，社会主义教育范式并不完全迷信个体的自由选择的真理性，同时强调社会整体的智慧的力量，也即，如果觉得个体发展存在问题，那么外在的学校教育就需要施加必要的规范教育。所以社会主义学校教育强调要大力加强革命秩序和革命纪律教育。[②]与此形成鲜明对比的，自由主义教育极为珍视学生个体的自由选择权利，在核心教育理念上，自由主义认为个体自由选择即为真理，不容侵犯。

其五，社会主义教育范式具有个体自我价值实现与社会整体和谐的教育价值论。社会主义教育范式在指导思想上是马克思主义，社会理想指向是共产主义理想，所以在教育过程中强调科学文化教育和社会主义道德的结合，致力于培养自觉和积极的社会主义建设者，推进社会主义物质文明和精神文明的共同发展。[③]社会主义教育范式一方面注重提升个体的发展质量，最大限度实现个体的自我价值，同时强调，个体价值的实现，需要与社会整体和主流相协调。这是一个相互协调的教育目标，这种协调是通过教育逐步实现的，也即个体在教育发展中，逐渐寻找自己的社会价值，并逐步实现这种个体的社会价值，同时还注重这种价值实现与他人和社会的整体和谐。换个观点看，这种教育价值的实现，也是个体可能的必要的牺牲的情况下实现的。如果个体价值与社会价值相冲突，则需要符合社会整体价值。但对于个体的牺牲来说，这种社会整体价值确保了社会和谐，同时也能够有效消除社会中的个体危险倾向，提升了教育培养整体的合格率。基于社会整体和谐的取向，社会主义教育范式非常注重教育公平竞争，对今天的中国教育发展来说，促进教育公平和提高教育质量是中国社会主义教育范式必须高度提升的两大任务。[④]

其六，社会主义教育范式注重平等自由和谐的社会主义核心教育价值观。社会主义教育范式在道德伦理领域，追求社会主义核心价值观。社会主义核心价值观是社会主义社会中的主流价值观，将这种核心价值观固化作为社会的主流道德意识形态，从而消除社会中的低俗价值观。这与自由主义教育是差异很大的，自由主义认为社会中自由为首要价值观，社会整体价值观是在自由竞争

---

① 邓小平．邓小平文选（第二卷）[M]．北京：人民出版社，1994.106.

② 邓小平．邓小平文选（第二卷）[M]．北京：人民出版社，1994.105.

③ 黄学溥．重新认识社会主义教育与资本主义教育的联系和区别［J］．西北师大学报（社会科学版），1994（1）：10-14.

④ 顾明远．从新民主主义教育到社会主义教育——纪念中国共产党成立90周年［J］．教育研究，2011（7）：3-10.

中发展，最终实现一种动态平衡。社会主义教育范式则更强调相对固化的整体价值观和谐。这种强大的正面道德伦理价值观的教育的优势显而易见，能够最大限度地保证社会成员的道德性，确保社会主流的道德性和健康的价值观体系。社会主义教育范式致力于建构公民平等的教育权利和教育竞争，自由发展的教育路径和空间，以及和谐的教育理念。通过社会主义核心价值观的教育推进，提升社会建构的质量和水平，同时实现个体与社会的和谐发展。

最后，社会主义教育范式追求个体解放与人类解放的教育目标。社会主义教育范式的教育目标不再单独指向个体的成功，而是强调个体在服务社会的同时服务于自身的发展。这种教育发展虽然是相对摇摆于社会和个体需求之间，但确保了社会的整体发展方向，同时也极大地提升了教育的使命感，教育不再是服务于单独雇主的私器，而成为了服务于社会整体发展的公器。简而言之，社会主义教育范式具有其内在的公共性。社会主义教育范式是培养社会主义劳动者，而不是剥削者，这是与一切旧教育在政治上划清界限。[①]毛泽东同志强调马克思主义的教育观，认为作为上层建筑的教育，从来都是阶级的教育，具有鲜明的阶级属性，他强调几千年来的教育都是剥削阶级手中的工具，社会主义的教育是工人阶级手中的工具。[②]社会主义与以往制度的最根本区别在于它代表着最广泛群众的利益，教育“应为全民族百分之九十以上的工农劳苦民众服务，绝不应该是少数人所得而私的文化”。[③]为了避免教育本身因为物质条件等因素的影响，在社会主义教育范式中，在条件允许的情况下，所有的儿童，从能够离开母亲照顾的时候起，都由国家出钱在国家设施中接受教育。[④]这是人类历史上教育成为了最重要的社会建设机构之一的精神支撑，这一方面提升了教育的精神境界，同时也赋予了教师群体的强烈的社会责任感。

第三节　社会主义教育范式的内在价值

社会主义是中国教育的基本政治性质，社会主义在政治意识形态上设定了中国德育的政治方向。社会主义既是一种革命哲学，也是一种社会建设哲学，在诸多领域对中国德育具有重要指导价值。

---

①王炳照．传承与创新—从新民主主义教育方针到社会主义教育方针[J]．北京大学教育评论，2009（1）：70-82.

②毛泽东．毛泽东文集（第7卷）[M]．北京：人民出版社，1999.398.

③毛泽东．毛泽东同志论教育工作[M]．北京：人民教育出版社，2000.89.

④[德]马克思、恩格斯著，中共中央马恩列斯著作编译局编译．马克思恩格斯选集（第1卷）[M]．北京：人民出版社，2012.305.

一、社会主义教育范式的价值

社会主义教育范式对于人类教育发展有着重要意义，其主要价值体现在教育价值观、教育目标和教育精神等诸多层面，主要如下：

首先，社会主义教育范式的解放教育伦理提升了人类教育的理想层次。在人类社会的历史发展中，教育主要被视为增加个体的社会资源和竞争优势的重要工具和途径。在古代中国，教育也被视为主要为国家政治服务的工具，是一种治国之术。社会主义教育范式有着内在的解放伦理，强调人的解放。社会主义教育范式的教育目标，指向人类社会的整体解放，也包含社会个体自身的解放。社会主义教育范式与封建社会和资本主义社会的教育目标的重要分歧在于，社会主义教育范式的教育目标的重要指向是涵盖社会的弱势群体和普通民众的解放。社会主义教育范式的解放伦理有力提升了人类教育的理想层面，从此教育不再是局限于个体在社会竞争中取得优势的社会工具，而指向了个体的最大社会价值和社会贡献的目标。在社会主义教育范式中，教育不再是封建社会中的读书做官，也不再是资本主义社会中的追求个人财富。社会主义教育范式致力于培养普通劳动者，强调社会主义政治觉悟，提倡知识分子劳动化、工农群众知识化。所以，在社会主义社会中，工作只有分工的不同，不再有高低贵贱之分。这种精神境界很大程度提升了教育的精神层次。

其次，社会主义教育范式指向人类社会整体解放的教育目标构建了教育的社会理想。教育在人类社会中大多被视为一种工具性的延续社会知识和道德伦理的工具，但社会主义教育范式将教育罩上了一个人类社会整体解放的社会理想。此后教育救国论、教育万能论的出现，都从侧面反证了社会主义教育范式本身的社会使命。即使这种教育救国并未能完全成功，但这种精神指向和教育的社会理想，却停留于人类社会中。从此教育不再局限于个体的私人空间，而成为了人类社会的个体的主体性建构和社会建设的重要路径。这本身就是社会主义教育范式的巨大历史贡献。社会主义社会的根本任务是发展社会生产力，社会主义教育范式需要服务于社会建设，促进社会现代化的发展。[①] 具体来说，社会主义教育范式应该赋予科学和技术教育以更高的地位和更重要的使命，建设高度的社会主义物质文明和精神文明。[②] 邓小平同志强调：教育事业必须同国

① 黄学溥．重新认识社会主义教育与资本主义教育的联系和区别［J］．西北师大学报（社会科学版），1994（1）：10-14.

② 黄学溥．重新认识社会主义教育与资本主义教育的联系和区别［J］．西北师大学报（社会科学版），1994（1）：10-14.

民经济发展的要求相适应。[①]最终反映到法律上,《中华人民共和国教育法》规定:"教育必须为社会主义现代化建设服务,必须与生产劳动相结合,培养德、智、体等方面全面发展的社会主义事业的建设者和接班人。"这既是社会主义教育范式的教育目标,也是社会主义教育范式的政治使命。

再次,社会主义教育范式指向个体为社会服务的教育精神提升了人类个体发展的精神境界。教育在人类历史以来主要都是个体为取得优势社会地位和资源的重要的竞争工具之一。在阶级社会中,统治阶级主要是通过对被统治阶级的教育压制甚至直接剥夺受教育权而实现的。社会主义通过对阶级社会教育权利不平等的批判,强力实现了教育权利的平等性。同时社会主义教育范式的重要贡献还在于剥夺了教育的私人属性,而将教育视为个体为社会服务的社会目标指向,不再仅仅追求个体价值和利益的最大化,而将这种个体的教育发展的目标指向为服务于社会的最大自我价值和社会贡献。这种教育精神的转向,最终提升了个体的教育发展的精神境界,个体的教育不再是仅指向自我发展,而需要在个体发展与社会需求之间适度调节。马克思强调生产劳动同智育和体育相结合,是造就全面发展的人的唯一办法。[②]毛泽东同志在教育的具体路径上,强调书本知识与实际知识相结合,脑力劳动与体力劳动相结合,知识分子与工农群众相结合。[③]要求教育发展共产主义情操、风格和集体英雄主义的气概。[④]邓小平同志高度重视教育必须同生产劳动相结合,[⑤]其核心指向就是教育不能脱离社会主义政治方向,培养的是劳动者而不是统治者。

最后,将教育视为个体解放和社会解放的重要工具,提升了教育本身的使命感。在人类社会中,教育体系通常有利于社会中的政治、经济特权阶级的成员和在学业上最有禀赋的人,实际上很大程度上破坏了或者损害了其他大量学生的个人前途。即使学校努力培养团结和合作之类的美德,但社会竞争往往导致培养不健康的竞争精神。[⑥]教育在社会主义社会中,被视为激发社会个体潜能的主要路径,为最终实现个体和谐全面发展的个体解放,以及实现和谐平等自由民主的社会解放服务。这种将教育视为社会构建的重要工具,有力提升了教

① 邓小平.邓小平文选(第二卷)[M].北京:人民出版社,1994.107.

②[德]马克思、恩格斯著,中共中央马恩列斯著作编译局编译.马克思恩格斯选集(第2卷)[M].北京:人民出版社,2012.230.

③ 张俊宗.毛泽东对社会主义教育事业的探索[J].科学社会主义,2010(3):39-42.

④ 毛泽东.毛泽东文集(第7卷)[M].北京:人民出版社,1999.398.

⑤ 邓小平.邓小平文选(第二卷)[M].北京:人民出版社,1994.107.

⑥ 联合国教科文组织国际教育发展委员会编著,华东师范大学比较教育研究所译.学会生存——教育世界的今天和明天[M].北京:教育科学出版社,1996.113.

育本身的使命感，同时也有力提升了学校教育的地位。从此之后，学校教育就成为了社会重建和社会改造的重要途径，这是以前人类社会中难以实现的。邓小平同志强调，中国要实现现代化，关键是科学技术要能上去，而发展科学技术，不抓教育不行。[①] 社会主义是共产主义的第一个阶段，最重要的任务是大力发展生产力，逐步消灭贫穷，提升人民的生活水平。[②] 而要实现这一任务，教育必须承担自己的社会使命，所以社会主义教育范式更重要的不是单纯的个体发展的使命，而是其更重要的社会使命。

二、社会主义教育范式的社会理想与发展路径

人类理想社会的建构思路主要有两种：其一是通过个体建构实现个体的自由发展；其二是通过社会与个体的社群建构实现个体与社会的整体和谐。前者指向自由主义，后者指向社会主义。西方自由主义教育在当代处于相对优势地位，其主要原因并非自由主义教育的理论优势或者实践优势，而在于西方社会经济的相对发达程度。相对来看，自由主义教育的局限性则被外界有意无意忽视，事实上，自由主义教育有着众多严重缺陷：其一是自由主义理念下的学校教育培养的社会个体的合格率较低，次品较多；其二在于学校教育的低效率，表现在教育资源的巨大浪费；其三在于自由主义教育最终导致社会更趋混乱。自由主义理论上的动态平衡在现实生活中很难实现，往往导致社会价值观多元化、社会分裂，最终社会更趋混乱，而不是走向和谐。

社会主义教育范式具有自己的伟大理想，是人类历史上第一次追求人类解放的伟大教育哲学，这种解放同时还是个体的和谐全面发展和社会和谐建构的结合。一定程度上说，这种理想还远没有实现，但其理想背后的价值，仍然值得人类尊敬。所有的伟大的社会理想都不可能轻易就能实现，所以社会主义教育范式的理想决定了我们一直在前进的路上，这个理想就是奋斗的目标。

对人类社会的教育来说，社会主义教育范式对人类平等的高度关注，对弱势群体的扶助，对人类精英所赋予的服务于人类社会发展的使命感，都是推动人类社会整体解放的重要动力。所以社会主义教育范式更大的意义不只是在具体的教育实践环节，更重要的是对人类教育精神的纯净上。

教育是人类文化活动的重要领域，也是人类所珍视的领域，人类在教育领域永远都需要保持自己的高贵价值观和精神层次。所以社会主义教育范式在相

---

① 邓小平．邓小平文选（第二卷）［M］．北京：人民出版社，1994.41.
② 邓小平．邓小平文选（第三卷）［M］．北京：人民出版社，1993.10.

当程度上，不只是能够在教育实践上推进教育发展，还能够消除人类教育中过度世俗化的一面，而保持必要的高贵价值观和精神层次。

第四节　中国德育中的政治教育

中国德育体系中不能简单避开政治教育与公民教育，前者是中国德育的重要构成部分，主要是呈现于大学阶段和高中阶段的德育内容，后者则是随着时代的发展，近年来开始出现并最终在中国学校教育中逐步站稳脚跟，并成为国家和社会的共识的教育内容。政治教育与公民教育两者在中国德育体系中不同于道德教育，有着自身成立的逻辑，在内容上也有别于道德教育。特别是政治教育，在中国德育体系中的存在一直在理论界存在争议，而公民教育，则主要是服务于中国的国情以及国际理解。众所周知，公民教育也是西方国家教育中的基本教育内容。[①]

一、中国德育的政治教育传统

中国德育中的政治教育有其历史传统，在传统中国，因为道德与政治的紧密结合，所以在传统中国的教育中明显的存在政治教育，并且是教育的核心构成部分之一。三纲五常中的一个基本原则就是忠君，这可以被视为典型的政治教育。除此之外，中国传统儒家思想教育中最为重要的倾向就是治国平天下，这也是一种典型的政治教育。从这个角度上看，中国的政治教育在传统教育中具有非常重要的地位，这一点主要是因为儒家思想的缘故。

今天中国德育中的政治教育，从近代以来就一直存在，在民国时期的三民主义教育，中华人民共和国成立后的思想政治教育，都是不同的表现形式。但从其背后的社会逻辑和教育逻辑上看，大致是一致的。“既然哲学所探讨的是内圣外王之道，他自然难以脱离政治。在中国哲学里，不管哪派哲学，其哲学思想必然也就是它的政治思想。这不是说，中国各派政治哲学里面没有形而上学、伦理学或逻辑，而是说，它们都以不同形式与政治思想联系在一起。”[②]

政治教育既然在现实的中国德育实践体系中具有重要地位，那么很难简单将政治教育排除于德育理论体系之外。政治教育的理论在中国德育思维范式中

---

①Wolfgang Althof and Marvin W. Berkowitz. .Moral education and character education: their relationship and roles in citizenship education [J] .Journal of Moral Education, Vol. 35, No. 4, December 2006, pp. 495 - 518.

② 冯友兰著，赵复三译．中国哲学简史［M］．北京：新世界出版社，2004.8.

仍然具有与德育明显的一致性，如社会价值取向、社群主义的政治哲学，以及道德与政治紧密联系的关系，这些都是中国社会思维范式的一体两面，所以政治教育仍然可以置于德育理论体系之内。“中国传统政治是一种德化的政治，其合法性建构，主要是一种依赖于道德元素建构起来的政治合法性类型。”①

政治教育在当代中国德育理论体系中具有重要地位，因为这是中国德育实践的重要构成部分。德育理论建构不但不能无视这种存在，而且还需要思考其背后的理论体系。德育理论的建构不能想当然地将理论建构视为唯一目标。“哲学家们只是用不同的方式解释世界，而问题在于改变世界。”②政治教育在现实的中国当代德育实践中也具有重要地位，中国的政治教育事实上更多的是一种政治哲学教育、国情教育，这事实上在西方国家中也是重要的教育内容，只是呈现的形式不一样而已。

政治教育在德育理论体系中的存在一直被怀疑，主要是源于几个原因：其一是中国德育理论体系主要是基于对西方德育理论体系的学习，而西方德育理论主要局限于道德教育，并几乎与政治教育无关，这样就认为中国德育理论体系中存在政治教育是不合理的。其二是政治教育的存在逻辑之一就是德育为现实的政治力量服务，这会导致德育有着浓厚的实用主义的色彩，并可能有工具化的嫌疑，这种工具化的存在本来就可能影响到德育理论体系的建构。其三是政治教育跟德育存在一定程度上的时差性。政治教育大多主要是一个时代的内容，其内在内容会随着时代的变化而变化，这可能导致政治教育不断追随现实政治的变化而变化。而德育整体上则更为稳定和平衡，社会中的德育大多都能超越时空，所以德育比较稳定，形成德育理论体系也比较稳定和有序。

政治教育与现实政治紧密相连，政治教育也可以被视为现实政治在教育中的投射。政治在教育中的存在本是不可避免的，任何一个社会中的教育都有着现实政治的影子。但这种隐形的存在，对于德育理论体系的影响不算很大，而现实的政治对于教育的影响也算较为遥远，所以在很多理论研究中认同于这种存在。但如果政治在现实教育中过于强势的存在，对于教育事实上存在一定的消极性。主要是因为政治的过于强势，可能导致对教育的压制，导致教育中的过度的泛政治化。并且政治力量在社会中起起伏伏，如果现实政治力量在教育中的过度强势，还可能导致教育在实践中无所适从，处处逢迎。这样最终导致

① 余维武．冲突与和谐：价值多元背景下的西方德育改革［M］．南京：江苏教育出版社，2009.231.

②［德］马克思、恩格斯著，中共中央马恩列斯著作编译局编译．马克思恩格斯选集（第1卷）［M］．北京：人民出版社，2012.140.

教育成为政治的小婢女，反而严重影响社会整体发展的健康性。

单纯政治视角的德育，大多都有一种工具主义的倾向，所以德育很容易被政治视为治理社会的重要工具。但这种工具主义的德育，却由于其强烈的功利主义，最终会受到社会文化与习俗的强力反对，可能会极大地丧失自身的影响力量。所以从这个角度上看，德育与政治过度接近，一般会导致严重的消极性，同时还可能直接与自身的文化基础相矛盾。

德育毕竟是一种独立的社会存在，所以德育实践和德育研究在发展中都会体现出其自组织的一面，最终会有着抵制外在影响、强调自己的发展逻辑的倾向。所以在德育发展的历程中，德育始终有必要与政治、文化、社会等外在因素保持相对安全距离，这样不管是对德育自身，还是对政治、文化等的健康发展，都有积极意义。

二、公民教育与政治教育

公民教育在未来会成为中国德育的重要构成部分，其弱性政治的存在，对于社会的稳定具有重要意义。因为当代的公民教育所指向的主要有爱国主义、正义、平等、权利与义务等德育内容，这些与现实政治力量距离相对较远，同时又是社会中重要的政治思想构成，对于社会的发展非常重要。所以公民教育这种弱性的政治教育在未来会得到更进一步的发展。

公民教育既是当前社会的共识，也是世界潮流。公民教育作为德育的重要构成部分，这一点在未来会体现得更为明显。中国儒家思想的一个明显的政治哲学的问题就在于中国的熟人道德和关系文化。儒家思想强调亲亲友爱，强调家庭伦理，在儒家思想的哲学中，家人、亲戚、朋友、熟人、陌生人的道德层次是有着明显的差异的。简而言之，与社会个体的距离越远，社会个体对其的道德义务和责任就越低，实质上把中国道德划分为亲疏有别。这种亲疏有别的道德和政治哲学，都是严重不利于公民社会的建构的，因为公民社会本质上强调公民之间的平等性。中国传统政治中的“派系”“关系”“圈子”都源于儒家政治哲学，这也是中国政治净化的必须。所以，以发展的视角看，未来公民教育的地位将越趋重要。要建立法治社会和法治国家，必须大力提升公民教育的质量。

第五节　中国德育的政治哲学

在任何一个社会中，政治对德育的影响都是强大的。这种强大既可能来自于政治哲学，也可能来自现实层面的政治实践。西方自由主义政治哲学深刻地影响了西方德育，最终西方德育呈现出明显的自由主义范式。中国德育范式同样受政治影响，中国德育范式的结构、内容、目标等的背后，隐藏着中国德育的政治逻辑。其政治哲学主要有以下构成：

一、核心价值观的政治哲学

中国德育范式呈现出鲜明的核心价值观特征，这种特征并非简单地归于今天的社会主义政治要求，还需要注意到中国社会在政治层面一直有着核心价值观的传统。在中国古代，三纲五常是中国社会的核心价值观，这个价值观体系，既是社会层面的道德规范，也是政治层面的核心价值观。简而言之，既是政治哲学的构成，也是现实政治的构成。这种核心价值观的选择，有着中国政治的逻辑和智慧，其逻辑构成有以下：其一，中国政治哲学认为，社会中的道德价值观必须黑白分明，一个善恶不分的社会，将会导致道德沉沦，同时社会中的政治的具体行为将无所适从；其二，中国政治实践智慧之一就是，社会必须用价值观规范社会行为。中国强调以德治国，并不完全强调用政治权力和武力征服，这是中国政治自古以来就强调民心所向的政治逻辑。

价值观在中国既是政治，也是道德，但治理国家首先必须是道德教化，这一点在中国社会中没有争议。中国传统社会中，皇帝所代表的统治阶层，既必须具有高超的政治统治技巧和能力，还必须在品德上“以德配天”。在今天社会主义中国，大力提升社会治理能力，其基点和逻辑同样如此。首先是治理能力必须科学，这样才能有效组织和发展社会；其次是必须贯彻为人民服务的执政宗旨，“立党为公，执政为民”。各级官员必须当好人民公仆，既具有管理能力和艺术,同样必须具备良好的道德素养。这种指向核心价值观的政治要求既是政治，也是道德，既是政治实践的现实要求，也是社会主义政治哲学的理论要求。

二、爱国主义的政治哲学

中国有着悠久的爱国主义的教育传统，其背后的含义是中国社会在历史上有着鲜明的国别意识和族群意识。爱国主义在古代的现实呈现除了爱国，还有着忠君的意识。不能用今天认为忠君是愚忠的观念审视古代的忠君行为，忠君至少说明两点：其一，古代的德育是成功的，因为忠君在古代也是一种意识形态的存在；其二,一个国家的爱国主义，必须有现实的寄托物，纯理论或者纯想象的爱国主义是没有生命力的。今天的爱国主义同样如此，所以中国学校德育的一个经典名言就是：“我爱北京天安门”。这个意象实质上就是用天安门的现实形象来寄托了中国的形象，“我爱五星红旗”也是同理。

爱国主义是今天的世界通行法则，中国自然也不例外。德育研究唯一需要注意的是，不要过度苛责国家在爱国主义领域中的代表物或者代表行为。形象性、艺术性和生动性，正是爱国主义教育发挥作用的前提保障。中华民族走向复兴，必须具有自己的民族图腾和标志，以此激励民族前进，在精神领域，实现德育的基本职能。

三、政治意识形态统一的政治哲学

中国也许是全世界最为重视意识形态的国家，这一点并非单纯来源于马克思主义，其渊源同样可以追溯至中国古代政治传统。中国古代自周国开始，周天子铸九鼎，其九鼎不只是规格，实质上也是意识形态的构成，因为其神秘、正规和代表性，所以其后有楚王问鼎中原的行为。其后秦国一统中国，最大的问题仍然是基于中国国土面积极大、人口众多的情况。如何维护社会的基本秩序，这也成了其后任何一个政权和王朝的首要问题。历史最终选择了孔子的儒家思想，通过意识形态的统一，实现社会行为和社会目标的统一，最终实现天下太平，就成了中国社会的政治逻辑的主要构成部分。

儒家思想不只是文化上的意识形态，更是政治意识形态，在政治结构、政治目标、政治伦理等诸多领域直接规范了政治的现实存在。为了维护儒家思想的意识形态，中国历史上有着悠久的科举制度，通过科举，确保了儒家思想的正统地位和现实政治人物的儒家思想水平，最终实现了社会中的政治意识形态的高度统一。今天中国的思想政治教育，作为德育的重要构成部分，仍然是高度契合中国历史传统的政治逻辑中的政治意识形态高度统一的传统。这样才能赋予政治本身的正当性，同时也通过政治意识形态的统一规范了现实政治实践的方向，协调了社会对政治的整体想象和要求，最终实现社会建设和发展的正确性和正义性。

四、道德与政治一体的政治哲学

中国社会中的道德概念非常宽泛，作为一个极端重视道德伦理的国家，中国有着思维上的泛道德主义的倾向。但这种泛道德主义对中国社会建设并没有多大负面意义，所以不能简单地认为中国德育中的政治教育的存在是一种错误，事实上这符合中国政治的基本逻辑。中国社会中没有强有力的宗教存在，所以西方社会经常认为中国是儒教社会，但事实上儒家思想并不是宗教。作为宗教，大多有其强制性的仪式性和规范性的信仰行为，其行为和内容对其教徒都是强制性和刚性的，而儒家思想事实上是一种宽松的精神层面的意识形态，而不是一种强烈神性的宗教。

儒家思想的世俗性决定了儒家思想会高度关注现实社会中的具体矛盾和问题，而不是如同宗教一般只关注天堂中的事情。基于如此的逻辑，因为政治的强大影响力，所以儒家思想高度关注政治的道德基础，最终构成了一个道德与政治一体的结构，三纲五常中很难区分出道德与政治的分界线。忠君既是一种道德，也是一种政治。仁爱既是一种治国理念，也是一种道德行为。这种思维的天才之处就在于，在一个缺乏宗教信仰的社会中，儒家思想通过道德与政治的一体，赋予了政治的道德基础，同时也赋予了政治的道德枷锁。在中国传统社会中，“武力是君主自然具有的特权，而道德是儒家约束君主的方法。”[①] 简而言之，政治可以通过其道德力量扩大对社会的改革与建设力量，同时道德也可以通过其价值观控制政治的方向和正确性。“按照中国传统德育的理想，社会应是道德的社会，政治应是道德化的政治（德治），而推行这种政治的应是道德的人格化身——圣人和君子。学校正是培养这种人才的机构。也就是说，政治与伦理、个人与社会是天然地统一的。内圣理所当然地就是外王。”[②] 在中国，任何失去道德支撑的政治都将失去力量。最终，这种道德与政治结合的结构移植到德育中，形成政治教育与道德教育共同存在的德育范式。这种德育范式的优势就在于能够建构中国社会个体牢固的政治的道德性的观念，即追求政治的道德性，也反对失去道德的政治。简而言之，这种道德与政治紧密结合的德育，赋予了中国社会个体良好的政治道德意识。

五、家国一体的政治哲学

因为道德与政治的紧密结合，道德与政治之间的界限模糊，所以家国同构既是中国社会的一种道德哲学，也是中国社会的一种政治哲学。中国的国家意识首先在于国与家，国与家在相当多的层面是同样结构的。不管是在道德层面、结构层面还是实践层面，中国人都是通过对家的认识延伸到对国的认识。中国家庭结构紧密，古代强调三世同堂、四世同堂，其背后有着紧密的家庭契约，即父慈子孝，强调父母对子女的付出和责任，同时强调子女对父母的义务和孝顺。这种结构是一种双向的契约。即使在今天的中国社会中，我们仍然可以看到相

① [美] 约瑟夫·列文森著，郑大华等译．儒教中国及其现代命运 [M]．桂林：广西师范大学出版社，2009.189.

② 杜时忠．传统德育中道德理想论评 [J]．现代教育论丛，1998（1）：20–23.

当多的祖父祖母帮助照顾好照看孙子孙女，这事实上是一种上代人对下代人的责任和牺牲，也是西方文化难以理解的。表面上中国祖父祖母牺牲了自己的老年幸福，但在中国，这却是家庭幸福的表现。祖父祖母身体劳累，但心里幸福和充实。

这种家庭结构延伸到国家层面，也要求中国官员勤政爱民，要求执政为公，要求政治责任意识，同时也要求国民负担自己的责任，最终形成了修身、齐家、治国、平天下的政治路径。但必须意识到，这一切都是建立在中国的家的道德观上的，中国是以家的思维来审视国家和世界的。这种家国同构的逻辑，最终体现在中国德育中，就是极为强调家庭规则、家庭道德、家庭教育和家庭责任，这也是中国德育的今天的一个着力点。如何建设健康、道德的家庭教育，特别是在当前留守儿童数量巨大的今天，是中国德育的一个严峻和具体的现实挑战。按照中国逻辑，家庭建设不好，国家也难以建设好。家国一体的政治哲学，也是中国的重要政治智慧。对于中国德育来说，这一点既是中国传统德育智慧，也是未来中国德育必须坚持的政治哲学的重要构成。

第十一章 中国德育的实践逻辑

研究当代中国德育理论，不能离开对当代中国德育实践的分析。德育理论与德育实践，表面上看来可能是一体两面，是德育的两个维度，可能会误认为两者有着极为明显的相似度和发展的趋同性。但我们需要注意的是，在两者共振的一面的背后，也存在着德育理论与德育实践必然的矛盾。这种矛盾性的存在不只是单纯理论与实践的矛盾，还有着传统与现代、激进与保守、理性与经验等领域的结构性矛盾。

当代中国德育实践，不能简单地看作是德育理论的现实表现，也不能简单地认为德育实践一直会接受德育理论的指导。中国德育实践的现实范式和发展改革，与德育理论的联系可能并没有那样紧密。中国德育实践的另外几个重要的影响因素，可能是社会文化传统和社会政治因素，这两点对德育实践的影响非常深远和深刻。

近年来在中国德育理论领域取得了丰富成果和重要进展。如果从严格意义上看，中国古代并没有专门的德育理论体系，主要是一种伦理学的形式而出现的。近代以来的中国德育理论体系，主要是学习西方教育理论范式的结果。

但在对西方德育的学习之外，近代以来中国德育理论体系的发展仍然有着明显的中国思维特征和中国文化特色。影响中国德育理论体系的还有明显的政治因素，如马克思主义意识形态的浓重影响痕迹。而在德育理论层面，德育的核心概念上大多认同于中国传统意义上的大德育，即包括政治在内的广泛意义上的德的泛概念，而形成的较为宽泛的德育内涵。虽然近年来中国德育理论受西方影响较大，在德育理论上重点关注了关怀德育、后现代主义、个体化德育、生命教育等等，但仍然可以认定，中国德育理论体系有着明显的本土特色。

第一节　中国德育实践体系现状与发展轨迹

德育体系是国民素质的重要决定因素，是社会文化和社会发展的重要支柱。基于学校德育影响的普遍性和深刻性，学校德育将潜移默化地影响整个国民的文化心理和道德水平的发展模式，所以德育也是对国民素质提升的最重要影响渠道。对于中国文明建设、民族素质提升和社会和谐构建三者来说，学校德育体系无疑都是极其重要的。对于学校德育实践体系的深入反思和系统改进，是学校教育的一项极为重要的和迫切的任务。

一、中国德育实践体系的构成

中国的学校德育队伍主要由两部分构成，其一是班主任、德育课教师等，其二是学校德育处（政教处）、共青团、少先队等机构。具体而言，在小学阶段，学校德育系统是校长、党支部书记、学校德育处、学校少先队总队、班主任和德育课程教师等；在中学阶段，学校德育系统是校长、党支部书记、学校德育处、学校共青团委员会、班主任；大学阶段，学校德育系统是学校层面的党委书记、校长、学校学生处、学校共青团委员会，二级学院层面的党委书记、院长、党委副书记（一般专门负责学生事务）、学院学工办、学院共青团团委、辅导员和德育课程教师等。在所有的学校教育阶段中，德育处或者学生处主要负责具体德育行政工作，负责对班主任、辅导员的直接管理，并具体管理贯穿于学生入学到毕业期间的学生工作事务。少先队组织和共青团组织则主要是负责学校的校园文化建设、学校文娱活动、社团活动等。基于中国学校的全程育人、全方位育人的理念和要求，在宽泛的德育意义上，中国所有的教师都需要负责对学生的道德教化，都是德育教师，所有的课堂教学，都需要贯彻对学生的德育职能。

德育组织队伍是中国不同于西方国家德育的一个重大区别。西方国家中小学校德育一般都没有如此多的专职和兼职工作指向德育的人员。但必须注意的是，在中国学校的机构中，德育相关工作大多都处于管理的地位，所以对学生最为重要的德育人员主要是中小学阶段的班主任队伍和大学阶段的辅导员队伍。在实质上的学校教育中，德育处和学生处的主要任务往往都局限于防患于未然，学校的德育考核的重点一般都局限于学校的常规管理。

在德育内容上，中国目前的德育内容相当广泛，包括道德教育、法治教育、心理健康教育、政治教育、思想教育、哲学教育、意识形态教育、国情教育、文明礼仪教育等。中国德育课程有德育的直接课程，在“法治教育”大规模进入学校德育课程之前，在小学阶段是《品德与生活》《品德与社会》，初中阶段是《思想品德》，高中阶段是《思想政治》，大学阶段是《马克思主义基本原理》《毛泽东思想、邓小平理论和“三个代表”重要思想概论》等。当前，因为“法治教育”的内容扩展，小学阶段的德育课程《品德与生活》《品德与社会》和初中阶段的德育课程《思想品德》已经更名为《道德与法治》。同时，也因为中国学校德育非常重要的理念“时时德育，处处德育”，德育要求贯穿于所有课堂教学中，所以中国学校教育中的众多科目都非常重视对学生的道德教化，表现最为显著的是《语文》和《历史》两门课程。

在德育评价体系上，中国目前在这方面实际上还处于探索阶段，目前没有一套完全统一的标准。在实质意义上讲，中国的德育内容主要局限在课堂教学和学校常规管理，重视教化而非启发，注重管理而非内化，强调考试而非综合评价。德育课程实际上是一种伦理体系、国情、思想政治理论等的学习，德育实践则更为注重对学生的规范管理，在德育考评上基本局限于考试。虽然中国学生评价大都有操行评定体系，但其内容主要是一种注重学校规范化管理的制度考评，在目标上并不是完全指向道德教化。

在实质教育管理督导上，学校的德育实质上处于重点管理区域，但德育本身的性质决定了德育考评难以量化和难以比较。在实际操作中在形式上存在着的德育的评价机制主要关注安全事故的发生率，从而导致了学校在德育领域中的管理中的工具主义的特点。这种工具主义主要是将德育视为对学生进行规范管理、确保学校秩序、进行校园文化建设的工具，而对于德育本身的道德教化的终极目标有着一定程度的忽视。德育在部分学校的最重要职责都是保持学校安全、不出事故，从而主要维护学校教育教学秩序的职能。相对于德育本身的立德树人的职能来说，这一定程度上降低了德育的要求。

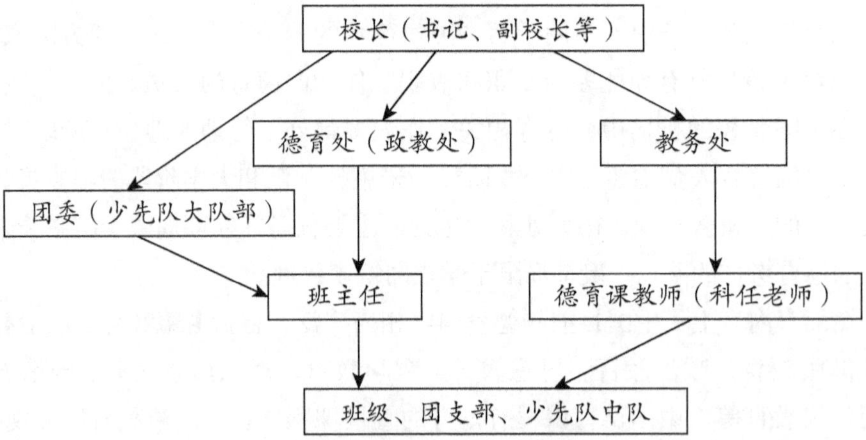

表 11.1　中国学校德育体系构成

二、中国德育的地位

学校的本质任务是教书育人，即教育学生成为一名符合社会意义上的道德的人，同时传授其知识，这注定了学校德育和智育成了学校的双中心。中国德育的“德”概念中实质包含了思想政治教育、美育、心理健康教育等，在学校教育中，除了体育之外，几乎涵盖智育之外的所有的教育。两者在地位上完全平等，没有智育，学校本身就失去了存在的意义，因为学校最初建立的逻辑是进行大规模的知识教学，但如果失去德育，学校教育就成为了没有道德方向的孤舟。所以在学校教育的整体结构上，德育与智育两者理应完全平等。在学校教育中两者共同促进，以实现培养有知识、有道德的社会个体的终极使命。从这一点上来看，德育的地位毫无疑问是学校教育的中心，即学校教育中的双中心之一。同时，基于德育自身的重要性和受社会影响极大的缘故，学校德育执行者不只是应该在学校内部处于重要地位和相对强势地位，同时也应该在当地社会影响上处于较为强势的地位，否则就可能直接导致学校德育的无效。这也是中国地方政府设置精神文明办公室的重要原因。

而德育方式和内容，从本质上讲，德育是不能仅仅通过知识教育的方式来实现其目标的，德育本身必然要求个体的道德体会和体验。德育课堂和德育知识考试一类的德育实践在一定程度上有其存在的必要，但必须要有其他教育方式的补充和支持。单纯的道德知识教学和考试可能会导致学生的知行分离，甚至一定程度上的知行差异，进而可能导致学生成为道德观念的完美主义者和行为上的不作为主义者。在德育学科考试中，形式上的道德观念对于学生个体来说是知识性的，同时也是不牢固的，学生个体并不一定能够实行道德知识的内化。学校德育中必须拥有多种形式，并高度重视学校中特别重要的校园文化建设，以形成强大的德育影响力。

在德育具体内容上，目前中国在这方面的争议不大，基于人成长有关的一切除知识教育外几乎都付诸于德育之内，在理论意义上讲也是必要的。因为个体道德的发展必须有以下几部分组成：其一是社会主流价值观，即当前的意识形态教育和政治教育；其二是个体成长的规律，道德内容和心理健康教育；其三是社会工具性的部分职能，即学校培养的社会公民的基本必备素质，如当前的法治教育和社会常识教育。

在德育与社会的适应上，这是当前学校德育面临的一项艰巨的挑战。但事实上，不只是在今天，历史以来的任何学校教育都必须承受社会文化传统和社会现实的冲击。从一定意义上讲，社会的阴暗面对于学生的成长也是有其必要性的。

一个长期在学校如同天堂般圣洁的地方长大的个体，并不具有道德上的良好免疫力。其实古今中外的学校从来都不可能如同天堂，学校教育中仍然有着大量的不道德的存在，学生个体正是在善与恶、美与丑之间的冲突中的自我体验、自我构建，从而成为道德的个体。而目前需要做的是，如何控制社会的过大的不良影响，如何将国家在法律和政策层面的宏观思路转化为学校层面的和社区层面的具有实践性的细致内容和要求，从而实现德育与社会的良性沟通与有效控制。

中国的学校德育有着极为深远的历史文化传统。在古代中国，智育与德育两者是难以分开的，中国古代文化中有一种深刻的泛道德主义，所教学的内容主要是由道德伦理内容所构成的。而对于学校的文化心理起决定作用的，也是教学的基本教材，即四书五经之类的中国经典书籍。所以在中国传统上，德育的地位很高。在当代，中国学校德育在法律上和政策执行上有着极为重要的地位，国家明令学校以德育为中心，对学生的德育和智育，两者实质上构成了学校教育的主体。在一般中小学学校的教育术语中，“中小学教育教学”中的教育专指德育，而教学则专指智育。在国家《教育法》《义务教育法》《未成年人保护法》等中，均明确规定学校教育中德育为首的要求，至少在形式上，德育在学校教育中拥有着非常重要的地位。

但也需要注意的是，当前中国的学校德育存在着两种本质上截然不同的但却在形式上表现如一的趋势，即德育在形式上的地位强化和在实质学校教育中的虚化。虽然看上去德育是学校教育的中心，但事实上在相当多的学校教育中，德育成为了智育的婢女，这对当前中国的教育事业存在重要负面影响。形式上的强化和实质上的虚化两者同时存在，如何清醒地认识当前的中国学校德育体系存在着的虚化问题，如何寻找德育改革的方向，是中国教育理论界必须高度重视的问题。

三、中国学校德育的当代发展轨迹

当代中国学校德育的发展轨迹，具有明显的时代特点，与社会发展关系密切。总体上看，大致可以分为四个阶段：

第一阶段主要是新中国成立之初到“文革”之前。学校德育将传统道德与时代精神相融合，初步建立了社会主义德育范式。1952 年 3 月，教育部颁发了《中小学暂行规程（草案）》，第一次把我国中小学的学校德育目标确定为“五爱”：爱祖国、爱人民、爱劳动、爱科学、爱护公共财物。这也是当时的主要德育内容，对后来学校德育发展影响深远。

1954 年 4 月，教育部颁布了《关于改进和发展中学教育的指示》，要求把中学德育目标具体规定为三个领域：树立社会主义政治方向，培养辩证唯物主义世界观基础，培养共产主义道德品质。这构成了中国学校德育的基本内容：政治教育、思想教育和道德教育。

1959 年，中共中央、国务院在《关于教育工作的指示》中，提出了四个方面的德育内容：阶级观点、集体观点、劳动观点、辩证唯物主义观点。1963 年，在中共中央制定的《中小学暂行工作条例（草案）》中，对中小学的德育内容进行了具体规定：小学以“五爱”教育为主，增加拥护社会主义、拥护共产党的教育内容；中学在小学教育的基础上，以阶级观点、集体观点、劳动观点、辩证唯物主义观点教育为主，增加国际主义教育、为人民服务教育等内容。

总体上看，第一阶段具有历史转折性，确定了当代中国学校德育的主框架和基本内容。今天中国德育的主体构成内容：政治教育、思想教育和道德教育都是此阶段形成的。同时，学校德育的政治意识形态方向：社会主义、集体主义也是此阶段确定的。

第二阶段主要指“文革”期间的德育，这一时期学校德育完全以政治教育为主。其间有对中国传统道德的批判，导致把中国的传统道德文化一律视为封建思想糟粕。另外一方面，又把西方道德思想和文化视为资产阶级的东西。这两者都是不允许出现在学校德育中的，所以学校德育的实际内容是毛泽东的系列著作。在德育形式上，这一时期以政治学习和政治运动为主要途径。

第三阶段指“文革”后到 20 世纪末，学校德育首先是回归正常，之后则是对传统德育和西方德育的重新学习。在指导思想上，邓小平理论为代表的中国特色社会主义理论体系则是学校德育工作的基本指导思想。这一阶段中国德育实现了大规模的建设，不管是在德育课程体系、德育教学和德育工作上，都有重要发展和进步。

第四阶段，主要指中国德育 21 世纪的新发展，随着时代发展，德育领域出现了众多改革，如生活德育、公民教育、生命教育、环境教育等大规模进入学校德育领域，中国学校德育呈现了改革和发展的良好局面。

在具体的德育过程与德育内容上，中国学校德育更为重视德育内容。中国德育的内在问题主要可以从德育内容的问题中得到体现。中国德育内容的基本问题主要有：其一是对传统道德、文明礼仪教育、法纪教育的重视程度不够，或者说还没有达到应有的程度。文明礼仪教育几乎没有出现在中国德育内容中，目前来看这是一种内容上的缺陷，导致国民文明礼仪存在一定的问题。法治教育在以前也相对淡薄，当前则有大幅提升。其二是德育内容设置相对混乱，没有一以贯之的理论基础，在伦理学基础和教育学基础上，都相对缺乏。其三是德育内容变动过于频繁，大多几年一次大动。相对来说，人类的道德是相对稳定的，过多的变动的原因主要是跟政治相关，这种频繁变动的负面性极大，直接导致德育没有自己的逻辑体系。其四是德育内容趋于完美主义，是一种典型的道德理想主义的产物。这种道德理想主义一方面确实有利于提升学生的道德认知能力，但也导致了理想的道德价值观与生活的脱节，一定程度上导致部分学生在道德认知和实践上的分裂。其五是过度强调德育内容的全面性，而对德育心理、德育过程有所忽视。一定程度上说，中国德育内容特别注重德育内容的系统性，在每一个阶段都注重德育的内容的全面性，是一种大而全和小而全的内容模式，而对于这种德育内容的系统性是否与青少年的道德发展相适应，则有所忽视。

第二节　中国学校德育实践的优势与问题

中国的学校德育体系整体有着良好的结构性，在组织上和结构上有着自身的独特优势。中国的德育体系有着统一的机构、内容和法定的地位，在学校教育中形成了一个成体系的教育组织系统，并有着国家政治上的特殊地位和国家法律层次上的重点关注。在学校的内设机构中，学校德育体系拥有着自身的特殊地位，除了德育处和学生处之外，还有学校共青团和少先队这两个机构，两者在目前的中国学校德育体系中，实质上成为了学校校园文化活动的主要组织者和实施者。同时国家在法律层面上对学校德育的地位的重要性的规定，减少了德育机构自身的不稳定性。从这个意义上讲，中国的德育拥有着从教育部一直到所有中小学的具体的德育执行体系和相关德育工作人员，对于德育的贯彻实施和统一的政策执行力度，是全世界所少见的。而这一体系本身，就是中国学校德育地位的独特性的体现，同时也有利于德育的统一性和实施上的组织性。

一、中国德育范式的实践优势

在德育内容上和德育课时上，中国德育体系均有相当大的优势。中国的德育内容不局限于纯道德领域，而扩展到个体智育之外的一切教育，这本身就有利于提升德育的影响力和有利于培养全面的个体。在中国社会中，主流的社会价值观构建于主流的学校德育的基础之上，而较为宽泛的德育则有利于整合各种机构的集体力量。这种宽泛的德育范式可以广泛利用德育内容,并利用政治的力量，提升德育的影响力。如果要求德育只局限于道德教育，这样一方面难以整合学生的社会性培养内容，另外一方面可能会缺失国家政治层面的支持。这样会导致中国德育失去自身的地位和影响力，反而削弱了德育自身的地位和影响力。

总体而言，中国德育范式的实践优势主要如下：

其一，中国德育范式在实践上具有强大的国家政治资源和社会支持。中国学校德育体系优势体现在德育在国家政治和法律层面上的高地位。正是基于这一政治上的要求，学校德育才能够在越来越应试化的学校教育中占据自己的位置，导致任何学校不敢不重视德育。目前，中国社会特别是政治上的关注，很大程度上成为了学校德育改革的原动力。学校德育本身在中小学教育中相对缺乏动力，中国高考升学率之类的动力对学校来说更为强劲，而社会大众普遍对学校德育的实质态度是升学上的功利主义和德育上的旁观者。在这种情况下，政治层面的支持就变成了德育自身发展和存在的强大力量了。

其二，中国德育范式在实践上形成了独立的组织体系，这是强大的组织支撑。中国学校德育的另一大优势是学校班主任和高校的辅导员制度。从一定意义上讲，这是一种管理形式上的德育机构。但必须承认，在实质上，辅导员和班主任是学校德育中的最为强大的影响者，正是辅导员和班主任构成了学校德育的主力军，他们是学校德育的支持者和力量来源，也是学校工作中的德育领域的代表。

其三，中国德育在学校德育实践中确保了德育课具有稳固并有利的地位。德育课的法定地位，也是中国德育体系的一大优势。至少在学校课堂结构上，德育拥有着自己的时间和空间，虽然效果可能不甚明显，德育课堂教学需要反思和改进，但德育课的地位是稳固的。中国的德育地位在全世界学校教育中，地位相对较高。全世界教育中的一个基本规律就是，一门课程只有进入了考试计划，纳入了国家考试要求，才能得到学校、学生、教师和家长的重视。否则，不管法律上如何规定，只要不进入最终的考试计划，这门课程都会被学校、学生、教师和家长选择性忽视。所以，德育课的考试，对德育本身来说，并不是一件完全的坏事。

其四，中国德育范式具有自己的稳固的价值观体系，能够基本实现德育内容的系统化和体系化。相对于情感主义德育和自由主义德育，中国德育范式在实践中具有自己的核心价值观体系，并要求建构系统的小学一直到大学的德育课程体系。这样一方面能够确保学生受到系统的德育内容的教育，另外一方面也能确保学生价值观的健康性。在中国德育范式中，高尚的就是高尚的，不道德的就是不道德的，两者泾渭分明。即使学生一时接受不了，或者不认同，但中国德育范式会持续、稳定地重复出现相关的德育内容，最终学生个体在这种体系中潜移默化地逐步接受和内化。

其五，中国德育范式追求德性，注重行为与品格的正面性，减少了德育本身的争议。中国德育范式强调学生实践道德行为才会变成道德的实践逻辑。在具体的德育中，强调环境的道德性、德育实施者的道德性、价值观讨论中的价值观正确导向，并通过学校内部的班级管理、教学管理强化这种德性取向的德育。

最终在德育中，让学生潜在地接受道德价值观的引导，并实践道德行为，形成学生的良好德性。

二、中国德育范式的实践问题

目前中国的德育体系仍然有着自身的缺陷，在一定程度上影响了中国学校德育效果。所以中国德育必须具有改革的理论品质,以推进学校立德树人的质量。

其一，德育内容上的理性反思相对不足。中国目前的德育内容上的工具主义较为严重，比较缺乏德育行为的规范内容背后的理性培养。在中小学德育教材中习惯于告诉学生要怎么做，而并不是训练学生探究其背后的理性。这种工具主义的德育实质上导致了学生在德育思维上的僵化和在现实生活中的道德过度拔高。理性的德育必然要求学生结合道德价值观与生活实践，产生道德判断和道德思考，进而做出自身的道德行为选择。纯粹的道德知识的传授和基于道德知识机械记忆之上的道德知识考试，从本质上讲是难以构建良好的个体道德价值观，更难以承受复杂社会生活中的道德冲击。而工具主义的结果又将产生学生在道德发展上的僵化，并不利于整个社会的道德的发展，也不利于个体自身的健康发展。

其二，德育评价体系的缺位。当前中国德育体系最大的问题就是学校德育评价体系的缺位。这直接导致了中国学校德育层面上的不作为。因为缺乏高考式的原动力，中国的德育体系实际上变成了智育的“婢女”。[①] 在学校层面，实质上变成了一切德育为智育服务，也即一切德育为升学服务的怪现象。而升学本身的功利主义者直接颠覆了德育自身的道德性。正是因为缺乏强有力的德育评价考核制度，中国的学校评价上实质上是升学质量决定论。德育上的失败和成功几乎都难以有人真正关注。事实上这种外在的评价的缺失直接导致了中国学校在德育上的暧昧态度。而将学校评价构建于教学质量上的升学上，也直接导致了德育工作人员在智育人员面前的弱势，导致了学校严重的资源向智育倾斜。而这，是当前中国学校德育发展的巨大瓶颈和直接制约因素。关于德育科学的相对固定的评价体系的建构，对于中国德育发展来说，是必要而紧迫的。

其三，德育管理与教育的相对割裂。当前中国学校的管理中有着严重的工具主义的倾向。因为德育评价的缺位，导致了在相当普遍的层面上，学校德育被工具化为学生管理，即将德育简单地视为安全事故控制、学生纪律管理，甚至于清洁卫生检查等工作。不可否认，这些都是德育自身的范围，但这些只是

① 冉亚辉、易连云．警惕德育的“婢女化”趋势［J］．思想理论教育，2009（12）：4–6.

德育内部工作的一部分。德育等同于管理，是德育自身的矮化，也是德育自身的工具主义倾向的结果。工具化德育可能同时导致德育自身的不道德倾向和德育自身的自我否定，并直接削弱了德育中的平等、正义、自由等价值观的培养。

其四，学校德育缺乏良好的社会结构性支撑。中国目前的学校德育一个极为重要的问题就是，中国一直缺乏社会类的德育机构。西方的宗教机构对于社会的道德有着极为广泛的影响力，但中国除了学校之外，社会中几乎没有多少强有力的德育示范机构。这直接导致了中国的学生个体在学校之外难以找到道德的支撑体，从而导致了学校成为了德育上的孤岛。如何消除这种孤岛现象，这是政府和社区必须想办法克服的问题。中国的学校在现实社会中往往成为了网吧、游戏机厅的包围体，这本身就是社会建设中的一个极为危险的符号。虽然政府有明文规定相关娱乐场所与学校的必要距离，并取得了良好效果。但这也实际上暴露出中国学校德育的社会结构性支撑的难度，往往都需要政府大力支持，而政府本身事务繁多，往往在资源上和精力上难以满足所有要求。德育必须得到社会的共同支持，否则学校的德育机构是极其脆弱的，其对学生成长的影响力也是微弱的。

三、未来中国德育范式的实践改革的方向

中国学校德育是中国和谐社会构建中的重要载体，也是社会发展稳定的保障，同时还是中华民族复兴的重要推动器。对学校德育体系的改革和推进是必须而且是紧迫的，如何实现德育本身的科学性和影响的深刻性，是德育发展的时代需要。

首先，需要构建全国范围的学校德育评价体制。中国必须加快构建全国范围内的学校德育评价机制，必须强调的是德育评价机制的全面性、系统性和科学性以及实践性，还有实施上的普遍性，即需要一套高考式的制度，以从评估学校的角度让德育发展成为学校教育发展的原动力之一。如果德育始终成为智育上的“婢女”，则德育将最终走向自己的反面，成为应试教育的帮凶。如果能构建全国范围内的德育评价体系，这将是一项历史意义上的伟大工程，也是扭转学校应试化倾向的必须。

其次，需要提高德育内容上的理性。中国德育的内容必须走向理性，工具性的必备内容应当保留，但同时必须结合中国的社会主义核心价值观，教育学生的道德理性，而不是单纯地引导学生记忆道德条目。道德理性在学生发展中的建构和道德行为中的实践，才能够导致学生个体自身的知行合一，避免道德价值观上的过于拔高，而形成个体的人格分裂。理性的道德是社会和谐发展的根基，而道德理性的提升不只是在德育上的成效，同时能够促进智育的发展和整个民族的科学文化素质的提高，同时提升社会的整体道德性。

再次，促进德育方式的多样性，提升德育的艺术性。当前中国学校德育活动方式较为单一，局限了学校德育的创造性和活动空间，而基于安全问题的考虑，实际上禁止了学校很多活动的开展，这事实上严重违背教育基本规律。而一个缺少道德体验而仅仅关注记住多少道德条目的德育本身就不是真正的德育。中国应该尽快构建学校的有限责任制和制定学校的安全法律，从而实质上促使德育回归自身的必要的活泼和高效的教育方式。

最后，要确保学校德育在学校内部的中心地位。学校德育的地位，究其实质，体现于学校德育在一个具体学校中的地位。中国德育目前整体上有着校园维稳的职能定位趋势，导致了学校德育的构成体系在学校成为了救火队员和花瓶，或者成为防范和处理安全事故的机构，或者仅仅成为学校的一种面子工程，其实质上成为了一种消极的不作为的德育，而缺乏回归到德育本质的培养道德的人的目标。学校德育不等同于管理，也不等同于救火队员，更不是花瓶。虽然理想的德育也包括以上几项，但学校德育必须回归到德育的本质，即学校的本质上的任务是培养道德的个体，在学校内部必须保持德育机构的内动力和外驱力，全力实施德育，而不是为了智育服务。同时，在整体学校教育层面，优秀的德育应该得到科学的评价和荣誉，不良的德育则需要追究学校的管理责任和相关人员的责任，只有这样，德育才不会是华而不实的肥皂泡和仅属于面子工程的花瓶。

第三节　中国德育理论与实践的分歧与矛盾

德育理论与实践并非简单的理论指导实践、实践反作用于理论的关系。中国德育中德育理论与德育实践存在一些结构性甚至方向性的差异，这是中国德育研究者需要高度重视的研究领域。对此领域的分析，既有利于我们重新认识德育理论体系，也有利于我们重新审视德育理论与实践的联系。

一、德育理论与实践的主要分歧

当前中国德育理论和德育实践的分歧主要如下：

首先在德育的基本人性假设上，中国德育实践是典型的人性本恶论，或者说不认定为人性本善。所以在具体的学校德育实践中，中国德育非常强调德育中的学习、矫正、防微杜渐。这些德育实践方式方法都是明显的试图用外在的善的教育内化为学生的基本道德素养。如果认为学生人性本善，那么这么做是不需要的。但同时，当前的中国德育理论的主流则是明显的人性本善的思想，在德育理论研究中特别强调个体道德的自我构建，注重个体的自由发展，在德育路径上自由成为了主要关键词。这种理论假设有着明显的人性本善的特点。

在德育的价值观体系上，中国德育实践中非常强调个体的群体性道德价值观，如团结、纪律、平等、和谐、正义，这些价值观都是明显的社群取向的价值观。在中国的具体的学校德育实践中，团结教育、纪律教育、规范教育、安全教育都是非常重要的德育构成内容。而在中国当代德育理论中，则明显地更为倾向于自由、平等、民主、公正，这些价值观有着明显的自由主义倾向。两者的差异和分歧可能有着背后的德育视角和理论基础分歧。因为学校德育的执行者可能更为关注学校的和谐与安全，所以更为强调社群取向的价值观。毕竟任何一所学校，都是需要基本秩序的。而德育的理论研究者，则可能站在个体自由的层面，强调人文主义的立场，更为关注德育中个体的自由发展状态，所以理论研究会呈现明显的自由主义的倾向。

在德育的发展目标上，中国德育实践非常强调个体的社会性目标，即个体融入社会和在社会中的和谐状态。中国德育非常注重德育中的群体目标的实现，特别是个体的社群倾向的社会目标的实现，这些目标大都是显性和为社会所认可的。如中国学校德育强调社会主义核心价值观，注重中国梦教育，强调爱国主义和集体主义，这些都是明显的社群倾向的德育内容和目标。而中国德育理论中则明显地表现出另外一面，可能是受到西方学界的重要影响，因为自由主义在西方学界的霸权地位，所以中国德育理论上也特别注重个体个性建构，强调个体的自由发展和协调发展。从这一角度上看，德育实践更为关注个体与社会的关系，而德育理论则更为关注纯个体的发展。

二、德育理论与实践分歧的理论原因

德育理论与德育实践分歧的原因较多，两者在一定程度上，存在着结构性的矛盾。如在目标指向、现实实践性要求等维度，均存在不同的着力点和发展偏好的差异。具体来看，分歧的原因主要有：

首先，德育理论与德育实践在发展上有着必然的持续矛盾。德育理论所关注的，更多的是对德育规律和德育体系的研究。所以本质上讲，德育理论的研究有着明显的学术化倾向。德育理论的发展的学术化倾向是因为德育理论的理论维度的要求，德育理论要使自己体系化并揭示出德育现象和德育行为的规律，建构德育的逻辑体系，必然会将现实德育中的现象理论化。在这一理论化的过程中，德育理论要成为体系化，必须抽象德育现实规律。理论规律大多会呈现出形而上的一面，而德育理论的体系化同样如此，德育理论研究总倾向于将现实的多样化的德育实践纳入一个理论体系，并且认为这种体系化的包罗万象的德育理论体系才是德育理论研究的目标和归宿。但需要注意，这种归纳和分析必然会导致德育多元化、多样化特点的丧失，导致不断发展和变化中的德育实践成为一种灰色的德育理论存在的背景的危险。但这是理论研究很难克服的，所以理论与实践之间的矛盾必然存在。

其次，德育理论有着对理论理性的追求，带有理想主义倾向。而德育实践则注重实践理性，有着明显的现实主义倾向。德育理论在发展的过程中，会本能地追求理论理性，注重这种理论理性本身的真理性，即使这种理论理性离现实德育比较遥远，但仍然是有意义的。人类的思想演进事实也是如此，人类最重要的思想理论成就，几乎都是相对远离具体实践的学者们所做出的。因为过度接近具体实践，很容易导致被实践蒙蔽眼睛，反而不容易眺望远方。德育实践的核心原则是实践理性，注重德育方法和德育内容的现实主义倾向，但具体的学校德育实践所面对的环境和学生个体的差异较大，即使是该地的实践理性，并不一定能够推及到其他地区的学校德育实践中，这也是实践理性的局限性。

最后，德育理论界不需要面对现实的德育实践难题，而德育实践界则必须解决这些德育工作中的实际问题。这导致德育理论注重逻辑性，注重德育理论建构的真理性；而德育实践界则注重实践性，强调德育效率和实效性。德育理论界需要建构一套相对合理的德育理论体系，能够通过学术化而实现对德育工作者的快速掌握。而德育实践界则对德育的学术化不感兴趣，只强调能否实用，是典型的实用主义和经验主义思维。对德育实践界来说，在具体的学校德育中能用的并且能够带来优秀德育效果的德育理论，才是正确的德育理论。

第四节　中国德育实践的基础：德育实践理性

不管德育理论如何发展，理论发展本身是德育实践发展的重要动力来源，但德育实践的影响来源并非仅仅是德育理论。在两者之间，德育实践可能总演绎着一种叛逆和发展的角色。德育实践作为一种独立的社会实践活动，是人类社会中广泛存在的行为，这种存在并不一定以德育理论的存在为前提，这一点是德育理论研究所需要重视的。德育实践总是发展的，生机勃勃的，并随着社会的发展进步而不断的改革和更新。“社会生活在本质上是实践的。”[①] 在德育内容、德育方法等多个维度，会出现重要的变化，这一点可能源于德育理论影响，

① [德] 马克思、恩格斯著，中共中央马恩列斯著作编译局编译．马克思恩格斯选集（第 1 卷）[M]．北京：人民出版社，2012.139.

但也可能并非德育理论的影响的结果。德育实践因为与社会深切相关，所以在发展中受社会的影响非常深刻。每个社会中的德育都有着重要差异，简单地将所有德育都纳入一种理论体系中本身可能就是危险的，也是很难做到的。即使是能够纳入一个理论体系，这种理论体系的存在是否合理，也是一个很大的问号。

一、德育实践理性的重要性

德育实践与德育理论的重要差异之一就是，德育实践需要重要的德育实践智慧，这是一种实践理性。在德育实践中我们需要的并不是简单按照德育理论去具体操作，而需要按照德育实践中的现实情况、社会背景、德育内容等，做适当的调整。这种调整中的重要智慧和艺术，就是德育实践智慧。如果说德育理论类似于军事中的兵法，那么德育实践需要的肯定不是复制照搬。兵法需要学习，但不能简单地拘泥于兵法。所谓兵无常法、水无定势，德育实践中需要的是一种顺势而为的智慧，因为德育实践需要面对太多的社会因素，在教育内部的各个层面，或许德育是社会最为重视并且最喜欢加以控制的教育领域，因为这是涉及到未来的教育如何走，未来的社会如何建构的重要因素。

德育实践除了与德育理论联系紧密之外，德育实践还与社会文化传统联系紧密。因为理论的建构主要是一种体系的建构，这种建构可以充分发挥研究者的主观能动性，所以理论的产生往往带有明显的个人特色。如尼采的哲学就具有明显的浪漫主义特色，杜威的教育哲学也有明显的经验主义特色。

而德育实践，特别是一个国家的整体性的德育实践，具有强烈的传承性，即对该社会的历史文化传统以及社会性的延续。这种延续既是德育能够得到社会重视的重要原因，同时也是德育实践的重要条件。在发展上看，也可能是德育实践范式极端保守的重要原因。理论可以凭空建构，可以天马行空，但德育实践则不可能凭空建构，更不可能推倒重来。因为德育实践是一系列个体的集合性行为，是学校、社会、政府、社区、学生、教师、家长等等的集合性行为，要实施一种改革，都需要这些参与群体、个体的实质或者潜在的同意，否则就会面临阻力和压力。但要取得集体性的同意，在现实实践中非常困难，所以德育实践的改革和发展大多是社会整体发展的自然结果，而很少是强力按照德育理论而推进的。

二、德育理论建设的重要意义

同时，我们要认识德育理论研究的存在的重要意义。德育理论存在并非是一种消极的存在，德育理论研究德育实践的规律，揭示其问题，思考其发展，建构其路径。虽然德育理论可能会受到德育实践的挑战，但这种挑战对于德育发展是完全必要的。因为一种理论未经挑战和压力就付诸实施，则可能导致更大的问题。即使是德育理论最终不能驱使德育实践进行变革，但仍然可以使德育实践在发展中多一些反思。

人类的发展终究是思想的发展，没有思想的发展是没有实际意义的发展。回头看看人类的轴心时代、文艺复兴、启蒙时代、中国的五四运动以来的变革，都是思想先行的发展。只有这种思想先行的发展，社会才能在质的方面取得进步，否则，就可能陷入循环型停滞之中。而这种思想的发展，必然来自于理论研究。

当然，德育理论发展中的实践理性也有自觉的必要，一定的德育理论都是建立在理论者自身对历史与现实的认识的基础之上的。以当代西方著名伦理学家罗尔斯和麦金太尔为例，两者在很多方面就具有重大分歧。罗尔斯面对的是美国社会的现代性伦理建构的问题，所以选择了现代社会规范伦理。而与他不一样的，麦金太尔身处欧洲，所思考的有着古希腊的伦理传统，所以他的伦理学有着明显的历史主义色彩，注重西方古典的理论范式，强调古希腊的美德伦理，即德性，而不是现代西方流行的规范伦理。[①] 整体上看，罗尔斯从西方传统重视的伦理元理论分析转向对具体的社会实践的关注，最终走向一种现代性的规范伦理，建立了一套新的正义伦理体系。而麦金太尔则重新从现代规范伦理走向了古典德性论，这是一种传统美德伦理的回归。[②] 罗尔斯的理论选择使西方伦理学从经院式纯理论重返道德生活的现实世界，而麦金太尔的选择使（至少是力图使）西方伦理学的理论关切从单纯的现代性关切扩展到整个历史与传统的文化世界，重返古典伦理学图式，即重返亚里士多德的伦理图式。这一分歧对中国伦理学和中国德育研究均具有重大意义。如何在德育中选择自己的理论基础和现实路径，仍然是当前中国德育理论研究中的一个重大问题。

三、中国德育实践的伦理问题

中国德育面临的几个伦理学上的问题始终存在，并将一直影响中国德育的理论与实践的发展。

其一是中国伦理传统中的自我紧张或矛盾。儒家思想强调修身、齐家、治国、平天下，这是一种外向的道德伦理体系。而影响中国社会思维极深的道家思想，则是强调摆脱社会尘世、复归自然的内向道德体系。前者追求有为，后者追求

① 万俊人．道德类型学及其文化比较视境——兼及现代伦理问题与罗尔斯和麦金太尔对话［J］．北京大学学报（哲学社会科学版），1995（6）：32-44.

② 万俊人．道德类型学及其文化比较视境——兼及现代伦理问题与罗尔斯和麦金太尔对话［J］．北京大学学报（哲学社会科学版），1995（6）：32-44.

无为。儒家思想有着强烈的入世主义倾向，但后者却强调退隐，两者的伦理倾向是矛盾的。在德育的一个节点或者一个片段必然存在选择的问题，这也是中国伦理和中国德育内部的一种思想上的紧张和矛盾。当然我们也需要看到，另外一个角度，道家的退隐也是对儒家思想入世的一种修正。

其二是，在当代社会，中国德育能否提供一种真正普遍意义上的道德规则体系。这是涉及德育理论和实践的重大问题，如果能够，那么这种德育也可能陷入过度的自信而变得偏执。如果不能够，那么其问题就在于，德育本身就存在一定的缺陷。虽然社会主义核心价值观可以是这种道德规则体系，我们仍然需要注意中国传统道德与马克思主义的解放伦理之间，仍然存在一定的差异。中国传统道德更为注重人伦，而解放伦理则更为追求人的解放。而人伦很多时候是一种对人的适度的自我牺牲而实现的，如忠、孝、礼等，都明显是对个体本身的一种道德束缚。当然，这种差异实际上也是道德伦理发展的一种张力空间，在历史的长河中，人类的道德规则体系一直在持续发展和完善。

其三是，中国德育应该侧重于古典德性论，还是现代规范伦理范式，这也是一个问题。当然，可以肯定的是，自由主义德育肯定不是中国德育的选择。古典德性论在今天是否还具有德育价值，换句话说，古典德性论是否适用于现代生活，这也是一个值得思考的问题。但需要注意的是，现代规范伦理可能又让我们觉得脱离了人性，脱离了道德的本质：美德。德育是为了社会生活，还是为了追求善，或者说德育应该走向犬儒主义，还是理想主义，这是一个很重要的选择问题。犬儒主义在人类社会中的发展是一个相对比较诡异的轨迹。古代的犬儒主义理解的美德，就是生活的简单化，也就是对财富、快乐、装饰和抱负的放弃。[①] 一定程度上看，这种古代的犬儒主义还有着精神上的高贵追求。但现代的犬儒主义则走向粗俗，在中国则体现为“好死不如赖活着”。整体上看，人类早期的犬儒主义坚持内在的美德和价值，鄙视外在的世俗的功利。但现代社会中犬儒主义则走向了反面：只承认和追求外在的世俗的功利性，否认人类行为内在的德性与价值。对于中国德育发展来说，犬儒主义有着严重的负面性，在任何时期，中国德育都不能走向犬儒主义。

第五节　中国德育的实践逻辑

中国德育在长期的德育实践中形成了自己的实践逻辑，这些实践逻辑的背

① [美] 布尔克著，黄慰愿译．西方伦理学史 [M]．上海：华东师范大学出版社，2016.11.

后蕴藏着中国的德育智慧。既是中国传统德育精华的延续，同时也是新时代的德育变革的结果，最终形成了中国德育的实践范式。

中国德育的实践逻辑主要有以下构成：在德育的实践性核心理念上，是正人先正己的师德为范的逻辑；在德育环境的实践性路径上，是学校生活与社会生活同构的逻辑；在教师和教育的德育现实性逻辑上，是师道尊严的实践逻辑；在学生德育问题防范上，是学生道德问题防微杜渐的逻辑；在德育方法上，是底线强制与相对自由的实践逻辑；在德育组织上，是班主任与学校德育组织全方位控制的逻辑。

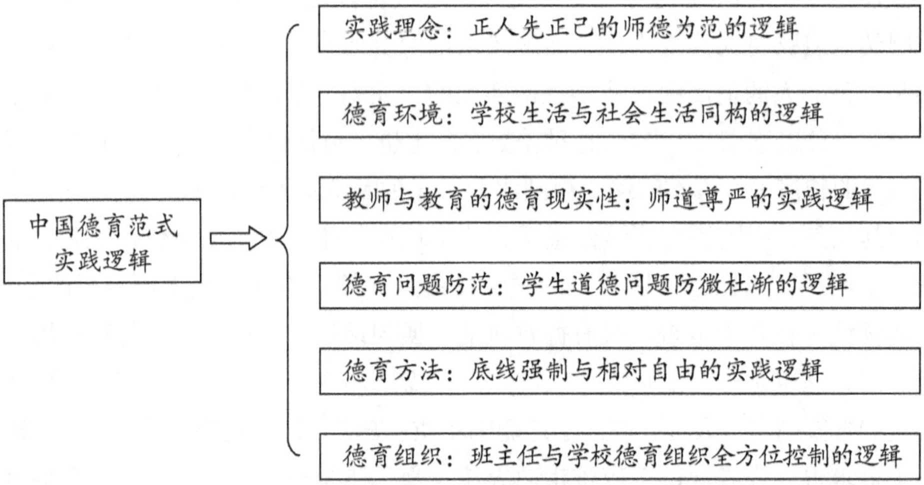

表 11.2 中国德育范式的实践逻辑

一、正人先正己的师德为范的逻辑

“正人先正己”出自《论语》，孔子强调：“其身正，不令而行，其身不正，虽令不从。”[①] 这成为了中国社会中的一个基本共识，社会政治人物和管理者必须品德出众，才能正人正己。在德育中也是同样逻辑，所以中国德育在实践中高度重视教师道德。教师道德并不仅仅局限于教师职业道德，还包括教师的个人道德。

中国社会的师德为范的基本逻辑是这样的：首先，教师有良好的个人道德，才能确保学生的学校生活具有道德的引导，因为教师是学生学习效仿的现实的社会偶像，教师的良好的道德模范才能确保学生道德价值观建构的正面性和健康性。其次，教师有良好的职业道德，才能确保学校的校园建设和班级建设的道德性。一方面，教师的职业道德能够促进学生的道德认知发展；另外一方面，

①《论语·子路》.

教师必须具有良好的职业道德，才能够克服德育中的众多困难，并保护学生免受不良社会行为的影响。最后，教师本身应当是一个正人君子，才能有效地保护学生的安全和健康发展，免受危险，同时教师强烈的正义感本身也是学生向善的重要外部动力。在中国，教师在正式称呼上是："人民教师"。这一称呼本身就体现了社会在道德领域对教师有着高要求。

基于师德为范的基本逻辑，中国一贯高度重视师德建设。习近平总书记提出了"四有好老师"、"四个引路人"和"四个相统一"等重要师德建设思想，并强调"评价教师队伍素质的第一标准应该是师德师风。"[①] 在2014年同北京师范大学师生座谈会上，习近平总书记提出了"四有好老师"的重要论述：做好老师，要有理想信念。做好老师，要有道德情操。做好老师，要有扎实学识。做好老师，要有仁爱之心。[②] 四有好老师从理想信念、道德情操、扎实学识和仁爱之心四个维度，提出了对教师建设的重要标准，也是新时代教师队伍建设的重要目标和指南。在2016年北京市八一学校考察时，习近平总书记提出了"四个引路人"的重要论述："广大教师要做学生锤炼品格的引路人，做学生学习知识的引路人，做学生创新思维的引路人，做学生奉献祖国的引路人。"[③] 四个引路人充分论证了教师对学生发展的重要作用，也是对广大教师的鞭策和要求，注重教师品德与专业的结合，强调工作与国家视野的结合。在2016年的全国高校思想政治工作会议上，习近平总书记提出了"四个相统一"的重要论述："要加强师德师风建设，坚持教书和育人相统一，坚持言传和身教相统一，坚持潜心问道和关注社会相统一，坚持学术自由和学术规范相统一，引导广大教师以德立身、以德立学、以德施教。"[④] "四个相统一"是对高校德育思想的重要呈现，强调教师的教书和育人的统一，强调言传身教，注重教师自身的道德建设，提升大学的专业水平和师德师风建设，这是新时代高校德育的重要建设内容。

二、学校生活与社会生活同构的逻辑

在中国德育中，学校生活就是社会生活的缩微，也是社会生活的预备。所以，一方面，学校需要预知学生需要的相关德育知识，并全方位系统地传授给学生，

---

① 习近平．在北京大学师生座谈会上的讲话［N］．新华社，2018-05-02.

② 习近平．习近平同北京师范大学师生代表座谈时的讲话（全文）[EB/OL]. (2018-07-10). [2014-09-10].http://politics.people.com.cn/n/2014/0910/c70731-25629093.html.

③ 习近平：习近平在北京市八一学校考察时强调全面贯彻落实党的教育方针，努力把我国基础教育越办越好 [EB/OL]. (2018-07-10). [2016-09-09]. http://www.gov.cn/xinwen/2016-09/09/content_5107047.htm.

④ 习近平．习近平谈治国理政（第二卷）［M］．北京：外文出版社，2017.379.

以作为未来社会生活的准备。另外一方面，学校需要预判学生可能出现的道德交往问题,并预先做好相关准备。在前者领域,中国德育给学生准备了中国法律知识、中国道德规范、心理健康教育等内容。在后者领域，中国德育准备了大量的校园文化活动，并注重在学生的学校生活中进行社会交往、矛盾冲突、社会风险等领域的相关训练，以促进未来学生在社会生活中解决相关道德问题与社会问题。

这种将学校生活与社会生活共同建构的逻辑，也是中国个体、家、国、天下的传统文化哲学的新时代的继承。在学生眼中，班级是小家，班主任是家长，学校是大家，校长是家长，社会是更大的家。学生正是通过对班级的认识，逐步扩大到对学校和社会的认识。

三、师道尊严的实践逻辑

这是中国德育中的特有逻辑，本身是中国社会文化的逻辑结果。师道尊严原出自于《学记》:“凡学之道，严师为难。师严然后道尊，道尊然后民知敬学。”简而言之,师道尊严认为教师是一个尊贵的职业,教育是一项值得社会尊重的行业。[①]

在这种文化传统中，不管教师群体是否同意，教师必须具有职业权威实际上是社会对教育和教师的本能要求。这种职业权威可能来自于教师的道德，也可能来自于教师的学识和能力。当然，教育和教师在中国拥有尊贵地位，其背后也必须承担相应的责任和义务。这一方面导致教师职业具有较高的声望，同时也导致中国社会对教师的要求极高，职业压力极大。

中国教师的师道尊严,有着自身的历史文化逻辑。在历史方面,自孔子以来,中国就有着极为强烈而且深厚的尊师重教文化传统。在中国传统社会中，个人的前程与仕途，其可能性主要取决于其对儒家思想经典的掌握，而儒家思想经典的掌握主要来自于教师教育和传授。同时，在儒家思想经典中，本身就有着尊敬师长的基本社会道德伦理规范，这很大程度上，决定了中国教师具有较为尊崇的社会地位以及相当正面的文化形象。

在社会文化方面，中国是一个强调和谐的社会，而和谐的社会在于个人的和谐、家庭的和谐和国家的和谐。师道尊严的意义就在于:“国将兴，必贵师而重傅。”[②] 在社会结构方面，中国没有强大的宗教信仰，社会道德传承主要依靠的

---

① 易连云、冉亚辉.传统“师道尊严”思想探析[N].人民日报,2010-08-27.

②《荀子·大略》.

② 陈丽华.教师形象:从师道尊严的权威者到平等中的首席[J].教育学术月刊,2008(9):10-12.

③ 黄庆丽.教师权威的丧失与重建[J].教师教育研究，2016(5):18-23.

仍然是教育和教师，所以中国教师除了传授知识之外，还必须承担德育的使命，这与西方教师差异很大。

中国教师是学生全方位发展的导师，而西方教师主要职责仅仅只是教学。因为中国教师承担了重要的德育使命，是学生全方位的导师，所以中国社会强调师道尊严。一方面，师道尊严是对教师道德的高度要求，另外一方面，师道尊严也是社会对教育和教师本身的高度尊重。

在具体的德育实践中，中国教师与学生的关系是明显的权威下的平等的关系，意即在教师权威下的学生平等的关系。而比较来看，西方师生关系可能更趋近于教师是平等中的首席。以欧美为代表的西方国家的学校教育与中国学校教育的师生观差异很大，其主要特征是教师是首席乐手的角色。在著名的后现代课程论学者多尔眼中，平等中的首席 (first among equals)，很好地界定了教师的地位和作用。他认为作为平等中的首席，教师的作用没有被抛弃，而是得以重新构建，教师的作用从外在于学生情境转化为与这一情境共存，其权威也转入情境之中。[②] 中国社会几乎在任何领域都强调秩序和和谐，为了学校中的必要的秩序和学生之间的和谐，必须设置有着协调者、指导者、仲裁者和保护者等多重角色的教师权威地位。但西方社会对此有不同认识，认为社会中更应该呈现出一种自由竞争的局面，在学校教育中也应该如此，所以西方学校教育中剥夺了教师的职业权威，将教师与学生设置为平等身份，即首席乐手的角色。

中国式的师道尊严即使在今天，仍然也有其合理的一面，师道尊严只是要求学生尊重并敬重教师，并不要求学生屈从于教师的权威。事实上，西方平等中的首席也并非完全否定教师的权威性，但对教师的要求更高。[③] 平等中的首席刻画出教师权威的悖论性本质，在不要求学生接受权威时实现了权威，而在实现权威的节点上又否定了绝对权威的可能。 平等中的首席的教师角色要求教师的高超的教学艺术和协调能力，在职业权威性降低的同时，能够有效地引导学生成长。实际上这是更为艰难的任务，所以对教师的学识、能力、教学的艺术性，都提出了更高的要求。

中国学校教育中的师生观是典型的教师权威指导下的学生平等。这种师生观既是中国传统教育的固有模式，也与中国学校教育的基本结构相适应，同时同中国社会的社群主义倾向的道德伦理和社会结构相匹配。在中国学校教育中，教师拥有必要的权威，既是知识的权威，也是道德的楷模，在学校教育中居于中心地位。所以在中国社会中，强调教师必须学高为师、身正为范。社会普遍要求教师必须具有较高的社会道德水准，强调人民教师的职业荣誉。

四、学生道德问题防微杜渐的逻辑

中国德育在具体实践中，一个核心理念就是对学生的道德问题的防微杜渐。德育本身在实践中具有两面性：一方面是培养学生的道德善行，最终提升学生的道德性，这是正面的一面；另外一方面是防范学生的不道德行为，对学生的道德问题行为、不良行为的纠正，最终消除学生的不道德的一面，这是反面的一面。

中国社会深知“冰冻三尺非一日之寒”的哲理，所以在德育上，强调对学生不道德行为的防范，力求学生在刚走上不道德的路径上，就发现并纠正。这种防微杜渐是中国社会的历史智慧，也是中国社会对人性恶的一面的深刻认识，毕竟，在学生刚出现道德问题时，学校德育能做的非常多，而到了学生道德问题严重时，德育实际上能做的非常少，也非常困难。“千里之堤，溃于蚁穴”，而要守住千里大堤，那就先消除这些可能会导致大危险的蚁穴。毕竟，消除蚁穴的困难，远比可能面对的大堤溃决要轻松和容易。

五、底线强制与相对自由的实践逻辑

中国德育在实践中强调底线强制，所以在学校德育中，非常注重校纪班规的制定。一定程度上，校纪班规都是学校生活中的底线，而不是上限。在底线之外，学校生活中非常注重学生的自由，并尊重学生的个性培养。

校纪班规的目的是维持学校必要的基本秩序，所以也算是学校内部的规章制度。在法律理念上，中国学校的校纪班规在法律哲学上也是偏向于大陆法系，只要校纪班规没有禁止的，基本上都是允许的行为。所以中国学校生活中，实际上就是采取的底线强制规范，但学生生活相对自由的实践逻辑。一方面，让学生理解了强制性规范的必要性，另外一方面，又确保了学生的自由发展。如果只关注中国校园的校纪班规的制约和规范，可能会觉得中国德育是一种规训化的教化。不过这种看法有失偏颇，因为任何一个国家的学校，都有其必要的校纪班规，不独中国学校是如此。如果深入理解中国学校德育，特别是在校园文化建设、学校安全教育等领域的成就，会认为中国德育是一种非常尊重学生自由发展同时致力于保护学生健康发展的德育范式。

六、班主任与学校德育组织全方位控制的逻辑

这是中国德育的在现实实践中的组织性逻辑。在中国德育体系中，所有学校的每一个班级中，都有一个班主任，班主任是班级全方位的教育者和管理者，也是责任者，大学阶段则是辅导员。作为教育者，班主任是全班学生的教师，

负责传授知识，对学生进行德育；作为管理者，班主任是全班学生的领导者，负责管理全班学生，以及具体的班委会及其他团队组织；作为责任者，班主任需要为班级事务的问题和过错承担责任，既包括个人职业名誉，也包括个人职业发展。整体上看，中国中小学学校内部的校长、副校长、主任等管理者，大多有“优秀班主任”一类的职业荣誉历史。理解了班级管理，也就基本理解了学校运行和质量管理的逻辑。

在中国学校教育中，学生之间完全平等，在学习和生活中均处于平等竞争关系。在中国学校的具体教育教学中，班主任管理非常深入，学生之间的矛盾和混乱相对较少。在班主任的强力管理下，班级文化大多健康、和谐和公平。所以这种成长环境出来的学生，大多对自己的同学关系非常珍惜。因为中国的班级，大多是一种家庭式的温情脉脉的社群，学生之间的关系相当亲密，班级是承载着学生的温馨回忆的记忆体。这种平等竞争发展的学生关系体，也是中国社会结构在学校教育中的投射，中国社会也特别强调社会个体之间的平等。

班主任在学校教育中，既是学生矛盾的调解者、问题行为的教育者，也是学生群体的保护者。作为调解者，班主任需要公平对待班级中每一个学生，并注重在班级事务中的公平执法。作为教育者，班主任需要在学生的问题行为上做到合理和积极制止，并保持一个教育促进者的角色。在保护者角色上，班主任需要全方位保护学生的人身权利、教育权利，给予学生安全感，营造班级的家庭氛围，并在学生受到伤害或其他危险时，班主任要能够保护学生。所以班主任的权力与责任是相匹配的，其责任往往也让班主任不堪重负。班主任在学校教育中，既扮演着教育教学的角色，也扮演着严格要求学生的父亲角色，同时还有着抚慰学生和关心学生的母亲角色。所以对于中国学生来说，一般对班主任记忆深刻，班主任对学生的影响力非常强大。

中国学校教育中，所有学生都归属于一个班级，每一个班级都有一个班主任。班主任与学生之间除了师生关系之外，同时也是管理者与被管理者的关系。班主任有着组织教学、管理班级、管理学生生活和行为等诸多方面的权力，同时通过设置学生班委协助班主任管理班级。班委干部既可以通过学生集体民主选举产生，也可以直接通过班主任任命产生，同时班主任可以免去任命的或者学生选举的班干部。从这一点上看，班主任既是班级组织中的董事长，也是具体负责运行管理的总经理。但同样的是，班主任也承担着班级问题的管理责任，在学校层面，学校可以通过免职或者其他惩罚方式，处理问题班主任。

因为所有班级都有班主任，而班主任又受德育处管理，所以中国学校德育中，德育管理体系在校园里几乎是无处不在、无孔不入。对于学校的管理来说，这也是必要的，校园管理中不能有安全死角，这是中国教育管理的一项基本原则。每一个学生都归属于一个团队，如班级的一个小组、一个班级、一个学校，而这些团队都有相应的德育管理者。这是一种全方位德育的组织控制的逻辑，确保了中国每一个学生都处于德育组织体系之中。这种德育组织体系，本身也是学生安全感的重要保障，算是学生在教育中的“家”。

七、学生实践道德行为才会成为道德个体的逻辑

这是中国德育范式在实践中的重要逻辑，强调学生向善需要实践善行。知行合一是中国传统伦理的基本构成要素，强调个体的知行一体两面，同时相互影响。这本身是一个经验主义的逻辑，认为学生只有在实践道德行为中，才能理解这种道德行为本身的正确性和正义性，才能建立稳固的道德感。而这种道德感，就是学生个体建构自身德性的重要基石。

所以在具体的学校德育中，中国德育高度重视学校的校园文化建设和学校制度建设，认为学校教育要建构道德的环境，建构道德的学校制度体系，并具有具体的道德的教学行为，引导学生的道德行为，最终才能实现德育培养高道德素养的学生个体的使命。中国社会经常强调对一个人的判断应当“听其言观其行”，即重视一个人的言语和思想，同时高度关注其具体行为，认为这种知行结合才是个体的真实反映。这种德育逻辑也是典型的德性论，注重个体的内在的品德与外在的道德行为的结合。

八、中国德育范式的实践的理想范式

中国德育范式的实践的理想范式大致是这样的：学生处于一所校园文化快乐、健康的学校中，同学和睦合作，教师职业道德和个人道德高尚，班主任管理和领导有力，班级建设健康，科任教师共同合作。学校内部管理道德，德育领导有力，社区环境健康，学生很少直接面对危险事件和不道德事件。学生之间的冲突大多能够健康处理，同时学生在班级生活和校园生活中学习了优秀的社交技巧和社会冲突化解能力。在学生的发展上，学校和社会具有公平的竞争机制，确保学生的能力和知识的健康竞争和公正的竞争结果。学校和教育本身受到社会各阶层充分尊重，教师职业素养和道德水平很高，社会不良行为很少进入校园。

最终，学生在这种健康的校园中成长，成为具备高道德素养和高文化水平的社会个体，并在未来的人生发展中致力于建设和维护一个繁荣、公正与和谐的社会。

一个社会或国家常认为自己将亘古永存，并对自己起源的传说倍加珍视。[①] 德育不是墙头草，但德育也不能成为历史的遗老遗少。近代以来，中国社会因为历史和外来的挑战而不断自我调整，基于社会发展的挑战，教育也需要做出自己的应战。“接受一个外来的体制并使之适应中国社会变化着的需要、资源和期望的问题，一直困扰着20世纪的中国教育家们。”[②] 对于中国教育发展来说，其发展路径和发展目标并非纯粹是教育逻辑发展的结果，其背后还有着中国社会和政治的发展逻辑。德育总是历史发展进程中的德育，所以德育研究离不开对历史的传承和解析，同时德育研究除了向历史回看之外，还需要有勇气面对未来的时代挑战。特别是在人类社会科技高速发展的时代背景中，社会结构在迅速地变化，德育既需要顺应时代的要求，同时也需要有所执着，有所坚守。

第一节　中国德育的历史传承

德育在历史中都有着相应的时代背景。“只有审视源远流长的中国历史，才能领悟发展的方向，并对中国现在发生的事情有所理解。”[③] 中国传统社会，主要是一种典型的农业社会，在这种社会中，主要是自给自足的小生产经济，社会依赖产品主要是农业产品，包括粮食和相关的棉花、蚕桑等。在这种社会中，社会最需要的

①［美］亨利·基辛格著，胡利平等译．论中国［M］．北京：中信出版社，2012.1.

②［美］吉尔伯特·罗兹曼主编，国家社会科学基金《比较现代化》课题组译．中国的现代化［M］．南京：江苏人民出版社，2005.357.

③［美］费正清等著，陈仲丹等译．中国：传统与变革［M］．南京：江苏人民出版社，1992.2.

是一种和平和安静的环境，社会处于一种静态的平衡对于社会的延续就已经足够，过多的变革往往会打破平衡，导致社会动乱。所以在中国传统社会中，整个社会主要采纳的是儒家思想的社会哲学思维，强调社会整体控制和秩序化，社会追求的是静态平衡。

一、中国静态平衡的传统社会结构

传统中国社会中的所有成员都被置于一个等级明显的体系中，最上层为皇帝，之下为文武百官，然后为地方士绅，最后为平民。自秦汉之后，中国社会个体之间的平等性较好，社会个体可以通过军功、科举等实现社会层级流动。“王侯将相宁有种乎”所指向的社会个体可能的平等，为中国社会普遍认同。从伦理的角度上看，中国传统社会的“学而优则仕”在正义性上远高于西方中世纪的“血而优则仕”。

我们可以发现这种社会体系背后的社会逻辑：通过平民生产整个社会必需的产品，而由皇帝、官员保障整个社会的和平和法律秩序。通过地方士绅保障必要的地方自治，确保地方矛盾的消解和地方必要的自治力量的构建和组织。同时为了解决社会中层级的流动性问题，吸引社会精英人才参与社会管理，通过科举制度来保障人才的流动。最终形成一个封闭的社会系统，这种系统具有非常良好的稳定性，并且具有良好的控制性，是一种典型的静态平衡的社会。

为了服务于这种静态平衡的社会，传统中国社会中的德育主要是服务于社会的稳定性和系统性，所以有了三纲五常的伦理教育。三纲即君为臣纲、父为子纲、夫为妻纲。这三纲的伦理，明显是指向整个社会的静态平衡，确保将社会中所有成员都纳入一个系统。在三纲中，每一对夫妻之间指向丈夫，所有家庭成员指向父亲，平民指向官员，全国官员指向皇帝。这样整个社会的成员和力量都被纳入了一个体系之中，这是一个非常严密和具有极高组织性的社会系统。这种系统性是传统中国保守和稳定的重要原因。

而五常则主要指向社会个体的具体社会生活，是一种今天看来仍然非常高尚的价值观体系。五常具体是仁、义、礼、智、信。仁即仁爱，是儒家思想的核心伦理思想。义即道义，在日常生活中又往往被认为是义气，这是中国朋友之间极为重要的价值观。礼在中国德育体系中一直有着特殊的意义，中国社会中通过对礼的规范，可以被看作是今天礼仪教育和绅士教育的历史渊源。智可以被认为是中国社会中对个体智慧的一种褒奖，并将其视为伦理，与苏格拉底的“知识即道德”有着相近的含义。信即信用，孔子认为民无信不立，一个国家、社会、家庭、个人都需要有信用，这是社会生活中的必要构成。

无论是三纲，还是五常，都可以看出其背后的保守意义。这里面几乎没有一种价值观是进取的，都是指向社会的静态平衡，并不鼓励现代西方自由主义所指向的动态平衡哲学。也许是源于对动乱的过度恐惧，所以在传统中国社会中，对于不确定的，都一概加以限制，如对商人的限制，对海洋贸易实施海禁，对儒家思想之外的其他学说的限制，就是明显的历史证据。

在这种社会背景中，中国德育所指向的，也是循规蹈矩的保守的社会个体，所以采取固定的科举制度，采取固定的儒家思想经典。所希望产生的，也是一种静态平衡的社会。这种社会从历史角度上看，稳定、和平是其优点，但缺点是极为保守，发展极为缓慢，社会如同一潭死水。德育中培养的个体反过来会强化自身价值观的传承，最终导致保守的教育、保守的个体、保守的社会、保守的价值观、封闭的社会体系，整个社会进入一种发展上的停滞时期。

二、中国德育思想的发展轨迹

中国德育思想本身是一个在历史发展中不断演进的轨迹。在具体的德育思想的演进上，主要呈现了以下的发展轨迹：

三皇五帝是中国的神话时期，虽然这些古代神话传说大多虚无缥缈，但形象地反映了中华民族勤劳、勇敢和智慧的光荣传统，如伏羲的八卦、神农的百草、黄帝的智慧等。这些神话构成了中华民族非常重要的文化根基，炎黄子孙成了中华民族的一个重要的身份符号。

之后的夏代尚武，流传下来的道德和文化遗产较少。商代重鬼神，周代大致是明确的传统道德思想的重要产生时期。周公（姬旦）把政治与道德结合起来，提出了“敬德保民”“以德配天”“明德慎罚”，以及“孝、友、恭、信、惠”等宗法道德规范，这即著名的周礼。

在春秋战国时期，由孔子创立，经孟子和荀子进一步完善，儒家的道德伦理思想得以确立。整体上看，春秋战国时期百家争鸣，是中国历史上少有的思想多元化和个性化的时期，这一时期也是整个人类历史上著名的“轴心时代”。墨子为代表的墨家、老庄为代表的道家、韩非为代表的法家均为后世德育提供了重要思想。

汉唐时期是中国传统德育的重要发展时期。董仲舒通过《春秋繁露》等著作，对孔子的儒学进行了重新而极大胆的阐释，最终创立了以“三纲五常”为伦理核心，以阴阳五行“天人合一”等为思维基础的儒学体系。汉武帝采纳了董仲舒的建议，实行了对中国后世影响巨大的“罢黜百家、独尊儒术”，最终把儒家思想立为国家“名教”，成为中国社会的正统道德思想。同时这一时期佛教和中国道教也兴盛起来，并与儒家思想共同构成中国传统社会思维的三维结构：儒、道、佛，即中国的三教。

宋明时期，中国儒学发展到了新的阶段：理学。理学一方面继承了孔孟的“道统”思想，同时又吸取了佛、道两教思想的积极成分，提出了以“天理”为宇宙本体和道德本质，对儒家思想的天道观、人性论、义利观、修养论等道德思想有了新的诠释和发展。整体上看，明清时期中国德育思想主体因循守旧，思想亮点是王阳明的心学。辛亥革命之后，中国德育思想的主体发展是孙中山的三民主义，毛泽东思想，邓小平理论为代表的中国特色社会主义理论。当前指导中国德育的是习近平新时代中国特色社会主义思想。

在我国传统德育中，以“仁者爱人”为核心理念，以“正义君子”为培养目标，以“四维”“八德”为施教内容，在实施教育的过程中，主张“知行相须”，强调“修身为本”。[①] 所以，本质上讲，我国德育与西方传统在内容上和理念上差异很大。西方强调宗教，成为上帝的子民是西方社会传统德育的培养目标。而中国传统德育的主要目标则是教人懂得做人，懂得爱人。“修身为本”是中国传统德育的根本方法，“教人如何修身”是我国传统德育发展史的主体内容。

三、当代中国德育理论体系的历史继承

当代中国德育体系仍然有着浓重的传统德育因素，特别是传统德育的静态平衡的社会目标，仍然对今天的中国德育理念有着非常重要的影响。今天的中国德育在道德与政治的结合、价值观体系的系统化、社会倾向的价值取向、强调和谐和平等等方面与传统德育有着非常相似的一面。

在道德与政治的结合上，传统德育是以儒家思想为核心基础，政治和道德两者也都是以儒家思想为核心理论基础，所以道德与政治在很大程度上都是一体两面，这是传统德育中道德与政治紧密相连的重要原因。今天的道德与政治在德育中的紧密结合，也与此类似，主要是希望政治与道德的结合，能够确保社会政治的道德性以及道德对政治的支撑，这样的体系确实有利于社会的和谐与和平。今天中国德育强调社会主义方向和中国特色社会主义理论体系的指导，也是道德与政治在新时代的紧密结合。

另外，价值观的体系化上，中国德育一直强调核心价值体系，传统社会是三纲五常，今天的中国社会和中国德育也强调主流价值观，具体是社会主义核心价值观。这一点无可厚非，因为任何社会中都需要主流价值观，否则社会可

① 张书丰．中国传统道德教育的理论体系［J］．当代教育科学，2006（11）：1-7.

能就陷入道德上的相对主义，而导致社会混乱。道德本身就是一种主流社会意识形态，不是主流社会意识形态，也就不能称其为道德。同时，在传统中国德育和当代德育中，都有一种明显倾向于社群的价值取向，对于社会和谐与和平，具有良好的支撑作用。虽然对个体的自由度确实有着一定的消极性，但凡事都需要付出代价，而中国社会哲学认为，这种代价是值得的。

第二节　时代对中国德育的冲击

每一个时代都有着该时代的中心难题，对应的则是社会的中心任务，德育也同样如此。在今天全球化的时代，中国德育正面临着西方德育的重大冲击，如何应对这种时代的挑战，如何改革中国德育，是当代中国德育必须面对的重大课题。

一、家庭结构变迁

中国传统社会的家庭结构是紧密型的大家庭，三世同堂是基本结构，四世同堂也是常见类型。这种紧密型的大家庭对中国德育影响很大，中国传统社会的青少年首先是在祖父祖母、父亲母亲的共同教育下成长的，其社会化的内容和方向主要由家庭奠基形成。这种紧密型的大家庭在很多领域奠定了中国社会个体对社会的基本认识：首先，在社会个体的社会价值倾向方面，大家庭树立了个体的社群主义倾向。因为大家庭，成员众多，家庭成员相互帮助，相互体谅，对长辈孝顺，对年幼者承担抚养的责任，这种家庭结构和环境让中国社会个体自小习惯于从家庭整体的角度审视道德行为。其次，大家庭的结构让中国社会个体自小就学习了和谐、责任等价值观。因为家庭人员众多，事务繁杂，内部必须保持和谐，这就需要家庭成员相互谦让、容忍。因为大家庭的结构，负担沉重，上有所养，下有所教，所以家庭成员必须担负自己的责任。在这种大家庭的环境中成长，每个人对家庭其他成员都有义务和责任，同时对青少年来说，这一过程本身就是德育的重要构成部分。

但当代中国的家庭结构有了重大变化，传统的三世同堂、四世同堂的大家庭的比例越来越少，取而代之的是两代人的基本家庭和一代人的简单家庭。两代人指的是父母与子女，而祖父母一辈则因为工作原因、住房原因、生活习惯等原因选择了单独居住。工作原因主要是祖父母与父母一辈的工作地点不一致，只能分开居住；住房原因是部分人在城市工作，没能拥有能够容纳三代人的大房子居住，只能选择两地分离；生活习惯则是祖父母与父母一辈的消费习惯、饮食习惯、价值倾向等存在相当大的差异，而导致难以生活在一起。在今天人们越来越强调自由的时代，年轻一代更倾向于与父母分开居住。

这些原因最终导致了传统大家庭格局的逐步消失，对青少年德育的影响很大。首先，青少年严重缺乏同辈的影响，大面积的独生子女导致了青少年缺乏对成长过程中的同辈合作、竞争和谦让的直观理解。同时家庭的溺爱又导致规范意识的缺乏，在意志力领域存在先天缺陷，导致青少年德育问题丛生。其次，大家庭结构的崩解，还导致了传统意义上的家庭意识的淡化。因为中国社会是家国同构，对家庭的理解直接影响了对国家的理解。传统大家庭具有内部的家庭契约，长慈幼孝，每个人对其他家庭成员都有着责任和义务。但两代人的基本家庭中，青少年对长辈的孝顺要求难以理解，独生子女也不容易理解家庭责任，最终导致青少年的家庭观和责任感都与传统社会差异很大。这些对青少年德育都存在负面影响。

但同样要注意的是，现代家庭对青少年德育也有着正面影响的领域，如青少年对个性的追求，是两代人的结构简单家庭的优势，父母更能容忍青少年的个性。同时父母与子女之间的平等意识能够更好地树立，而不是传统意义上单纯地要求青少年听话。这对青少年的独立意识和创新意识的培养具有一定的积极意义。

二、留守儿童的大面积存在

留守儿童的大量出现是中国社会历史上可能从来没有出现过的新情况。传统中国社会的家庭结构一直是紧密的，青少年大多与父母在一起，所以家庭教育对中国社会个体成长的影响力很大。但当代中国留守儿童成了社会一个非常严重的社会问题。

留守儿童指家庭中的父母双方因为到城市或者其他地方工作而独立生活或者跟祖父母生活的儿童。父母离开家庭，远离子女，在生活上和学习上不能尽父母的责任，而祖父母对孙辈的隔代教育本身就存在相当大的缺陷和问题，最终导致留守儿童在心理上、生活上、安全上、品德上出现相当多的问题。留守儿童问题也成为了社会普遍关注的问题，是一个极为棘手的教育问题。

在社会心理领域，留守儿童缺乏父爱和母爱，导致部分青少年存在一定的情感缺陷，未来在成人期可能会延续这一缺陷，导致与他人很难建立亲密关系，甚至严重缺乏社会沟通和协调能力。在生活上，留守儿童成了缺乏父母关心和照顾的儿童，在直接的经济上、生活物质条件上均存在严重问题。事实上，如果家庭经济不存在严重问题，中国父母一般都不会选择外出工作。存在留守儿童的家庭本身就反证了其家庭经济情况存在问题，而父母的外出则加重了留守儿童的生活困难程度。

安全领域的问题更为严重，其主要原因在于留守儿童本身是未成年人，但却缺失父母的安全保护，导致部分留守儿童成为校园暴力和不良社会成员的施暴对象。缺乏安全感是留守儿童的一个通病，这对留守儿童的未来社会生活会带来相当大的困扰。在品德上，留守儿童缺乏父母的榜样示范作用，同时因为缺乏安全感，很容易沦为受害者，为了得到保护，部分留守儿童甚至可能选择加入青少年帮派，以此获得青少年帮派的保护，同时也可能成为青少年不良分子，变成对其他青少年的施暴者。

三、学校德育的婢女化

中国传统以来都非常重视德育，一直是一个伦理型国家，所以中国社会一直极为重视德育。在中国教育政策层面，德育都是学校教育的中心工作。中共十九大强调学校教育要落实立德树人根本任务，这是中央层面的教育战略，由此可以看出德育在中国学校教育中的战略地位。

但这是政策层面，事实上，在中国学校教育实践层面，又是另外一种状况。国家、学校、学生和学生家长之间对德育认识和定位事实上是存在很大差异的。国家层面注重和强调“德育首位”的根本原因，主要在于德育本身的政治价值。因为中国德育是道德与政治相结合的德育范式，同时学校德育也是影响青少年政治意识形态的最重要力量，所以国家会高度重视德育为先的教育战略。学校层面重视德育，其核心目的在于德育能否为学校的生存与发展带来益处，即它的经济价值，这是学校考虑的核心。但当前学校最为重要的主要是升学，目前考试制度与社会评价都偏重于学生的学习成绩与升学率，所以大多数学校在学校战略上自然选择重智育轻德育。具体到学生层面，学生个体是否重视德育，其核心也在于德育能否解决个体成长中的问题与矛盾，所以学生注重的是德育的实用价值和生活价值。在学生家长层面，学生家长所看重的是德育是否有利于其子女升学和就业的机会，其关注的则是德育的职业价值。[①] 因为中国教育强调教育竞争，在各个层面升学都是最重要和最现实的目标，最终导致学校德育从政策层面的中心地位变成了为学校智育以及其现实目标——升学服务的“婢女”。简而言之，学校教学为代表的智育成为了主人，而学校德育则成了为教学服务或者说为升学服务的“婢女”。

这种婢女化的德育所承担的主要是学校中的安全问题、纪律问题，但其实际地位则被边缘化。这是当前中国学校教育中一个现实性的教育问题，对学校

① 杜时忠．学校德育实效的调查研究［J］．教育研究与实验，2007（2）：18-19.

的立德树人的教育目标有相当大的负面影响。

四、网络虚拟空间带给德育的难题

现代德育的一个重大变化在于科学技术的冲击，网络虚拟空间的出现，给青少年的社会生活带来了重大变化。中国社会生活中的主要虚拟空间和身份符号有腾讯QQ、微信、微博等。在虚拟空间中，社会个体可以隐藏自己的真实身份，在交往中既不承担直接道德责任，也放宽了人际交流的边界。其优点在于扩大了社会个体的交际面，并给了社会个体更多的身份体验，可以扮演多种角色。但其缺点在于，因为身份符号本身的虚拟性，导致不道德行为并不一定需要付出道德代价，最终在一定程度上扩大了人性恶的一面。所以网络暴力、网络欺凌、网络犯罪等事件层出不穷，导致部分青少年成为受害者。同时黄、赌、毒等不良因素在网络中也大量存在。几乎每年都有网上约会最终导致青少年被害的现实案例发生，这也说明了网络诱惑和危险的一面的存在。

学校德育如何应对这种监管难度极大的网络空间，成为当代中国德育的一个重要考验。传统德育可以通过改善社会环境、校园环境、家庭环境等方式给青少年塑造健康的道德环境，孟母三迁就是中国传统中的德育智慧。但在网络时代，完全杜绝外在的不良社会影响是难以实现的。如何塑造和建构健康的网络环境，是当代德育的一个重要难题。

五、后现代主义对中国德育的冲击

后现代主义是西方近年来出现的一种新的社会思想运动，其特点在于追求多元主义，力求社会多元价值观的存在与发展，对中国德育的冲击较大。后现代主义实际上是对现代社会的过度现代主义的一种反叛，本质上与西方社会的自由主义相契合，其优点在于推进了社会的多元文化和多元价值观，其负面性在于加剧了社会文化价值观的冲突和矛盾。

中国德育范式是典型的现代主义范式，中国社会本身有着社群主义的传统倾向。中国历史以来追求的是大一统，所以中国德育范式强调并信赖核心价值观。古代中国的核心价值观是三纲五常，礼义廉耻，今天则是社会主义核心价值观。

后现代主义对中国德育的冲击主要体现在两个层面：第一个层面是中国德育学术研究。因为近代以来中国社会科学和自然科学的全方位落后，导致国人在相当程度上缺乏自信，缺乏自信就导致了对西方社会文化的浪漫化，德育研究中就有着对西方后现代主义德育的过度美化。第二个层面是学校德育实践上，加深了中国学校德育面对学生过度个性化的问题。当代中国青少年本身大多是独生子女，缺乏严格规范教育，最终在社会生活中本身就有着追求个性的强烈要求，而后现代主义则加深了学生自由和个性的一面，对学校德育承担的秩序和规范的责任有着重要负面影响。其结果是加重了德育的难度，因为后现代主义德育本身是与中国德育范式相背离的。

六、全球化的多元文化对中国德育的影响

现代交通与网络把地球演变成了地球村，不同国家和民族之间的交流更为便捷，加深了世界文化交流的广度和深度。全球化时代，每一个国家都很难成为文化交流中的孤岛，如何应对外来文化的冲击，就成了国家文化战略问题。

当前世界占据文化霸权地位的是西方文明，西方文明有着自己的普世主义信念，断定全世界人民都应当信奉西方的价值观、体制和文化。其逻辑点在于，西方文明认为其自身已经包含了人类最高级、最进步、最自由、最理性、最现代和最文明的思想。但事实上，这种普世主义的信念非常危险。特别是在当今正在呈现出严重民族冲突和文明冲突的世界中，西方文明的普世观念具有三个严重问题：其一，它是不道德的；其二，它是错误的；其三，它是危险的。[①] 不道德的指的是西方文明认为非西方国家的人民应当毫无保留地信奉西方文化价值观，这是文化上的殖民主义，所以不道德。错误的指的是不同文明之间，有着自己的价值观逻辑，并有着自己的社会结构、自然环境等其他原因，并不存在先验真理式的文明范式，所以西方文明认为自己是人类社会文明中的真理标准，本身就是错误的。危险的主要是西方这种普世主义的信念，正是当前人类社会文明冲突导致矛盾和战争的重要原因，其结果不管是对西方文明来说，还是对其他文明来说，都是非常危险的。

相对来看，“儒家思想精神强调这样一些价值观：权威，等级制度，个人权利和利益居次要地位，一致的重要性，避免正面冲突，保全面子，以及总的来说，国家高于社会，社会高于个人。此外，亚洲人倾向于以百年和千年为单位来计算其社会的演进，把扩大长远利益放在首位。”[②]

全球化时代的文化首先是一种多元文化，这种多元一方面是来源的多元化，可能来自不同的国家和民族，来自不同的地域，另外一方面这种多元还是文化价值观的多元。文化的背后都有价值观的支撑，文化的交流同时也是价值观的

---

①[美]塞缪尔·亨廷顿著，周琪等译．文明的冲突与世界秩序的重建[M]．北京：新华出版社，2002.358.

②[美]塞缪尔·亨廷顿著，周琪等译．文明的冲突与世界秩序的重建[M]．北京：新华出版社，2002.250.

交流，这种价值观的交流同时又呈现出价值观的矛盾与冲突，如中国的社群主义文化与西方自由主义文化，中国的儒家思想文化与西方基督教文化，都存在显而易见的差异和矛盾。

如何应对这种文化差异，是中国德育的一个实践上的难题。因为任何学校都不可能隔绝文化交流，德育不能在全球化时代采取鸵鸟战术，假装对这种文化价值观的矛盾视而不见。所以加深对他国文化的了解，促进正面健康交流，提升国际理解，减少对青少年价值观建构的负面影响，是当代中国德育的重要时代课题。

第三节　中国德育的时代应对

时代发展决定了任何一个国家都难以自外于世界发展潮流，世界文化、经济、技术交流是必然趋势，所以从这个角度上看，世界只会变得越来越平。[①]这个平主要指的是技术上、经济上，不同国别、不同民族之间的发达程度差异只会越来越小。但另外一个角度上看，人类的文化价值观并没有随着经济技术的融合而消失，甚至，在相当程度上看，不同国家与民族之间文化价值观的差异仍然鲜明地存在。

一、文化坚持与自信

如果要实现中国德育范式本身的修身齐家的个人目标，中国德育必须要做到文化坚持与自信。“中国人民的特质、禀赋不仅铸就了绵延几千年发展至今的中华文明，而且深刻影响着当代中国发展进步，深刻影响着当代中国人的精神世界。”[②]“一个时代教育的艰难之根源，不仅在于财力和人力的不足和匮乏，更在于没有方向和理想。在一个太过实际的庸俗主义和实用主义盛行的时代里，任何一点理想都会被视为不合实际，不切实际。”[③]不同国家之间的竞争很大程度上是文化价值观的竞争，不同的文化价值观在相当程度上决定了该国的努力程度和发展方向。以下是塞缪尔·亨廷顿的经典论述：

几十年来，经济学家们一直思考一个问题：“为什么一些国家的经济迅速发展，繁荣昌盛，而另一些国家却仍然落后与贫穷？”20 世纪 60 年代，加纳和韩国几乎是一样的经济社会状况，在人均国民生产总值，社会主要行业的重要程度，以及制造业、服务业、出口产品种类，接受外援的数量等方面两国都几乎一致。

---

① [美] 托马斯·弗里德曼著，何帆等译. 世界是平的 [M]. 长沙：湖南科学技术出版社，2007.49–170.

② 习近平. 在北京大学师生座谈会上的讲话 [N]. 新华社，2018-05-02.

③ 彭正梅. 现代西方教育哲学的历史考察 [M]. 上海：上海教育出版社，2010.209.

但30年之后，韩国已经成为一个世界级的经济大国，有着高人均收入，以及众多跨国公司。但加纳却依然是原来的加纳。如何解释这种差异？显而易见，可以找出很多种原因，但我确信文化价值观是其中最主要的因素。韩国人在价值观领域，崇尚节俭、苦干、储蓄、投资、纪律，并重视教育，而加纳人却有与此不同的价值观。①

与此类似的，还有马克斯·韦伯的《新教伦理与资本主义精神》，所揭示的几乎是同样的道理。他认为正是基督教清教文化的勤劳、节俭、朴素、虔诚等道德价值观，成就了西方社会近代经济和技术的崛起。②中国儒家思想文化有着优秀的道德价值观，今天中国的社会主义核心价值观是传统优秀文化与中国特色社会主义的结合，其内在维度坚定指向人民幸福、民族复兴、国家富强三个维度。在文化领域，中国德育范式也要捍卫自己的优秀文化传统，树立文化自信，推进中国社会个体的健康的社会化。在全球化的时代，中国德育和中国文化都要做到："风斜雨急处，立得脚定。花浓柳艳处，著得眼高。路危径险处，回得头早。"③

二、构建现代家庭教育

中华民族高度重视家庭教育，习近平总书记指出："尊老爱幼、妻贤夫安，母慈子孝、兄友弟恭，耕读传家、勤俭持家，知书达礼、遵纪守法，家和万事兴等中华民族传统家庭美德，铭记在中国人的心灵中，融入中国人的血脉中，是支撑中华民族生生不息、薪火相传的重要精神力量，是家庭文明建设的宝贵精神财富。"④当代中国的家庭结构已经大幅变化，很难想象家庭结构会回归传统，所以寄希望于回归传统家庭已经不现实。当前中国德育范式和社会教育需要关注的是如何构建现代家庭教育。

现代人的生活与传统社会相比一个很大的变化就是父母需要固定时间上班，这种上班时间的刚性，导致家庭教育与传统中国的农业社会差异很大。传统农业社会的节奏缓慢，家庭成员众多，所有人都有义务帮助和教育下一代，并且家庭成员也拥有宽松时间和闲暇时间，在家庭教育上更多的是一种环境浸染、

---

①[美]塞缪尔·亨廷顿．文化的作用[A]．文化的重要作用——价值感如何影响人类进步[C]．北京：新华出版社，2002.1.

②[德]马克斯·韦伯著，于晓等译．新教伦理与资本主义精神[M]．北京：生活读书新知三联书店，1987.136.

③《菜根谭·上二一一章》．

④习近平．习近平谈治国理政（第二卷）[M]．北京：外文出版社，2017.353.

行为模仿和同辈影响等。但现代家庭的父母主要时间都在上班，青少年大多数时间都在学校，这一定程度上降低了家庭教育的影响力。但另外一个真实而麻烦的问题却是：在中国，青少年首先被视为是家庭的，或者是父母的。父母对青少年缺乏了解，也没有时间和精力教育，学校教师对青少年相对更为了解，但学校教师却不拥有强制教育和矫正青少年不良行为的实质性权力。中国教育法律禁止教师体罚和变相体罚学生，而变相体罚并没有明确界定，这直接导致学校惩戒权的大幅丧失。《中华人民共和国义务教育法》第二十九条规定："教师应当尊重学生的人格，不得歧视学生，不得对学生实施体罚、变相体罚或者其他侮辱人格尊严的行为，不得侵犯学生合法权益。"第二十七条规定："对违反学校管理制度的学生，学校应当予以批评教育，不得开除。"[①] 这导致了学校对不良行为青少年的矫正实质上力不从心。同时，中国社会本身是一个注重人伦的社会，父母天然地会保护青少年的教育权益和权利，但这种保护特别是在不良行为的青少年身上很大程度上是过度偏袒，最终导致学校教育实际上毫无办法。当然这种学生的结果也是在错误道路上越走越远，还严重影响其他同学。

未来的中国德育范式，需要明确中国基础教育的公共性，简而言之，应该强调青少年既是父母的，也是国家的。[②] 国家教育有权力赋予学校教育矫正青少年不良行为的实质性权力，否则过度软弱的学校德育，会导致青少年的规范意识和纪律意识的低下，最终导致国家社会道德问题。这一点因为中国家庭对孩子大范围存在的溺爱倾向，在未来更显重要。同时，如何提升工资水平，力争未来学生父母一人工作能够维持全家支出也非常重要。只有父母有一人在青少年的成长过程中全程跟踪教育，家庭教育才能算是基本健康。所以，家庭教育的再建构，不只是教育层面，而需要上升到社会和国家发展战略层面，才拥有可能解决问题的资源。

三、网络净化

因为虚拟空间的缘故，今天人类能够大幅扩大自己的交往空间和阅读空间，但基于利益等缘故，网络也充斥着不良诱惑和陷阱。要减少青少年成长过程中的危险，必须对网络净化。

任何一个社会都应该有底线道德，所以联合国也有反人类罪等，网络中也

---

① 中华人民共和国义务教育法［EB/OL］.（2006-06-15）［2016-04-08］.http://www.moe.edu.cn/publicfiles/business/htmlfiles/moe/moe_619/200606/15687.html.

② 冉亚辉．论基础教育公共性的必然［J］．教学与管理，2015（2）：1-4.

必须具有自己的基本规则。中国传统认为“开卷有益”，这句话应该改为“开益书有益”，否则读色情、民粹主义、恐怖主义等书籍，只会让青少年在错误的道路上越走越远。

网络在未来需要对色情视频和图片加大管制，对恐怖主义加大监控力度，在微博等领域加强实名制管理，不能让社会中部分有问题的人借助所谓的言论自由危害社会发展。只有在一个相对干净的网络世界中，青少年才能受到必要的保护。同时，中国法律还需要致力于推进对影视的分级制，减少暴力、色情等影视文化对青少年的影响。

四、推进国际理解

全球化的时代，中国德育范式需要推进国际理解教育，一方面减少文化冲突，另外一方面也对国内的文化保守主义保持警惕。全球化时代的文化冲突是一种常态，但德育需要的是将这种文化冲突变为鞭炮式的小冲击，而不是炮弹般的爆炸。

在全球化的时代，中国德育需要摒弃两种有问题的倾向：其一是认为全球化的时代会天下大同，这是一种错误的观点。技术上可能会趋同，但文化价值观的差异将一直存在，不同文化价值观之间的竞争借助现代传媒的影响力将更趋激烈。其二是认为要开放一切，包括教育、文化和习俗，都应该与国际接轨。事实上与国际接轨本身就是一个伪概念，因为所谓的与国际接轨事实上是与西方接轨，西方并不等于世界。将西方等同于世界是当前中国一个非常麻烦的问题，西方的教育、文化、价值观、习俗披着世界的旗号进入中国，并美其名曰：与世界接轨。事实上，即使在今天，美国人仍然是美国人，德国人仍然是德国人，英国人仍然是英国人，法国人也仍然是法国人。既没有一个相同的西方世界，也没有一个真正意义上的与世界接轨。当前中国社会中众多的所谓的与世界接轨，主要都是复制照搬美国。

所以国际理解必须坚持一种批判式学习。在任何一个社会领域的学习中，必须首先充分分析中国自身的相应领域的逻辑，理解其他文化社会的相应领域的逻辑，比较并分析可能的后果，最终才能开展有实质意义的学习。既不浪漫化他国的文化，也不妖魔化他国的问题，才是国际理解的正确态度。

同时中国德育范式还需要高度关注中国社会的保守性，中国因为一直以来的大一统和文明程度，所以中国有着天朝大国的心态，这是在未来发展中需要高度关注的领域。天朝大国一方面给了中国人充分的自信，但同时其严重的自满导致保守主义强烈，也是中国社会发展缓慢的重要原因。道德的观点应该远大，也应当更为纯净，不能什么问题都扯上道德问题。如果认为一切都与道德相关，这样对于中国的国际理解存在很大负面影响。[1] 在未来的发展中，如何在自信与自满之间做到合理的平衡，也是中国德育范式改革与发展中需要把握的一个重点。

五、德育的坚持与坚守

德育本身指向人性，而人性本不可捉摸，所以不能简单地认同某种固定德育范式的真理性。中国俗语常言：慈母出逆子。这是一个经验主义的结论，但在现实中却是屡见不鲜。母亲的慈爱本身没有错，但慈爱却导致逆子就错了。在德育中，不能简单地仅仅只关注理论理性，还必须注重实践理性，这是中国的《增广贤文》《菜根谭》等带给我们的重要启示和价值。

一方面，德育要坚持理想主义，高扬人性的旗帜，具有宗教般普度众生的胸怀。另外一方面，德育必须要现实主义，认识到人性复杂的一面，直面人性恶的可能，拥有矫正矫治的威力和力量，所谓当头棒喝。这两方面结合，才可能使德育具有自己的效力。在任何时候，都不能把德育简单地等同于爱、关怀、同情等。德育不是宗教，必须解决现实问题。宗教不需要面对青少年犯罪、校园暴力、青少年心理健康等具体问题，而这些是德育必须面对和解决的。所以德育还必须坚守，不管面对任何处境，不管面对任何个体，德育都需要承担自己的现实责任。

第四节　卓越与平庸：价值观如何选择

中国德育范式在未来发展中必须捍卫核心价值观，形成社会主流价值观，最终构建和谐的社会。价值观的多元主义将是中国社会难以承受的，其背后的原因在于中国本身是一个多民族的国家，地域差异较大，地域之间的相互矛盾和攻击本身就是一种现实的存在，如果在价值观维度也出现多元主义，中国社会将非常容易陷入内部族群矛盾、地域矛盾之中，甚至又可能导致天下大乱的混乱局面。从这个角度上看，中国社会任何时候都不能接受西方多元自由主义，否则将给中国社会带来巨大危机。同时，在社会核心价值观体系上，中国德育也不能过度陷入奴隶道德，导致国家文化价值观的气质过度阴柔，而失去发展的必要活力和生命力。

一、奴隶道德与贵族道德

尼采把人类社会的价值观分为两种倾向，其一是贵族道德，其二是奴隶道

---

①［美］黄仁宇．万历十五年［M］．北京：生活读书新知三联书店，1997.279.

德。贵族道德主要指向强大和竞争，是人类社会中的精英追求并维护的一种道德价值观，如荣誉、勇气、力量、责任，这是一种李清照笔下的英雄式的价值观。李清照在《夏日绝句》中如此写道:“生当作人杰，死亦为鬼雄。至今思项羽，不肯过江东。”贵族道德强调自然、强调本能、强调生命。[①] 这是一种社会中占据优势地位的社会精英阶层或者贵族阶层追求的社会道德价值观。贵族道德强调个体有着健全的生命本能、充沛的强力意志、独特的“自我”、蓬勃的创造精神以及对人类的伟大的热爱。[②]

与此相对的另外一种价值观是奴隶道德，是奴隶或者是平庸人群所要求的价值观，如平等、民主、自由、平等、友爱等。总体上看，奴隶道德是社会中居于弱势地位的社会大众阶层，或者平民阶层，甚至是奴隶阶层拥有的或者追求的社会道德价值观体系。奴隶道德代表了反对生命本能的类型，其个体大多虚弱、怯懦、丧失个性、伪善、守旧、怨恨等，如谦让、博爱、怜悯、自我牺牲、和平、悲哀等，都属于奴隶道德。[③] 奴隶道德也是人类社会中的重要价值观，如基督教、儒家思想中的大部分价值观均是奴隶价值观，虽然这些奴隶道德有力维护了社会的和谐、平等和和平，但其负面性也显而易见：其一是导致人类社会一定程度上敌视卓越和精英，最终导致人类社会越来越趋于平庸；其二是导致人类失去勇气，在发展中缺失创新性，因为任何创新本身都是需要有勇气的。

二、贵族道德与奴隶道德的影响差异

两类道德价值观都是人类社会中的重要价值观，但两者对人类社会的发展影响却差异很大。其分歧具体如下：

首先，两者道德价值观的构成差异很大。贵族道德追求荣誉和卓越，强调个体的生命意志，其基本构成有荣誉、勇气、力量、权力、尊严、竞争等。而奴隶道德则主要追求弱者的权利，包括平等、自由、民主、博爱等价值观。

其次，两者对人类社会的影响差异很大。贵族道德强调强者的竞争，力求生命意志的勃发，鼓励创新，强调优胜劣汰的社会结构，最终指向人类的强大和创新。奴隶道德则相反，更为追求个体之间的平等和和谐，实际上是压制强者，保护弱者，最终成为一个更趋于平等但却更为平庸的社会。教育需要张扬生命的活力，奴隶道德是以平等和对弱者的怜悯为核心的，导致个体丧失个性，使

---

① [德] 尼采著，谢地坤等译. 论道德的谱系善恶之彼岸 [M]. 桂林：漓江出版社，2007.18-22.
② 朱彦明. 尼采的道德视角主义 [J]. 道德与文明，2011 (6)：67-72.
③ 黄忠晶. 尼采道德观研究述评 [J]. 黄淮学刊 (哲学社会科学版)，1996 (1)：7-9.

整个社会陷入平庸的恶性循环。①

最后，两者的道德理想分歧巨大。贵族道德崇拜强者，尊重人类社会中的权威，鼓励人类不断竞争，力求上游。而奴隶道德则相反，更为强调个体的平等，敌视卓越和权威，最终要求一个过度水平化的社会。所以奴隶道德盛行的社会，实际上是对人类社会中的才能卓越者的一种歧视和剥夺，客观上降低了人类探索的勇气和能力。

三、价值观的冲突的必然性

道德价值观的完全和谐是人类的一个梦想，但事实上这存在理论上的问题。古希腊开始，人类就有了悲剧意识。而真正的悲剧，就是将美好毁灭给观众看，为什么要毁灭世间的美好，因为是没有办法。这种悲剧美学的核心原因就是人类价值观的致命性冲突。②

从贵族道德角度上看，贵族道德追求卓越，宁愿高贵死也不愿意低贱活。而只要能够活下去，不管什么代价都可以付出，这是奴隶道德的选择。即使在同样的奴隶道德中，自由和平等之间也存在显而易见的矛盾。如果追求自由，后果必然不平等，而如果力求平等，必然牺牲自由。即使是同一价值观，还存在主体的矛盾，“团结必须是平等的（至少不是太不平等的）人之间的团结。狗鱼的自由就是鲤鱼的死亡。”③

在具体的社会生活中，价值观的冲突则更显悲剧美学。如金庸小说《天龙八部》中的萧峰，就面临致命性价值观冲突。他面前只有两个选择，但都是致命的：选择为辽国打仗对付宋朝，回归自己的契丹族群，这是今天的爱国主义和民族主义，忠于自己的民族和国家；或者选择站在宋朝民众一边，对抗辽国的侵略战争，减少生灵涂炭，这是和平主义。而问题在于，他没办法选择任何一种，这就是价值观冲突的悲剧。最终他只能选择折箭自杀，用生命换来宋辽之间10年的和平。萧峰无疑是顶天立地的大英雄，但在现实的人类社会中，这样的场景并不少见。人类的终极价值观的矛盾是无法完全调和的，所以在具体的社会中，价值观的选择需要根据一个人、一个群体或一个社会所追求的整个生活模式来做决定。④

在当代人类社会中，如民主、自由、平等、正义、和谐、勇气、竞争、爱等价值观都是普遍性的人类价值观，是中国社会、欧美社会、非洲文化、拉美

---

① 吴元发．论尼采对现代性教育的批判［J］．教育理论与实践，2014（28）：7-10.
②［英］以赛亚·伯林著，赵国新译．自由及其背叛［M］．南京：译林出版社，2005.23.
③［英］以赛亚·伯林著，潘荣荣、林茂译．现实感［M］．南京：译林出版社，2004. 307.
④［英］以赛亚·伯林著，胡传胜译．自由论［M］．南京：译林出版社，2003.47.

世界、伊斯兰世界等都普遍认同的。但不能据此就简单认为人类的价值观已经和谐，事实上人类社会的冲突主要是价值观的冲突。而最为明显的，就是首要价值观的冲突。如欧美社会普遍将自由作为首要价值观，但其他社会并不认同。这一点最终在很大程度上拉大了具体道德规范和判断的分歧，酿成了众多的社会冲突。在价值观的世界中，不存在想象中的一个完美的和谐世界，价值观之间不可能如同几何图形一样存在完美的和谐空间，必然存在矛盾。[①]

四、卓越与平庸：中国教育如何选择

价值观的选择不能仅仅站在伦理与教育的视角，还必须认识到德育本身并不完全是目的，其背后的社会的建设与发展可能同样重要。

作为一种历史悠久的社会文化，中国社会和文化在长期的历史发展中失去了太多的刚性与勇气，特别明显的是明清以来，社会价值观更为软弱，社会价值观偏于阴柔。朱元璋发布的删节版《孟子》就是其中的一个历史节点。所以中国德育中主要是一种规训教育，听话哲学，这种德育实质上主要是指向奴隶道德，对中国社会的改革与发展非常不利，因为这种奴隶道德大幅削弱了社会的创新勇气和力量。

反观中国古代，特别是先秦时期，中国诸子百家时代是中国思想的大迸发时期。孟子的："贫贱不能移，威武不能屈，富贵不能淫，此之谓大丈夫。"[②]即使用今天的眼光看来，仍然闪耀着勇气与英雄的气概。但在后来的长期的专制王朝的历程中，中国逐步失去了这种勇气，取而代之的更多的是一种犬儒主义，"木秀于林风必摧之"一类的犬儒主义哲学充斥中国社会，导致中国德育的价值观一定程度上偏于阴柔。

"单独来看，一种制度也许并不那么有力，但是把他们集拢起来形成文化的信念，它们的作用就会像语言中的短语，或经常的社交中的节律——这一切我们是自动地把它同化成价值观念并渗透于我们的一切观念之中。"[③]如果中国教育中过多的奴隶道德，必然导致中国社会发展中的平庸与犬儒主义盛行，这不应该是中华复兴之路上的选择。

当然，奴隶道德对任何一个社会的建设本身也具有一定的积极意义，因为奴隶道德的优势在于能够给社会带来和谐、平等和秩序。即使是尼采批判的奴

---

①［英］以赛亚·伯林著，胡传胜译．自由论［M］．南京：译林出版社，2003.49.

②《孟子·滕文公下》．

③［法］埃德蒙·金著，王承绪译．别国的学校和我们的学校［M］．北京：人民教育出版社，2001.109.

隶道德的典型——基督教道德，也仍然有着独特的价值和意义。“基督教道德固然有许多消极的东西，但是，它所提倡的博爱、善良、慈悲、诚实等精神，至今仍然是许多西方人恪守的价值观念，并且成为维系西方家庭和社会伦理的纽带和保持社会稳定安宁的力量。”① 具体来看，平等是社会内部确保必要秩序的基本前提，民主能够大幅促进社会个体独立人格的形成，而自由能够增加个体的存在感和道德发展。

奴隶道德的问题主要在于，把同情、仁慈、宽厚、怜悯等视为美德，而本能地敌视卓越和强者。在社会追求上实际嫉妒、仇视和压制强者，这对一个国家的发展是致命性问题。“这实际上是在扼杀奋发有为的生命力，是在毁灭的权力意志。”② 所以如果德育仅限于奴隶道德，则会导致教育所培养的社会个体普遍性的平庸、懦弱，整个民族胆小怕事，缺乏创造性。创造性是需要勇气的，不能奢望个体听话而勇敢，因为听话的价值观最终会形成个体的道德行为选择倾向，习惯性地听从指挥，而需要自己独立做主时，也就没有独立的勇气和力量了。个体身上大多卓越而带刺，过度听话则平庸。

对中国社会未来发展来看，贵族道德不可或缺。贵族道德给社会个体带来勇气、荣誉和责任，这三者都是社会发展的重要动力。“高贵的人之所以高尚、尊贵和值得骄傲，乃在于他们把一切能发挥个人的内在生命力和本能的东西发挥出来，他们具有创造力和能动性，不人云亦云，不因循守旧，敢于提出新观点，敢于冒险和建功立业。”③ 在教育中也是如此，“教育是培养特殊人，而不是平庸者的。而特殊人是富有批判和创造精神的人。”④

在现实层面，贵族道德的重要体现就是人民英雄。习近平总书记指出：“英雄是民族最闪亮的坐标。”⑤ 并要求“对中华民族的英雄，要心怀崇敬，浓墨重彩记录英雄、塑造英雄，让英雄在文艺作品中得到传扬，引导人民树立正确的历史观、民族观、国家观、文化观，绝不做亵渎祖先、亵渎经典、亵渎英雄的事情。”⑥

贵族道德也存在内在缺陷，过度的贵族道德会导致社会过度竞争，矛盾激发。

---

① 王守昌．尼采的道德哲学［J］．湘潭大学学报（哲学社会科学版），1997（5）：9–13.

② 张庆熊．尼采哲学思想的主轴：以权力意志为准则重估一切价值［J］．学术月刊，2009（12）：42–49.

③ 张庆熊．尼采哲学思想的主轴：以权力意志为准则重估一切价值［J］．学术月刊，2009（12）：42–49.

④ 曾翠芳．尼采教育思想述评［J］．福建论坛，2007（6）：66–70.

⑤ 习近平．习近平谈治国理政（第二卷）［M］．北京：外文出版社，2017.351.

⑥ 习近平．习近平谈治国理政（第二卷）［M］．北京：外文出版社，2017.351.

所以一个健康的社会，应该是同时需要贵族道德和奴隶道德。“在所有较高的和混杂的文明中，同样存在着调和这两种道德的尝试。”[①]贵族道德给社会带来创新的勇气，奴隶道德则给社会带来必要的秩序和和谐。

“教育体系是每个民族的民族意识、文化与传统的最高表现。”[②]德育内容的选择，很大程度上决定了国家的精神和气质，所以在未来中国的德育发展中，任何时期都不能仅仅为了秩序和安全，而过度趋向于奴隶道德。如果中国德育范式过度地选择奴隶道德，最终必然导致中国社会的整体平庸。“只有所有潜在的能力都能得到发展和发挥的社会，才会在群体间的竞争中获得生存优势。”[③]只有贵族道德在德育内容中的必要存在，才能保障中国社会发展的创新力量，培育中国社会创新发展的勇气，最终才能保持社会发展的鲜活的生命力。

---

① 朱彦明．尼采的道德视角主义［J］．道德与文明，2011（6）：67-72.

② 联合国教科文组织国际教育发展委员会编著，华东师范大学比较教育研究所译．学会生存——教育世界的今天和明天［M］．北京：教育科学出版社，1996.218.

③［美］威尔·杜兰特、阿里尔·杜兰特著，倪玉平、张闶译．历史的教训［M］．北京：中国方正出版社，2015.22.

结语

作为一个历史文化悠久的大国，中国在德育范式上不同于其他文明，所以亨廷顿认为中华文明是现代世界八大（或七大）文明之一。在任何一种人类社会文明的划分中，中国都是极为重要的一种，并为所有学者承认：中华文明是一种自成体系的古老而伟大的文明。同时，中华文明还有一项极为自豪和伟大的成就：中华文明是人类历史上唯一没有中断过的文明。这一点弥足珍贵，至少证明了中华文明在过去的5000年历史中，经受住了一切自然和非自然的挑战，这足以说明中华文明的伟大。"西方自己的东西在任何方面都不会成为一种世界性的标准，西方的一切并非进步的代名词。中国具有宝贵的传统，这种传统属于人类共同遗产的组成部分，并且是世界上任何国家都未曾有过的历史经验。"①作为中国社会中的社会性传承的德育，自然也积累和传承了中华文明的历史智慧。而隐藏在中国德育范式背后的，就是中国社会在道德伦理领域的经验和智慧。

第一节　中国德育的基本理论体系

本书的核心目标是探索和建构中国德育的基本理论体系，这种基本理论体系只是中国德育体系中的核心构成部分。本书的中国德育基本理论体系主要有以下构成：德育的伦理基础，德育的基本人性假设，德育中的个体发展路径假设，德育的价值观体系，德育的目标体系，德育的方法论与思维体系，德育的基本社会假设，德育的政治哲学，德育的实践范式及其逻辑。

中国德育范式的伦理基础是传统与时代的结合，传

①［法］谢和耐著，耿昇译．中国社会史［M］．南京：江苏人民出版社，1995.67.

统的伦理基础主要来源于三个领域：其一是儒家伦理，这是中国德育的重要伦理载体，也构成了中国社会和中国人对道德伦理的基本定义和基本想象；其二是道家伦理，这是中国德育范式的重要伦理基础，道家伦理的自然主义和辩证法，承载着中国人对自然万物的道德理解；其三是佛家伦理，这是非常重要的历史上的外来文化，但在心灵的慰藉上，也许是中国社会中最为重要的。三者共同构成传统意义上的中国德育范式的伦理基础。在时代的伦理基础上，中国德育范式有着一个非常重要的伦理来源：马克思主义的解放伦理。解放伦理作为马克思主义在道德伦理上的基本哲学，引领着近代以来的人类解放运动，从多个领域改变了世界的面貌。马克思主义的解放伦理与中国传统伦理相结合，构成了当代中国德育的伦理基础。

中国德育范式的基本人性假设是人性亦善亦恶。其内涵包括以下内容：其一，人性有向善的可能，这是中国德育致力于道德教化的人性基础；其二，人性有趋恶的一面，所以德育需要防范人性恶的滋长，辅以规范和训诫。中国德育中的人性假设在德育实践中是人性亦善亦恶。所以具体来看，在中国德育实践中，一方面非常强调和注重教育发掘和发展学生的人性善，同时另外一方面也非常注意抑制可能的人性恶。在具体的学校德育实践中，学校一般都非常强调对学生的行为规范教育和道德伦理引导。中国学校教育在德育领域主要是两个层面的工作：其一是学校教育中大都非常重视并倾注了大量人力物力，对学生进行纪律规范教育；其二是在具体的教学中非常重视道德知识的传授。两者在中国学校教育中都非常重要。当然，中国德育中的人性恶并非完全强调学生人性一定会走向恶，而是潜藏着另外一个基本假设：人性有着向善的可能，但需要德育的时时浇灌和呵护。

在个体的道德认知发展上，呈现出感性、知性和悟性的三阶段发展模式。开始阶段强调德育的外在传授和浸染，注重道德楷模和道德形象对学生个体的影响，这是一种感性德育的阶段。在之后则重视德育知识体系的传授，道德规范的内化，这是一种知性德育的阶段。最终达到道德上的反省和慎独的高级阶段，这一阶段重视学生个体对社会道德哲学的悟性，这是一种悟性德育的阶段。在个体的价值观体系建构上，中国德育先强调个体层面上的道德价值观体系的建构，在此基础上，逐步扩展到社会和国家，最终实现个体的社会性价值观的建构和实践。

在具体的德育内容的设置路径上，中国德育呈现出两个明显的规律：其一是从道德到政治；其二是从生活到社会。从道德到政治指的是在中国德育中，学生个体首先学习的内容是道德知识和道德规训，之后是政治知识和政治教育，以及学校教育中的政治教育活动。生活到社会则是指在中国德育中，学生所学习的开始阶段主要是学生生活规范以及生活中的基本道德规范和道德认识，之后则逐步扩展到学生的社会知识和社会道德规范，并安排相应的社会道德实践活动。所以从这个角度上看，中国德育在个体的德育上，强调学校德育与个体本身的生活发展和具体社会环境扩展相匹配，在不同的学生发展阶段分别有着不同的道德理解和道德实践要求。另外，中国德育贯穿于个体整个德育过程中的一个核心德育理念是：防微杜渐。

中国德育范式的基本路径是德育学习，在个体的最初阶段主要是学习，主要学习个体道德与社会道德价值观体系，并从个体逐步推移到社会、国家、世界。个体在最初发展中较为缺少自主性，之后则逐步强调个体的道德反思和反省。中国德育范式的基本路径的理论基点由以下构成：首先，个体的道德学习由内到外逐步扩展。其次，个体的道德价值在个体、家庭、单位、社会、国家、世界层面基本趋于一致。再次，个体的道德价值观的获得主要是学习的结果，学习包括环境影响在内。从现代学习理论角度上看，中国德育路径在起初阶段主要是一种行为主义学习路径，认为道德伦理规范本身是一种外在的存在，这种外在存在要内化为个体的道德素养，需要外在示范型学习。个体正是在这种模仿和理解中，通过内化最终形成自己的道德素养。因为是行为主义学习倾向，所以中国德育在过程上存在直观、模范、系统和强制等要求和特点。中国德育在高级阶段，则是一种偏向于建构主义学习的德育范式。在这种道德发展高阶，个体是自我建构对道德的认识和理解，并深入理解个人与社会的关系最终形成一种个体特色的道德智慧体系与道德体悟能力，达到道德的高阶。达到这一高阶层次的社会个体的比例不会是高比例的，也不能奢望所有个体都能实现达到这种道德高阶，所以中国德育整体还是必须以道德认知学习为主体，这是一种现实的符合实践理性的选择。最后，个体的道德价值观的成熟可以直观由道德的范围层次表述。

中国德育核心价值观在价值观理论基础上偏向于客观价值观，更为注重正义、平等、秩序等。在中国德育核心价值观的具体构成上，主要由两部分构成：其一是社会主义核心价值观，代表着社会主义与中国传统的结合，也是中国政治与道德的新时代的结合。其二是中国传统核心价值观，以仁、义、礼、智、信为代表的中国文明传统核心价值观经过新时代的重新诠释，仍然是中国德育的重要构成部分。这两部分共同构成了当代中国德育的核心价值观体系，在未来的发展中，两者将会成为一种新时代的中国价值观体系，如同传统中国的三纲五常一样的范式存在。

中国德育范式的德育目标体系如下：在道德维度，中国德育范式要求个体建构儒家思想传统道德和社会主义道德，两者的结合是社会主义核心价值观。既是对中国传统道德的继承，同时也是社会主义新时代的道德发展。在政治维度，中国德育范式要求培养个体社会主义政治方向，建立共产主义理想信念，同时德育指向实现人民幸福、民族复兴、国家富强的政治现实目标。在道德思想层面，个体需要建构个体、家、国一体的道德思想，同时在哲学思想层面，推进个体社会主义解放伦理哲学思想的教育。前者继承了中国天下兴亡匹夫有责的思想，后者则是坚持正义、和谐、平等、民主等马克思主义解放伦理的现实需要。

当代中国德育的方法论主要由以下构成：整体主义、本质主义、主知主义、发展主义和实用主义等。当代中国德育的思维范式受马克思主义重要影响，在思维上有着明显的马克思主义辩证法的重要思维特点。中国传统德育在内容上，主要受儒家思想影响，但在思维范式的结构上，受影响较大的则是道家思想。中国德育范式的思维范式主要有：规训化思维、知性德育思维、功利主义思维、延展性思维、中庸思维等。

中国德育的社会假设分为几个维度的构成：其一是对社会构成的假设，是个体的集合，但并不把个体视为社会的根基，而是将社会视为一个整体，个体应该倾向于服务社会。这一点与西方社会假设有明显区别，西方个体被视为社会存在的基础和目标。其二是社会性是个体的社会属性，并且是个体的归宿和责任，个体的社会性是个体的本质，失去了社会性，也就失去了个体的意义。其三是道德的高级阶段，是指向社会的。这一点对于中国德育影响极大，也即道德在个体身上的发展必须是由个人向社会扩展，如果仅局限于个体的道德，那么只是低级的道德，高级的道德层次必须指向社会层面，这最终决定了中国德育总是倾向于最终的社会维度——政治的关注。

社会主义是中国教育的基本政治性质，社会主义在政治意识形态上设定了中国德育的政治方向。哲学层面的中国政治，其主要来源理论基础有两个维度：其一是中国化马克思主义，具体为中国特色社会主义理论体系，当前是习近平新时代中国特色社会主义思想。其二是中国儒家思想传统。中国特色社会主义是当前中国社会的核心政治理论，也是中国政治意识形态，对中国德育的影响重大，在德育内容、德育目标、德育方向、德育价值观等诸多领域均决定了中国德育的基本范式和基本构成。中国社会传统以来存在入世与出世两种不同的政治哲学。儒家的修身、齐家、治国、平天下，是一种典型的入世哲学，这也是中国传统政治的主流哲学。中国社会中的出世哲学主要是两部分构成：其一是中国传统的道家思想，以老子和庄子为代表；其二则是中国秦汉间传入的佛教。在具体的政治领域，中国传统政治在内在结构上构成了外儒内法的结构，中国的传统政治是一种儒家思想的理想主义和法家思想的现实主义的结合。具体来看，中国德育政治哲学主要有：核心价值观的政治哲学，爱国主义的政治哲学，政治意识形态统一的政治哲学，道德与政治一体的政治哲学，家国一体的政治哲学。

中国德育的实践逻辑主要有以下构成：在德育的实践性核心理念上，是正人先正己的师德为范的逻辑；在德育环境的实践性路径上，是学校生活与社会生活同构的逻辑；在教师和教育的德育现实性逻辑上，是师道尊严的实践逻辑；在学生德育问题防范上，是学生道德问题防微杜渐的逻辑；在德育方法上，是底线强制与相对自由的实践逻辑；在德育路径上，是实践道德行为而成为道德个体的逻辑；在德育组织上，是班主任与学校德育组织全方位控制的逻辑。

第二节 德育范式的标准与理性

人类社会中的道德伦理的发展，一直徘徊于理想主义和理性主义之间。理想主义给了人类道德强大张力，可能人类在任何时代，都会对天堂、大同社会等理想世界有着本能的向往和钦佩，这一点给了人类梦想，也是人类社会中众多领域弥漫着浪漫主义的重要原因。“科学可以给知识确定一个界限，但是不能给想象确定一个界限。”[①] 人类是需要梦想的，周星驰的电影《喜剧之王》中也有一句经典台词：人若没有梦想，那与咸鱼有什么区别？所以，德育中浪漫主义的存在是必需的，否则德育就没有吸引力，同时德育本身也难以培养德育工作者的责任感和神圣感。人类社会在任何时候都需要梦想，都需要超越现实的存在，都需要精神追求。这也是当代中国梦对中国德育的现实意义：德育任何时候都不能忽视梦想的力量。

但仅有梦想可以吗？仅有梦想就能实现德育的伟大或者浪漫目标吗？

显然不是，德育不是宗教，不能仅仅停留于梦想，也不能仅仅停留于价值观的伟大。德育本身是学校教育的重要构成部分，它需要面对学生的现实难题、社会的现实需要以及社会强制赋予其上的其他责任。这是德育也许不希望的，但又是德育所无法摆脱的。简而言之，德育必须面对现实，在德育实践中必须具有实践理性。德育不只是需要理论理性，也需要实践理性。前者给了德育本身的道德性，后者给了德育的实践性。所以，德育不能仅仅停留于爱、关怀、善良等层面，德育需要关注现实德育实践中面对的难题、困境和问题。

---

① [英] 罗素著，何兆武等译．西方哲学史（上卷）[M]．北京：商务印书馆，1963.40.

作为人类社会近代以来伟大的伦理：马克思主义的解放伦理，在今天仍然极为伟大。马克思主义从未远去，在德育领域，解放伦理在相当大的领域给了德育以动力。如何解放全人类，这并不仅是一句口号，因为全人类本身就包括了所有弱势群体以及所有有道德良知的人类个体。

人类不能失去道德，道德是人类社会的基本契约。失去道德的人类，缺失了这一人类社会的基本契约，最终必然导致人类的自我灭亡。今天人类社会的技术足以自我毁灭，能够消除人类灭亡的危险的保险就在于道德，以及建立在道德基础上的法律、国家组织、国际条约等。解放伦理让人类的精英有奋斗的理想，而不是仅仅满足于自己的财富增长。解放伦理同样让人类的弱势群体有解放的希望，而希望正是人类梦想的前提。解放伦理在教育、医疗、社会福利、民主等几乎人类所有领域都在发挥重要作用，所以中国德育范式建立于马克思主义的解放伦理，本身就是一个理性和智慧的选择。共产主义社会的理想与中国古代的大同社会的梦想几乎可以无缝衔接。而马克思主义与儒家思想，在理论基础上都是典型的社群主义伦理倾向。这些背后既是理论理性，也是实践理性的结果。

那么德育本身，如果需要自己的实践理性的话，那么如何建立起评价标准？这是一项极为艰难的任务，不同的民族、不同的文化、不同的环境、不同的时代，都导致德育范式差异极大。但德育的存在本身是需要目标的，即培养美德。德育实践很难建立纯理论理性的真理标准，但在实践理性上，德育的真理标准就是培养美德。致力于培养美德的，实现了培养美德的德育都是好的德育，不指向培养美德的德育自然不是好的德育。

不能简单地认为这一标准是没有标准，人类历史上有诸多时期所培养的并非美德：在古罗马时期，罗马所培养的公民的目标指向对殖民地的征服和统治，这一目标就很难说是培养美德。最终这种建立于武力与杀戮的德育，最终导致了古罗马的崩溃。所以有人总结，罗马的崩溃源于斗兽场的血腥杀戮。① 德育所指向的是什么，最终社会都必然自食其果，不管善恶，还是美丑。今天的西方后现代德育，也很难说是培养美德。“相对主义在人类社会发展中是一把双刃剑，不仅针对绝对主义教义和西方传统的不可动摇性，而且也针对强调容忍多样性和思想自由的传统。如果世上没有绝对的真理，如果所有的价值都是从文化上做出的决定。那么，像人类平等这种伟大的原理也要被束之高阁。”② 后现代主义

---

① [英] 尼克·麦克卡提著，肖展译. 罗马传奇 [M]. 杭州：浙江教育出版社，2006.9.
② [美] 弗朗西斯·福山著，黄胜强等译. 历史的终结及最后之人 [M]. 北京：中国社会科学出版社，2003.379.

德育所指向，是典型的相对主义道德，无所谓善，也无所谓恶，这样的价值观多元混乱最终必然会导致社会危机。

第三节 德育发展需要缓进改革

“教育本身就是一个世界，同时也是整个世界的反映。”[①] 中国德育理论体系的形成是一个综合的结果，也是一个现实的结局。任何一种德育范式都有其自身的特色，因为这种特殊性的存在，其背后必然有其存在的逻辑，这种逻辑的存在很大程度上与社会传统、社会文化、社会结构密切相关，同时也有着德育自身发展逻辑——德育自组织的原因。

中国德育需要自信，这种自信不只是理论上的自信，还有着现实中国德育的实践的逻辑。中国德育的实践从现实意义上看仍然有着明显的优势，这种存在本身就是其合理性的一种坚实的证据。

与西方德育范式相比较，中国德育与西方德育在思维范式、德育实践、德育核心价值观、德育基本方法等领域都有着明显的差异。这种差异不是简单的德育自身发展的结果，应该被视为德育实践在发展中自我不断调试的结果，也即这种存在有其自身的实践逻辑。

德育理论需要有国际视野，国际视野的意义在于从对比的视角审视中国德育，同时学习西方德育范式的优势和实践。德育发展也与其他教育一样，具有极强的保守性，这种保守性可能会导致德育在发展中走向保守和停滞，所以在发展中需要有对自身保守性的反省。“教育既不能完全信赖传统也不能完全变成实验，既不能认为理想本身就足够了，也不能认为远离理想的手段是有价值的。它必须同时支撑传统和试验、理想和手段，就像我们的文化本身那样守正出新。”[②] 德育发展中更为需要的是创新和改革，而德育的国际比较正是让我们重新审视自身的重要途径。

德育不是简单存在的教育，不只是教育的逻辑结果，在更大范围上看，德育是社会发展的逻辑，当然我们要承认德育自身的教育性质。德育基本理论研究需要强调德育理论的时代性，德育实践与理论在历史的长河中总是不断发展变化。所以德育发展中我们需要注意历史的因素，注意德育中的传承，同时注

---

①联合国教科文组织国际教育发展委员会编著，华东师范大学比较教育研究所译. 学会生存——教育世界的今天和明天［M］. 北京：教育科学出版社，1996.83.

②［美］哈佛委员会著，李曼丽译. 哈佛通识教育红皮书［M］. 北京：北京大学出版社，2010.39.

意德育在发展中的自我调适。在发展中，一方面我们需要强调德育自身需要保守的一个性质，因为德育只能是稳妥的发展，而不可能采取革命性的颠覆发展范式。“那些抗拒改变的保守派，与提出改变的激进派具有同等价值——甚至可能更有价值，因为根须深厚比枝繁叶茂更加重要。新的观念应该被听取，因为少数观念可能有用。但新观念必须经过异议、反对以及轻蔑的研磨，这也是对的。这是新观念被允许进入人类赛场之前必须存在的预赛。老年人抵制年轻人，与年轻人刺激老年人，都是对的。经过这样的对抗，就像两性冲突和阶级斗争一样，才能产生充满张力的创造性力量，才能带来富有活力的发展，才能产生整体隐而不彰的基本统一与运动。”①

而另外一方面，德育在传承的同时，需要有改革的勇气和改革的决心，同时在此基础上建构德育理论分析和反省德育的发展路径。中国德育在任何时候都需要思考所传承的哪些是优秀的部分，哪些是有负面意义的部分，一个能够反思的德育才可能保持自身的生命力。

“一般说来，重要的文明都是从一种严格和迷信的体系出发，逐渐地松弛下来，在一定的阶段就达到了一个天才辉煌的时期；这时，旧传统中的好东西继续保存着，而在其解体之中所包含着的那些坏东西则还没有来得及发展。但是随着坏东西的发展，它就走向无政府主义，从而不可避免地走向一种新的暴政，同时产生一种受到新的教条体系所保证的新的综合。”②

每一个时代都有着该时代的社会难题，也有着相对明确的时代任务。战争年代的保家卫国，和平年代的社会建设，都是时代赋予德育的重要任务。每一代人都有一代人的使命，中国德育在不同的时代都在修正和紧跟时代发展的步伐，以力求更好地为社会服务。一方面，德育需要变革，因为时代在发展，不同的时代有着不同的社会建设需求，德育需要通过变革跟上时代发展的步伐。另外一方面，德育同样需要适度保守，德育是把社会确切证明为正向道德的内容传递给下一代，这需要极端的慎重。

简而言之，德育不能将还没有确定为良性的内容社会化给学生个体。但任何德育内容被社会检验为良性的健康的内容，都需要时间的检验，所以从这个

---

①［美］威尔·杜兰特、阿里尔·杜兰特著，倪玉平、张闶译．历史的教训［M］．北京：中国方正出版社，2015.50-51.

②［英］罗素著，何兆武等译．西方哲学史（上卷）［M］．北京：商务印书馆，1963.23.

角度上看，德育是需要适度保守的。同时，无论人类社会如何发展，人类社会的道德层面的内容都有着固定的成分存在，如公正、平等、民主、自由等价值观，就是跨越人类的历史而存在的道德价值观。古希腊有一句著名的谚语："太阳下面没有新鲜事情。"中国也有同样的名言："天不变，道亦不变。"这个逻辑也基本适合于德育，德育既不需要激进的时时变革，也不需要推倒重建的革命，德育需要的是静悄悄的改革。

德育有其自身的特殊性，作为深受社会道德、政治影响的德育，在实践中没有理想化的德育，只有现实性的德育。德育从来不会，也不可能犹如一张白纸等候描绘，德育只能在现实中进行改革。所以从这个角度上看，德育中没有理想化，只有现实性，德育的改革只能着眼现实，切不可过度理想化。

教育在社会中并非教育机构自身决定内容，教育仅仅只是社会中的一个组成部分。德育在现实中社会中，为人类延续着社会认可的道德以及其他价值观，其中深深蕴含着该种文化的价值理想。同时德育是社会中政府、家长、社区都极为关注的对象，特别是家长，对于学校教育直接有着极大的影响力。西方学校的董事会都有家长的代表，家长对学校的影响力非常强大。中国的家长则大多通过对学校教师、班主任、学校领导的影响而对学校发展施加压力。所以德育的现实性的另外一面则是指，德育在实施中必须高度关注这些现实层面的影响力量，既需要家长认可、政府认可、社会认可、社区认可，更为关键的是，还需要学校的班主任和教师这个直接实践层面的群体的现实性认可。

一种理论在未被实践之前，都可以具有自身的逻辑体系，可以构建理论上的完美。但在其实施中，必须要经过一系列人员理解、传达、实施。在这其中，任何理论都可能被误解，被误读，这种误解和误读，极可能是无意的，也可能是有意的。有意误读的原因是因为通过误读达到自己的主观上想要的结果。事实上，学校德育作为一项对影响深远的教育，在具体的实践中，往往会面临着被误读的命运。

理想的德育只是一种纸面上的或者思维中的存在物，现实层面的德育面对的学生个体，本身就是个性不一，差异性较大。所以德育作为社会科学的构成部分，注定了德育必须重点考虑其现实性。德育可以追求理想，但不可以过于理想化，理论建构可以天马行空，但只可慎重实践。

并且，德育本就是传统的产物，德育的改革与发展都是在原有的基础之上而进行的，德育没有断代史，也没有空白的德育页面而可以去随意添加。每个社会个体都从其家庭、城邦、部落和民族的过去中继承了多种多样的债务、遗产、正当的期望和义务。这些构成了社会个体的生活的既定部分、道德的起点。①正如一本书一样，德育改革只能在书面上去修改，而不是重写，因为这本书是在改革之前已经经历无数次的修改，其中蕴含着无数的智慧，无数次地面对社会的发展而不断做出过重新评估。所以德育改革对于已有德育的实践范式，必须拥有一种深刻的尊重的态度。绝对不可以以一个人的思想去盲目面对这种历史智慧结晶，对德育传统轻易全盘否定。

如在德育方法领域，如果从现代德育理论视角，德育故事这种简单的德育方法就显得缺乏理性，或者缺乏理论深度。事实上，德育故事直到今天，仍然是人类最为强大的德育方法和路径，几乎每一种宗教，如基督教、伊斯兰教、佛教都是靠讲故事进行德育。②《圣经》《论语》等经典都是通过故事影响人类，但却拥有无与伦比的影响力。

德育自身的哲学深刻地影响着社会性，同时加大了德育的现实性难度，因为德育自身正是社会中的重要一环，是基于社会中的所有人的潜在的同意而做出的内容选择和过程选择。盲目打破这种平衡，将招致大规模的反弹。在现实性的德育基础上，需要做出现实性的评判，做出现实性的改革，并在实践上做出现实性的可操作性的改革，这样才能真正促进德育的科学发展。

但同时，我们还必须看到，中国德育，进而扩大到中国教育，都需要保持持续的挑战。按照汤因比的挑战应战理论来看，必须确保中国教育领域中的挑战的持续存在，否则就容易导致教育的过度保守性，进入挑战与应战之后的发展停滞，失去教育自我发展的生命力。德育和教育本身，都是具有强大的保守性的，中国教育在历史上具有相当长的发展停滞时期。所以在中国教育的未来发展中，必须确保中国教育领域中的挑战的持续存在，通过教育挑战，确保中国教育发展的敏感性和改革思维的持续存在，以此保证中国教育发展的持续的生命力。这是中国教育未来发展中最为困难的，也是中国教育界人士需要注意的，保持对教育改革的敬意，确保中国教育发展的动力，并能够对中国教育改革事件保持宽容，这些都是需要中国教育界共同努力的。德育领域还涉及政治、伦理、文化，其保守性非常强大，在德育领域保持必要的挑战，是保持德育缓进改革的必要前提。

---

①［美］阿拉斯代尔·麦金太尔著，宋继杰译．追寻美德：道德理论研究［M］．南京：译林出版社，2008.249.

②［美］阿拉斯代尔·麦金太尔著，宋继杰译．追寻美德：道德理论研究［M］．南京：译林出版社，2008.135.

第四节 德育回归古典德性还是走向后现代

德育回归古典德性，重视社会个体的德性教育，还是走向后现代的多元主义，这是一个基本的方向问题，但也是一个难以评估的问题。因为德育本身，并不完全取决于自己，还受社会发展所制约。

古典德性强调社会约定俗成的美德，是一种相对严肃、齐整和规范的道德。其优势在于价值观内容具体明确，核心价值观鲜明。如正义、平等、仁爱、荣誉等等，这些都是典型的古典德性，在人类社会几乎人人皆知，也是几乎每个社会都接受的道德价值观。但不能简单地认为古典德性就不受批判，事实上，古典德性是人类浪漫主义所厌倦的对象。浪漫主义追求自由、个性和自我，厌倦一切人类已有的固定的不能更改的存在，因为这种存在本身就是对社会个体的一种压迫。为了冲破这种压迫，取得道德上的自由，可能需要一种后现代主义的德育。这就是后现代主义德育存在的逻辑。后现代主义实质上也表述了人类追求道德伦理上的自由空间的力量。

但问题就在于，如果以后现代主义德育的视角，德育就很可悲地陷入了情感主义德育和相对主义德育的泥潭之中。情感主义德育认为一切道德价值观，都只不过是一种感受，喜欢就是真理，讨厌就是谬误，不存在一种一直正确一贯正确的道德伦理。相对主义德育与此类似，只不过相对主义德育认为一切道德价值观都无所谓美丑，无所谓道德不道德，所谓道德不道德都是相对的。这两种德育毫无疑问极大地扩大了人类的道德伦理的空间，对于人类可能的道德探索也具有一定的意义。但转换到现实社会中，却有着巨大的问题，因为这实质上剥夺了道德本身的存在。一个崇尚多元主义，并极度张扬个性的社会，在发展中最终必将消磨道德与非道德之间的界限。

基于中国社群主义的倾向，同样基于中国悠久的历史智慧，中国德育需要走古典德性道路：强化核心价值观的培养，抵制道德相对主义，建构社会个体古典德性。这是中国德育必须持有的理论逻辑，中国历史以来最大的危机都是中国社会内部混乱，即使以伟大的历史学家汤因比的结论也同样如此：中国式的道德伦理对于人类社会的发展更为安全，[①] 并断言，“人类的政治和精神统一将不会通过任何西方力量来完成。”[②]

---

①［英］阿诺德·汤因比著，刘北成、郭小凌译.历史研究［M］.上海：上海世纪出版集团.2005.393.

②［英］阿诺德·汤因比著，刘北成、郭小凌译.历史研究［M］.上海：上海世纪出版集团.2005.393.

在未来中国的德育实践中，中国还需要重拾古典教育，《论语》《孟子》等古典著作的价值需要重新认识。经典本身正是在不断诠释中实现时代的使命的。我们需要结合时代的发展，对古典不断地重新发掘和认识，以发现和传承人类伟大的轴心时代中国历史的智慧。这种学习不是对现代的无视，对现代本身也是需要不断地反思和推进的。但经典能够跨越漫长的历史而存在，本身就是经受了漫长历史的检验，也凝聚了历代天才的智慧，中国传统德育经典著作值得尊重和敬仰。

德育需要改革与发展，但德育本身不能追赶时代浪潮。任何追求社会前沿的德育都是十足的媚俗，是严重违背德育基本规律的恶劣行为。德育决定了社会的社会性延续，这种社会性需要稳定、健康和正向。追赶时代浪潮，追求社会前沿思想、观点和流派等等，都是德育实践中的大忌。因为这种社会前沿思想、观点和流派本身就没有足够时间证明其自身的科学性和真理性，德育怎么能够将还没有被证明为真理的道德伦理纳入德育内容呢？所以，德育本身需要保守，适度的保守主义，与社会前沿保持适当距离，看上去远离时代，实质上是对社会发展负责任的表现。德育必须秉持自己的节奏，放宽历史的视野，在德育艺术和方法上可以适度创新，在德育内容上则需要严肃和谨慎。

“每一个社会都受着两种相对立的危险的威胁：一方面是由于过分讲纪律与尊敬传统而产生的僵化，另一方面是由于个人主义与个人独立性的增长而使得合作成为不可能，因而造成解体或者是对外来征服者的屈服。”[①] 麦金太尔也认为，我们只有两种社会生活模式可供选择：其一是由个人的自由和任意选择占据社会主导地位；其二是由科层制占主导地位，但也可能限制个人的自由和任意选择。但从长远角度上看，这两种生活方式最终都不可容忍。[②]

德育范式也同样如此，中国作为一种社群主义取向的强调古典德性的规范德育的德育范式，本身并不低于自由主义倾向追求自由伦理的西方自由主义德育范式。这一点，是需要中国德育界和整个中国社会所理解的。任何浪漫化西方德育的行为都可能将给中国社会带来危机，对中国德育范式的妖魔化也是对中国文明的无知。“每个不同的社会只是以不同的形式来表达自己的神话而已。土著人以巫术来表达他们的神话，后现代的美国人则以后现代的广告来表述种种神话。”[③] 理解中国德育范式基本理论，认识中国德育范式的逻辑，是每一个中

---

① [英] 罗素著，何兆武等译．西方哲学史（上卷）[M]．北京：商务印书馆，1963.23.

② [美] 阿拉斯代尔·麦金太尔著，宋继杰译．追寻美德：道德理论研究 [M]．南京：译林出版社，2008.39.

③ 傅坚．美国民主的去魅 [J]．读书，2010（10）：43—48.

国德育工作者和社会工作者必须做的功课。德育范式的改革与发展，首先需要对现有德育范式深入理解和把握。中国德育范式有其背后的文化逻辑、哲学逻辑、实践逻辑和文化逻辑，其存在本身就是对人类社会的重要贡献，因为至少给了人类社会一种西方德育范式之外的一种选择可能。

第五节　历史视野中的中国德育范式

教育基于其对社会发展的重要影响力，在任何一个社会中都承载着社会成员的希望，同时也承受着压力和挑战。出于对理想教育和理想社会的向往，人们总是渴望建构一个完美主义的教育范式，但却忽视了政治的、经济的及其他方面的限制。对于教育发展，社会是一个答案，文化是一个答案，历史则是另外一个答案。对于教育学术研究来说，教育学术的历史不是一个孤立的知识领域的历史，而是一个持续不断、充满着各种各样社会价值和思想观点的过程。[①]当然，学术研究更多不只是解释人类社会中的规律与问题，更应该关注如何服务和推动社会正向发展。

德育研究必须关注历史智慧，一定程度上说，选择了什么样的德育范式，就选择了什么样的社会范式，因为社会中的所有人，基本都出自于学校德育的培养。“历史终究是客观事实，历史没有不对的，不对的是在我们不注重历史，不把历史作参考。”[②]对于中国德育范式来说，放在中国历史视野之中，更能理解其智慧，也能寻找其缺陷。

中国德育范式在伦理学和政治学上，有自己的两大理论基础：其一是中国传统德育，以儒家思想德育理论为主；其二是政治意识形态，是马克思主义的解放伦理德育理论。两大理论基础在多个领域决定了中国德育范式的构成，并决定了中国社会对德育的基本定义和基本方向。

任何一种理论一经诞生，都很难摆脱被有意无意的误读和误用的命运。因为理论本身是复杂的，但为了传播的方便，为了公众理解的简洁，所以在传播中大多都会采取简单化、教条化的路径。所以一种理论只要上升到社会主流存在的时候，都很难摆脱被教条主义的命运。在这种教条主义的过程中，该理论也可能失去了自己的发展活力和进步的勇气。

儒家思想就是一个被教条主义化的典型理论体系。在春秋战国时期，百家

---

①［美］埃伦·康德利夫·拉格曼著，花海燕等译．一门捉摸不定的科学：困扰不断的教育研究的历史［M］．北京：教育科学出版社，2006. 英文版序．

②钱穆．中国历代政治得失［M］．北京：生活读书新知三联书店，2001. 161.

争鸣的格局决定了儒家思想有着青春般的生命力和勇气，有着自己复杂的理论构成，并呈现出一种生机勃勃的理论气质。但随着罢黜百家独尊儒术，儒家思想也在长期的历史发展中，失去了自己的理论活力，而变得越来越僵化，越来越拒斥发展和变革。这直接导致了中国儒家思想在历史发展中的阴柔化。一个明显的例子就是：在春秋战国时代，迟至汉唐时代，中国知识分子都是一种仗剑行天下的形象，而到了宋明清时代，中国知识分子已经矮化为手无缚鸡之力的书生形象。

另外，儒家思想的泛道德主义也对中国社会发展存在一定的负面性。“道德本身是一切意义的根源，不能分割，也不便妥协。”[①] 但不管什么事情都扯上道德问题，并不是一个明智的选择。所以道德本身应该视野远大，能用法律和技术解决的问题，不要掺杂道德，否则会导致问题复杂化。中国历史上诸多的社会改革就是因为掺杂了太多的道德性，最终反受其害。例如晚清学习西方军事技术，本身就是一个技术事情，扯上了华夷的道德之争，导致问题复杂化。

儒家思想和社会主义，两者都有着一个明显的理论特征：对弱者的强烈关注。对弱者的帮助和关爱是人类社会的一种美德，但还必须认识到这种美德背后的陷阱：在这种对弱者过度关注的社会，会导致社会本能地压制卓越。以尼采的伦理学视角看，中国德育范式的价值观过多的偏向于奴隶道德，指向平等、和谐和民主，但贵族道德严重缺乏，导致社会缺乏勇敢、责任、荣誉和创新的勇气。简而言之，这种德育范式的价值观体系并不利于社会的创新和改革发展。而推动人类社会的发展的，主要都是卓越的力量。儒家思想和社会主义，本身也都是卓越的理论。

所以，中国德育需要重拾汉唐的力量与卓越的气质。汉唐时代，中国从不畏惧挑战，汉唐的中国拥有力量，也拥有才华，那是具有精神高度的时代。同时，汉唐时期的中国，也拥有强烈的文化自信，在文化自信的基础上，才能建构宽厚的文化视野。真正的兼容并包，是需要足够的自信的。否则或者滑向简单的拿来主义或复制哲学，或者陷入民粹主义，这两者都是中国社会发展所需要警惕的选择。

在 2018 年召开的全国教育大会上，习近平总书记指出：在党的坚强领导下，全面贯彻党的教育方针，坚持马克思主义指导地位，坚持中国特色社会主义教育发展道路，坚持社会主义办学方向，立足基本国情，遵循教育规律，坚持改革创新，以凝聚人心、完善人格、开发人力、培育人才、造福人民为工作目标，培养德智

---

① [美] 黄仁宇 . 万历十五年 [M] . 北京：生活读书新知三联书店，1997.279.

体美劳全面发展的社会主义建设者和接班人，加快推进教育现代化、建设教育强国、办好人民满意的教育。[①]在这次会议上，习近平总书记提出了“九个坚持”关于教育的重要论述：坚持党对教育事业的全面领导，坚持把立德树人作为根本任务，坚持优先发展教育事业，坚持社会主义办学方向，坚持扎根中国大地办教育，坚持以人民为中心发展教育，坚持深化教育改革创新，坚持把服务中华民族伟大复兴作为教育的重要使命，坚持把教师队伍建设作为基础工作。[②]“九个坚持”关于教育的重要论述，是对新时代中国特色社会主义教育改革与发展战略思想的重要阐述，为加快推进教育现代化、建设教育强国、办好人民满意的教育提供了明确发展方向和根本遵循原则，同时也是中国德育未来改革与发展的重要原则。

在当代中国德育发展中，中国德育理论界需要责任与担当，必须思考自己的历史使命，担负自身的历史责任，建构道路自信、理论自信、制度自信、文化自信的中国德育理论体系，最终服务于一个公正、卓越和具有活力的中国社会的建构。在这一过程中，既需要仰望星空，理解和探索道德与善的理论法则，也需要脚踏大地，探索和建构德育实践理性和德育智慧。

---

① 习近平．坚持中国特色社会主义教育发展道路 培养德智体美劳全面发展的社会主义建设者和接班人［N］．新华社，2018-09-10.

② 习近平．坚持中国特色社会主义教育发展道路 培养德智体美劳全面发展的社会主义建设者和接班人［N］．新华社，2018-09-10.

参考文献

一、中文传统古籍

1. 论语 .
2. 道德经 .
3. 孟子 .
4. 大学 .
5. 增广贤文 .
6. 学记 .
7. 荀子 .
8. 韩非子 .
9. 菜根谭 .
10. 中庸 .

二、中文原著

1. 班华主编 . 现代德育论 [M] . 合肥：安徽人民出版社，1996.
2. 邓小平 . 邓小平文选（第一卷）[M] . 北京：人民出版社，1994.
3. 邓小平 . 邓小平文选（第二卷）[M] . 北京：人民出版社，1994.
4. 邓小平 . 邓小平文选（第三卷）[M] . 北京：人民出版社，1993.
5. 冯益谦 . 比较与创新：中西德育比较研究[M]. 北京：中央编译出版社，2004.
6. 冯友兰 . 中国哲学简史 [M] . 北京：新世界出版社，2004.
7. 高德胜 . 知性德育及其超越——现代德育困境研究 [M] . 北京：教育科学出版社，2003.
8. 葛兆光 . 中国思想史（第一卷）[M] . 上海：复旦大学出版社，2007.
9. 葛兆光 . 中国思想史（第二卷）[M] . 上海：复旦大学出版社，2007.
10. 金生鈜 . 德性与教化 [M] . 长沙：湖南大学出版社，2003.
11. 李萍 . 东方伦理思想简史 [M] . 北京：中国人民大学出版社，1998.
12. 罗国杰 . 中国伦理思想史（上卷）[M] . 北京：中国人民大学出版社，2008.
13. 罗国杰 . 中国伦理思想史（下卷）[M] . 北京：中国人民大学出版社，2008.
14. 鲁洁 . 德育社会学 [M] . 福州：福建教育出版社，1998.
15. 鲁洁，王逢贤 . 德育新论 [M] . 南京：江苏教育出版社，2010.
16. 罗炽 . 中国德育思想史纲 [M] . 武汉：湖北教育出版社，2003.
17. 吕元礼 . 亚洲价值观——新加坡政治的诠释 [M] . 南昌：江西人民出版社，2002.
18. 毛泽东 . 毛泽东选集（第二卷）[M] . 北京：人民出版社，1991.

19. 毛泽东．毛泽东选集（第三卷）[M]．北京：人民出版社，1991.
20. 毛泽东．毛泽东选集（第四卷）[M]．北京：人民出版社，1991.
21. 邵龙宝等著．儒家伦理与公民德育体系的构建［ M ］．上海：同济大学出版社，2005.
22. 沈善洪等著．中国伦理思想史（上）[M]．北京：人民出版社，2005.
23. 沈善洪等著．中国伦理思想史（中）[M]．北京：人民出版社，2005.
24. 沈善洪等著．中国伦理思想史（下）[M]．北京：人民出版社，2005.
25. 檀传宝．信仰教育与德育［ M ］．北京：教育科学出版社，1999.
26. 檀传宝．学校德育原理［ M ］．北京：教育科学出版社，2000.
27. 习近平．习近平谈治国理政［ M ］．北京：外文出版社，2014.
28. 习近平．习近平谈治国理政（第二卷）[M]．北京：外文出版社，2017.
29. 王祥云．中西方传统文化比较［ M ］．郑州：河南人民出版社，2006.
30. 王玄武等著．比较德育学［ M ］．武汉：武汉大学出版社，2003.
31. 魏贤超．现代德育理论与实践［ M ］．杭州：杭州大学出版社，1994.
32. 吴康宁．教育社会学 [M]．北京：人民教育出版社，1998.
33. 余维武．冲突与和谐：价值多元背景下的西方德育改革［ M ］．南京：江苏教育出版社，2009.
34. 钟启泉，黄志成．西方德育原理［ M ］．西安：陕西人民教育出版社，1998.
35. 郑福兴．现代性视角下的美国新品格教育［ M ］．北京：人民出版社，2006.

三、中文译著

1.［德］恩斯坦・卡西尔著，甘阳译．人论［ M ］．上海：上海译文出版社，2004.
2.［德］康德著，李秋零译．判断力批判［ M ］．北京：中国人民大学出版社，2011.
3.［德］康德著，李秋零译．实践理性批判［ M ］．北京：中国人民大学出版社，2011.
4.［德］康德著，苗力田译．道德形而上学原理［ M ］．上海：上海世纪出版集团，2005.
5.［德］卡尔・雅斯贝尔斯著，李雪涛等译．大哲学家［ M ］．北京：社会科学文献出版社，2010.
6.［德］马克斯・韦伯著，洪天富译．儒教与道教［ M ］．南京：江苏人民出版社，1993.
7.［德］马克思、恩格斯著，中共中央马恩列斯著作编译局编译．马克思恩格斯选集（第 1 卷）[M]．北京：人民出版社，2012.
8.［德］马克思、恩格斯著，中共中央马恩列斯著作编译局编译．马克思恩格斯选集（第 2 卷）[M]．北京：人民出版社，2012.
9.［德］马克思、恩格斯著，中共中央马恩列斯著作编译局编译．马克思恩格斯选集（第 3 卷）[M]．北京：人民出版社，2012.
10.［德］尼采著，谢地坤等译．论道德的谱系・善恶之彼岸［ M ］．桂林：漓江出版社，2007.
11.［法］卢梭著，何兆武译．社会契约论［ M ］．北京：商务印书馆，2003.
12.［法］涂尔干著，渠敬东译．职业伦理与公民道德［ M ］．北京：商务印书馆，2015.
13.［法］谢和耐著，耿昇译．中国社会史［ M ］．南京：江苏人民出版社，1995.
14.［法］埃德蒙・金著，王承绪译．别国的学校和我们的学校［ M ］．北京：人民教育出版社，2001.
15.［古希腊］柏拉图著，郭斌和等译．理想国［ M ］．北京：商务印书馆，1986.
16.［古希腊］亚里士多德著，苗力田译．尼各马可伦理学［ M ］．北京：中国人民大学出版社，2003.
17.［古希腊］亚里士多德著，吴寿彭译．政治学［ M ］．北京：商务印书馆，1965.
18. 联合国教科文组织编著，联合国教科文组织总部中文科译．教育——财富隐藏其中［ M ］．北京：教育科学出版社，1996.
19.［美］本杰明・史华兹著，程钢译. 古代中国的思想世界［M］. 南京：江苏人民出版社，2004.
20.［美］布尔克著，黄慰愿译. 西方伦理学史［M］. 上海：华东师范大学出版社，2016.
21.［美］杜威著，王承绪译. 民主主义与教育［M］. 北京：人民教育出版社，2001.
22.［美］弗朗西斯・福山著，黄胜强等译. 历史的终结及最后之人［M］. 北京：中国社会科学出版社，2003.
23.［美］小 R. 霍夫亨兹、K.E. 柯德尔著，黎鸣译. 东亚之锋［M］. 南京. 江苏人民出版社，1995.
24.［美］费正清等著，陈仲丹等译. 中国：传统与变革［M］. 南京：江苏人民出版社，1992.
25.［美］郝大维等著，何刚强译. 先贤的民主——杜威、孔子与中国民主之希望［M］. 南京：江苏人民出版社，2004.
26.［美］吉尔伯特・罗兹曼著，国家社会科学基金《比较现代化》课题组译. 中国的现代化［M］. 南京：江苏人民出版社，2005.
27.［美］阿拉斯代尔・麦金太尔著，龚群译. 伦理学简史［M］. 北京：商务印书馆，2003.
28.［美］阿拉斯代尔・麦金太尔著，宋继杰译. 追寻美德：道德理论研究［M］. 南京：译林出版社，2008.
29.［美］奈尔・诺丁斯著，许立新译. 教育哲学［M］. 北京：北京师范大学出版社，2008.
30.［美］塞缪尔・亨廷顿、劳伦斯・哈里森著，程克雄译. 文化的重要作用——价值观如何影响人类进步［M］. 北京：新华出版社，2002.
31.［美］塞缪尔・亨廷顿著，周琪等译. 文明的冲突与世界秩序的重建［M］. 北京：新华出版社，2002.
32.［美］詹姆斯・R. 汤森、布兰特利・沃马克著，顾速、董方译. 中国政治［M］. 南京：江苏人民出版社，2007.
33.［英］阿诺德・汤因比著，刘北成、郭小凌译. 历史研究［M］. 上海：上海世纪出版集团，2005.
34.［英］罗素著，何兆武等译. 西方哲学史（上下卷）［M］. 北京：商务印书馆，1963.
35.［英］怀特海著，庄莲平等译. 教育的目的［M］. 上海：文汇出版社，2012.
36.［英］以赛亚・伯林著，吕梁等译. 浪漫主义的根源［M］. 南京：译林出版社，2008.

四、中文期刊论文

1. 班高杰. 传统人性论与启蒙德育［J］. 伦理学研究，2011（4）.
2. 陈泽河，戚万学. 中国德育的历史命运及现代转换［J］. 山东师大学报（社会科学版），1995（3）.
3. 杜时忠. 传统德育中的道德理想主义论评［J］. 现代教育论丛，1998（1）.
4. 方爱东. 社会主义核心价值观论纲［J］. 马克思主义研究，2012（12）.
5. 高雅珍. 古代西方德育思想［J］. 道德与文明，1995（3）.
6. 江畅. 中国梦与中国社会的终极价值目标［J］. 道德与文明，2013（4）.
7. 刘铁芳. 从规训到引导：试论传统道德教化过程的现代性转向［J］. 湖南师范大学教育科学学报. 2003(11).
8. 李海星. 社会主义核心价值观论要［J］. 科学社会主义，2013（2）.
9. 刘良华. 柏拉图与亚里士多德教育哲学的差异［J］. 教育研究，2012（12）.
10. 鲁洁. 道德危机. 一个现代化的悖论［J］. 中国教育学刊.2001（8）.
11. 孟万金等. 论中国德育传统的现代化［J］. 教育研究与实验，1996（1）.
12. 戚万学. 当前中国道德教育的文化困惑与文化选择［J］. 教育研究，2009（10）.
13. 强世功. 政制发展之谜（下）——香江边上的思考之十三［J］. 读书，2009（2）.

14. 王秀华 . 毛泽东对中国德治传统的继承与超越［J］. 现代哲学，2006（3）.
15. 万俊人 . 道德类型学及其文化比较视境——兼及现代伦理问题与罗尔斯和麦金太尔对话［J］. 北京大学学报（哲学社会科学版），1995（6）.
16. 吴元发 . 论尼采对现代性教育的批判［J］. 教育理论与实践，2014（28）.
17. 王守昌 . 尼采的道德哲学［J］. 湘潭大学学报（哲学社会科学版），1997（5）.
18. 肖巍 . 传统德育理论中的德智关系［J］. 清华大学学报（哲学社会科学版），2002（6）.
19. 易连云 . 传统道德教育研究的范式转换［J］. 教育研究，2010（4）.
20. 袁锐锷 . 西方著名德育思想家的德育模式探讨［J］. 学术研究，2000（5）.
21. 袁锐锷 . 西方著名德育思想家道德观评析［J］. 教育研究，1994（8）.
22. 张书丰 . 中国传统道德教育的理论体系［J］. 当代教育科学，2006（11）.
23. 赵志毅 . 论传统德育方法论的现代转换［J］. 教育研究与实验，1996（3）.
24. 朱彦明 . 尼采的道德视角主义［J］. 道德与文明，2011（6）.

五、外文资料

1. Ka-ho Mok.Education Reform and Education Policy in East Asia［M］. London and New York:Routledge,Taylor & Francis Group,2006.
2. Ka-ho Mok Richard James.Globalization and Higher Education in East Asia［M］.London and New York: Marshall Cavendish,2005.
3. Marie Lall,etc.Education as a Political Tool in Asia［M］. London and New York:Routledge,Taylor & Francis Group,2009.
4. Gregory P Fairbrother.Citizenship Education in a Divided China, 1949-1995［J］. Asia Pacific Journal of Education, 2004（1）.
5. Guangwei Ouyang.Scientism,technocracy,and morality in China［J］. Journal of Chinese philosoghy,2003（2）.
6. Kwok Wah Cheung,etc.Transition of moral education in China:Towards regulated individualism［J］. Citizenship teaching learning,2006（2）.
7. Laura Elizabeth Wong.Relocating east and west:UNESCO' s major project on the mutual appreciation of eastern and western cultural values［J］. Journal of world history,2008（3）.
8. Li Ping.Deyu as moral education in mordern China:ideological functions and transformations［J］.Journal of moral education,2004（4）.
9. Linda A. Jackson,etc.Cutural differences in morality in the real and virtual worlds:A comparison of Chinese and U.S. youth［J］. CyberPsychology & Behavior, 2008（3）.
10. Qi Wanxue.The social and cultural background of contemporary moral education in China［J］. Journal of moral education,2004（4）.
11. Wang Fengyan. Confucian thinking in traditional moral education:key ideas and fundamental features［J］. Journal of moral education,2004（4）.
12. Wing On Lee.Ideopolitical shifts and changes in moral education policy in China［J］. Journal of moral education,2005（4）.

后记

中国德育基本理论体系，这是我十余年来一直想研究的课题。

绵延五千年的中华文化，近代以来的世界社会主义运动，都在今天中国德育中留下了深深的印痕。但中国德育范式仍然不同于他国的德育，不管是在结构上、内容上、方法上、理念上，都有着自己的鲜明特色。

但现实吊诡的却是，学界并没多少人认同中国德育具有自己的理论体系，甚至不认为中国德育是一种独立于西方德育的自成体系的德育范式。

一个绵延五千年的文明，竟然没有自己的德育理论体系和德育逻辑，这可能吗？因为近代以来中国科学技术的落后，中国屡屡被辱。长期被欺辱，一定程度上导致部分国人失去了文化自信，最终导致了延续到今天的对西方的浪漫化。从科学到技术，从哲学到教育，都是如此。

带着这种深深的疑问，我去读了《历史研究》《中国社会史》《理想国》《中国政治》《论语》《尼各马可伦理学》《社会契约论》等一系列著作。但令我非常震惊的是，即使是在雅思贝尔斯著名的《大哲学家》中，孔子儒学也是人类社会最伟大的四大哲学范式之一。而在中国，甚至很多人认为孔子儒学就不算是哲学。

研究的路就这么确定了，我要去探索中国德育范式背后的基本理论体系和逻辑体系。我坚信，中国德育范式是一种独立于西方德育范式之外的一种德育范式，其背后有着自己的基本理论体系和逻辑体系。

但不能只是说中国德育范式具有自己的理论体系和逻辑，空谈是没用的，要证明中国德育范式具有自己的理论体系，就得分析建构出来，否则没人相信中国德育范式具有自己的理论体系。

西方有句流传广泛的话：西方科学文化每前进一步，都是在亚里士多德身上砍一刀。因为亚里士多德的一系列著作就立在那里，所以后人能去批判。没有他立在那里，可能也只能是“拔剑四顾心茫然”。在学术研究中，最重要的可能是建构，因为有了前人的建构，后人才能在前人的基础上前进。没有亚里士多德的《物理学》，可能也没有伽利略的两个铁球同时落地。

有了理论建构，不管对错，至少有了后人批判的靶子。如果正确，当然是好事，如果错误，后人也能凭借批判这个错误，证明此路不通，这也是好事。正如关于爱迪生的一个故事说：爱迪生用来做灯丝的900多种材料都失败了，助手说：真够倒霉，我们试验了900多种材料都失败了。爱迪生纠正说：这不是失败，我们成功证明了这900多种材料都不适合做灯丝。学术研究也同此理，重要的不是做错了，而怕的是什么都不做。

所以，对中国德育理论来说，需要批判，更需要建构。对一个人来说，最重要的不是他怎么说，而是他怎么做。对一个学者来说，重要的不是只局限于批判，指出问题，更重要的是如何建构一个更为合理的理论世界，提出更为周全的理论框架。即使可能有错误，但这也是一种勇敢的探索。

对于本书而言，中国德育基本理论体系只是一种粗浅的探索和发现，因为德育基本理论本身就在中国德育中。这种基本理论体系不是建构的，只是发现的。正如力学定律，本身就存在于宇宙中，牛顿不是创造了力学三定律，他只是发现而已。面对中国德育的历史智慧，德育研究更多的只是对中国德育智慧的一种探索。

中国传统以来有立德、立功、立言之三不朽。对于学者来说，立言是自己的本职工作。我并不奢望一写就是经典，但我相信不写一定不会成为经典。我也不苛求别人写的东西都必须是经典，因为这本身就是很无理的要求。经典在人类任何时代，都是皇冠上的明珠，但这世上会到处都有皇冠吗？经典都是在众多作品中竞争而出的，那些被淘汰的作品，本身也是对经典的一种支撑。没有这种竞争，也很难诞生真正的经典。

孔子的述而不作对中国学者影响深远。陆游说过：“书到用处方恨少，事非经过不知难。”每一本书的写作都是一个极为艰辛的工程。所以，对学者来说，著作等身至少应该是值得尊敬的行为。对真正的学者来说，这也应该是“虽不能至，但心向往之”的目标。

选择中国德育基本理论体系研究，还与我的工作经历相关。我在中小学有十余年的工作经历，教过小学，也教过中学，其间担任过小学教师、班主任、少先队总队辅导员，中学教师、班主任、教研组组长、团委书记、副校长、校长兼党支部书记，理解了中小学德育的基本逻辑。其后读研读博，到大学工作，担任过大学教师、副系主任、系主任，理解了大学德育的基本逻辑。这种工作经历在德育理论界中可能是少有的，所以希望能够把这种对中国德育的实践感呈现出来，以让学术界同行理解中国德育的实践逻辑和蕴藏其中的实践智慧。

本书的出发点，是建构中国德育的基本理论体系。因为只是探索基本理论体系，所以本书并不是中国德育范式的理论全貌，对中国德育内容、中国德育方法等都没有涉及。本书的目的之一是希望能让中外德育理论界理解中国德育的基本逻辑，所以对此进行了粗浅的探索。不管这个靶子对与错，至少建构了一个以供中国德育学术界批判的靶子。

本书是我的“中国教育基本理论体系”系列作品的第二本。系列作品共为三本。第一本《中国基础教育基本理论与逻辑体系研究》主要研究中国基础教育，第二本《中国德育基本理论体系研究》主要研究中国学校德育，第三本《中国高等教育基本理论体系研究》主要研究中国高等教育。第一本已经于2018年出版，第三本《中国高等教育基本理论体系研究》正在撰写中，预计2020年出版。三本书都交付江西人民出版社编辑出版。

是为记！

2019年3月7日